La description
selon Louis Guilloux

Réalisme et tragédie

Espaces Littéraires
Collection fondée par Maguy Albet

Dernières parutions

Raphaëlle LAVANDIER, *Écritures féminines et psychosexualité. L'empreinte indélébile du lien à la Mère chez Colette et Marguerite Duras*, 2018.
Samuel LAIR, *Octave Mirbeau et la Bretagne*, 2018.
Agnès COUSIN DE RAVEL, *Pascal Quignard. Vies, œuvres*, 2017.
Joanna KOTOWSKA, *L'eau et la terre dans l'univers romanesque de Claude Simon. L'obsession élémentaire*, 2017.
Evelyne LANTONNET, *André Malraux ou Les métamorphoses de Saturne*, 2017.
Nzanzu MASEGABIO, *Tchicaya U Tam'si. Le feu et le chant. Une poétique de la dérision*, 2017.
Maëva ARCHIMÈDE et Valeria LILJESTHRÖM (Dir.), *Figuration du monde dans le roman francophone*, 2017.
Danièle BELTRAN-VIDAL, *Bernanos, Jünger, Teilhard de Chardin, Quatre ans dans la tranchée : survivre et écrire*, 2017.
Jean-François CHÉNIER, *Communiquer l'incommunicable. Une lecture des œuvres de Georges Bataille et de Pierre Klossowski*, 2017.
Bernard POCHE, *La littérature à Lyon dans l'entre-deux-guerres. L'érosion d'une culture*, 2016.
Isabelle BERNARD, *Patrick Deville, « Une petite sphère de vertige »*, 2016
Ramona ONNIS, *Sergio Atzeni, Écrivain postcolonial*, 2016.
Marcel BOURDETTE-DONON, *Raymond Queneau, le Peintre de la vie moderne*, 2016.
Michèle DUCLOS, *Un regard anglais sur le symbolisme français, Arthur Symons,* Le mouvement symboliste en littérature *(1899), généalogie, traduction, influence*, 2016.
Anne-Marie REBOUL et Esther SÁNCHEZ-PARDO (éd.), *L'écriture désirante : Marguerite Duras*, 2016.
Gladys M. FRANCIS, *Amour, sexe, genre et trauma dans la caraïbe francophone*, 2016.

Valérie Poussard-Fournaison

La description selon Louis Guilloux

Réalisme et tragédie

© L'Harmattan, 2018
5-7, rue de l'École-Polytechnique – 75005 Paris

www.editions-harmattan.fr

ISBN : 978-2-343-14530-3
EAN : 9782343145303

À mes fils,

INTRODUCTION

Louis Guilloux et le roman en crise[1]

Quand paraît le premier roman de Louis Guilloux, *La Maison du peuple,* en 1927, le genre romanesque, attaqué depuis les dernières années du XIXème siècle, est entré dans « l'ère du soupçon ». Mais la mort du roman, régulièrement annoncée, est sans cesse repoussée, les crises successives que celui-ci traverse constituant finalement « son moteur paradoxal de croissance[2] ». Elles semblent même revigorer le malade qui, stimulé par les attaques, découvre en définitive les ressources dont il peut disposer pour perdurer en dépit de- et peut-être aussi grâce à- ceux qui l'ont injustement considéré comme moribond. Résistant aux tirs conjugués de Valéry et des surréalistes[3]- le premier dénonçant le caractère artificiel d'une illusion qui rend le lecteur passif tandis que les seconds dénigrent une forme qu'ils considèrent comme conformiste- le roman du début du siècle, entre « mutation » et « dislocation[4] », s'interroge sur lui-même avec une vitalité que traduisent les innovations esthétiques de Proust comme de Gide. Si dès les années 1890 l'horizon du naturalisme semble d'ores et déjà trop étroit, c'est surtout après-guerre que le genre est matière à controverse. L'âge d'or du roman paraît alors définitivement révolu. Les noms qui l'ont rendu illustre appartiennent au passé et l'admiration dont ils sont l'objet s'accompagne de la conscience qu'il faut trouver d'autres voies que celles qu'ils ont tracées. La distance prise avec le réalisme naturaliste autant que la confrontation avec des

---

[1] Michel RAIMOND, *La crise du roman, des lendemains du Naturalisme aux années 2000*, José Corti, 1966.
[2] Dominique RABATÉ, *Le roman français depuis 1900*, PUF, coll. « Que sais-je ? », 1998, p.5.
[3] Michel RAIMOND, *Ibid*, chapitre 3 « le procès du roman ».
[4] Michel RAIMOND, *Ibid*, p. 171.

écrivains étrangers, de Dostoïevski[5] à Joyce en passant par Woolf ou Conrad, invitent les auteurs au renouvellement.

Néanmoins le rejet de Zola et du naturalisme- tant dans les thèmes et les milieux représentés que dans les choix narratifs – se voit à son tour contesté par ceux qui souhaitent renouer avec des récits plus proches des préoccupations du réel. Le début des années 30 promeut alors, en même temps qu'un « retour à Zola », la représentation du peuple dans le roman. En 1929, le pamphlet d'Emmanuel Berl, *Mort de la pensée bourgeoise*, qui paraît chez Grasset, est un élément significatif de ce débat. L'auteur y déplore « l'extrême rareté des romans sur la vie des ouvriers et des industries » et affirme que « l'effort de Zola ne fut pas continué[6] ». Après la parution de *La Maison du Peuple* chez Grasset - roman que toute sa vie Guilloux, fils de cordonnier militant socialiste, présentera comme « sa carte de visite[7] » - les partisans d'un « retour de Zola[8] » revendiquent Guilloux comme l'un des leurs ; qu'ils se nomment « populistes » comme André Thérive et Léon Lemonnier[9] ou « prolétariens » comme Henry Poulaille, les seconds considérant, tout comme la revue *Monde*, que « le retour au peuple » prôné par les premiers est le fait de « bourgeois condescendants[10] ». La postérité littéraire de ces auteurs n'est

---

[5] GIDE prononce ses conférences sur Dostoïevski en 1922.
[6] Emmanuel BERL, *La mort de pensée bourgeoise*, Grasset 1929, réédition, Robert Laffont, coll. « Libertés », 1970, p.85.
[7] L'expression de Guilloux revient dans de très nombreux entretiens, par exemple à *L'Unité* du 10-16 février 1978 (« Mon premier livre, *La Maison du peuple*, […] est ma carte de visite. Je n'ai rien à en retirer. J'en suis fier. Fier d'être le fils d'un artisan cordonnier socialiste. Né à gauche, j'y suis encore. À ma façon, en franc-tireur »), lors d'une émission de France-Culture, *Rencontre avec Louis Guilloux*, émission de Patrick GALBEAU, avec la participation de Claude ROY, 21 mai 1978, 17h30, et enfin dans l'entretien accordé à Bernard PIVOT. Sylvie GOLVET propose une étude extrêmement précise de la constitution de cette « carte de visite » dans *Louis Guilloux, devenir romancier*, Rennes, Presses universitaires de Rennes, coll. « Interférences », 2010, p. 25-54.
[8] Pour davantage de précisions sur cette question voir BAUDORRE Philippe, « Zola- 1929-1935 » ou les ambiguïtés d'une retour de Zola », *Les cahiers naturalistes*, n°5, 1991, p.7-23.
[9] Voir Michèle TOURET, « Louis Guilloux et le populisme, une longue histoire », *Études littéraires*, vol 44, n°2, Eté 2013, p 127-146, http://id.erudit.org/iderudit/1023765ar:« Léon Lemonnier l'enrôle dans le populisme en 1929 : « son œuvre de socialiste révolutionnaire l'a poussé à écrire cette *Maison du Peuple* qui est un des meilleurs livres que l'on ait consacré à la vie des petites gens dans les villes » (Léon Lemonnier *Manifeste du roman populiste*, Paris, La Centaine, 1930, p.62). », « Henry Poulaille, qui disputait aux populistes l'aire de la littérature qui vient du peuple ou le prend pour objet, citait en 1928 *La Maison du peuple* comme exemple d'Art prolétarien dans sa réponse à l'enquête de *Monde*. Puis il lançait son mouvement de littérature prolétarienne et sa revue *Nouvel âge*. Dans *Nouvel âge littéraire*, l'ouvrage qui traçait les prolégomènes et les grandes lignes du mouvement, il consacrait trois pages à Louis Guilloux dans la rubrique « Littérature prolétarienne française » (…) ».
[10] Philippe BAUDORRE, « Louis Guilloux et la revue *Monde* », *in* Francine DUGAST-PORTES et Marc GONTARD (dir.), *Louis Guilloux écrivain*, Rennes, Presses universitaires de Rennes, coll. « Interférences », 2000, p. 69-87.

pas toujours de premier plan, mais leurs débats[11] ont vivement animé les revues littéraires d'une époque où enjeux esthétiques et enjeux politiques sont fortement liés. Les nombreuses études[12] sur les relations de Guilloux avec ces mouvements s'accordent toutes à souligner le ferme désir d'indépendance de celui-ci. Quand *Monde*, l'hebdomadaire fondé par Henri Barbusse, lance une enquête sur « la jeune génération et Zola » (*Monde*, 19 octobre 1929), Guilloux, le 26 octobre 1929, exprime avec netteté son refus d'embrigadement : il repose les termes d'un débat qui lui semble faussé entre littérature et action. Comprenant que Zola n'est qu'un prétexte, il se démarque de la « nouvelle morale révolutionnaire » de Berl « qui tranche et condamne comme toutes les morales », du « catéchisme » de Barbusse qui assure qu' « il faut et qu'il suffit, pour être écrivain du peuple, de partager l'idéal pratique, le but final du prolétariat universel », comme de Lemonnier et Thérive qui visent Proust sans le nommer quand ils condamnent la « tendance (...) d'une certaine littérature à ne présenter que des gens chics et des oisifs vicieux ». Il conclut : « Avec Zola, oui, pour la révolution, de tout cœur, mais librement[13] » : la formule est sans ambiguïté, elle l'inscrit dans une filiation que Guilloux revendique certes, mais dont il ne veut en aucune façon se sentir prisonnier, ni sur le plan idéologique, ni sur le plan esthétique. Quand son ami Eugène Dabit reçoit le prix populiste en 1931 pour *Hôtel du Nord*, l'auteur de *La Maison du peuple* lui consacre un article qui est, comme le dit Philippe Baudorre, « une profession de foi[14] » :

> « Il faut savoir gré à l'auteur de ce livre d'avoir su garder tout au long de son ouvrage une note parfaitement humaine, alors qu'il était si facile, ayant choisi un tel sujet, par un certain côté à la mode, de tomber dans la grossière erreur du populisme. Un esprit moins doué, moins clairvoyant, moins honnête n'y eût pas manqué. Mais précisément les qualités dominantes de ce livre et les qualités sérieuses qu'on sent chez l'auteur

---

[11] Sur ces questions, voir de François OUELLET, « L'illusion du vrai », préface à la réédition du *Manifeste du roman populiste et autres textes* de Léon LEMONNIER, édition établie par Francois OUELLET, Le Raincy, Editions La Thébaïde, coll. « L'esprit du peuple », 2017.
[12] Philippe BAUDORRE, « Louis Guilloux et la revue *Monde* », *op.cit.*, Anne ROCHE, « Louis Guilloux entre roman populiste et roman prolétarien », in André NOT et Jérôme RADWAN (dir.), *Autour d'Henry Poulaille et de la littérature prolétarienne*, Aix en Provence. Publications de l'Université de Provence, coll. « Textuelles », 2003, p. 143-152. Sylvie, GOLVET *Louis Guilloux, devenir romancier, op.cit.,* Troisième partie, chapitre 5, « Louis Guilloux, essayiste ou romancier, p. 145-152. Sylvie GOLVET, « L'art romanesque de Louis Guilloux et le tournant des années 30 », in Madeleine FRÉDÉRIC et Michèle TOURET (dir.), *L'Atelier de Louis Guilloux*, Rennes, Presses universitaires de Rennes, coll. « Interférences », 2012, p.103-116. Michèle TOURET, « Louis Guilloux et le populisme, une longue histoire », *Études littéraires, op. cit.*.
[13] *Monde* n° 73, 26 octobre 1929, « Emile Zola et la nouvelle génération », p 4.
[14] Philippe BAUDORRE, « Louis Guilloux et la revue *Monde* », *Louis Guilloux écrivain, op. cit.* p.69-87.

sont incompatibles avec les théories que comporte toujours la soumission aux canons d'une école quelle qu'elle soit. Un homme comme celui-ci est d'un homme franc, qui s'engage à fond, mais pour son propre compte, et ne dit que ce qu'il a à dire dans la forme qu'il s'est choisie, en dehors de toute influence consentie. […] Il ne s'agit en somme que du courage d'être seul et vrai. […] Il ne s'agit nullement d'être un auteur prolétarien ou autre. Un homme comme M. Eugène Dabit doit à tout ce qu'il est de laisser les étiquettes sur les bocaux de pharmaciens pour quoi elles sont faites, et de rechercher tout seul sa vérité, même si cette vérité doit contrarier ceux qu'il aime le plus et l'empoisonner lui-même[15]. »

On peut à juste titre imputer la défiance de Guilloux envers des mouvements qui lui assurent un temps une visibilité littéraire à son profond désir de liberté - en dépit de son adhésion en 1933[16] à la puissante AEAR (Association des écrivains et artistes révolutionnaires), émanation du PCF - autant qu'au soupçon qu'il fait peser sur toute école[17]. Par ailleurs, Guilloux comprend vite qu'avoir une place dans le monde littéraire en fonction de sa seule appartenance de classe lui fait courir le risque d'une « fossilisation de son image[18] » et, en définitive, constitue un frein à l'exploration des possibilités que lui offre l'écriture du roman. Le lien manifeste de Guilloux avec les écrivains néo-naturalistes ne doit pas faire oublier qu'il est aussi l'héritier d'une crise du roman[19] qui a refusé les stéréotypes. Il ne cesse, en effet, de s'interroger sur les limites et les richesses d'un genre au renouvellement duquel il participe. Pris entre une certaine tendance du roman du début du XXème siècle à se déconstruire lui-même et à soupçonner l'artifice de l'illusion réaliste donnée pourtant comme consubstantielle du genre et son intérêt profond pour le réel qui le pousserait à s'inscrire, comme naturellement, dans une veine néo-naturaliste, Guilloux va bâtir une œuvre où ces deux pôles coexistent.

Au milieu des querelles des années 30, il finit par se ranger au conseil de son ami Georges Robert - « Regarde, décris, souligne, et c'est toute ta part[20] »- et comme Guéhenno le lui suggère, par aller « faire retraite » pour se consacrer

---

[15] *Monde*, 31 mai 1930.
[16] Jean-Charles AMBROISE, « Une trajectoire politique », *Louis Guilloux écrivain, op. cit.,* p.49-65, p.54.
[17] Philippe ROGER, « À rude école, écriture et idéologie chez Louis Guilloux », in JACOB Jean-Louis (dir.), *Louis Guilloux,* Quimper, Calligrammes, 1986, p. 103-120.
[18] Jean-Charles AMBROISE, « Une trajectoire politique », *Louis Guilloux écrivain, op.cit.* p. 56.
[19] C'est une des conclusions de Grégoire LEMÉNAGER, « Guilloux, critique littéraire ? D'*Europe* à *Ce Soir*, une expérience peu concluante », in Jean-Baptiste LEGAVRE et Michèle TOURET (dir.), *Louis Guilloux, un écrivain dans la presse*, Rennes, Presses universitaires de Rennes, coll. « Interférences », 2014, p. 167- 184, (p. 179).
[20] Lettre du 5 novembre 1929, citée par Sylvie GOLVET, « l'art romanesque de Louis Guilloux et le tournant des années trente », *L'Atelier de Louis Guilloux, op. cit.,* p. 111.

aux projets romanesques en cours. Sylvie Golvet qui retrace avec une grande précision la carrière de Louis Guilloux jusqu'au *Sang noir* montre qu'il s'éloigne des polémiques partisanes et choisit d'approfondir les potentiels techniques du roman pour dire ce qu'il a à dire sur le monde dont il témoigne. Alexandra Vasic analyse les enjeux du débat esthétique qui se superpose aux questions politiques[21] : Poulaille, par rejet d'une écriture maniérée, pense que le style n'est qu' « un moyen et non un art », et s'oppose à Guéhenno qui accorde une grande importance au « métier ». C'est aussi la position de Guilloux : sans faire de « chiqué », sans vouloir rejoindre ceux qu'il appelle les « littérateurs », il soigne son écriture, réécrit, transforme, élague, épure dans un souci permanent de la langue et de la forme afin de « donner l'illusion d'une maîtrise *naturelle* des techniques du récit et de l'écriture [22]».

En 1935, le succès du *Sang Noir*, attaqué par les populistes, mais défendu, entre autres, par Aragon[23], lui apporte une véritable assise dans le monde des lettres[24]. Ne pas recevoir le Goncourt devient la preuve paradoxale de ses qualités littéraires et « l'échec se transforme en succès[25]». Mais entamer alors « un bout de chemin avec le parti [26]» et avoir gagné un soutien qui n'a rien de négligeable, n'empêche pas Guilloux de refuser de céder aux pressions et de ne pas prendre position contre Gide à son retour d'URSS. Il démissionne de *Ce Soir*[27] et renonce à la radio où il est remplacé par Nizan avant de rentrer à Saint-Brieuc en août 37[28]. De nouveaux engagements l'attendent, des engagements politiques de terrain, et une nouvelle entreprise littéraire. « […] il se retire du champ politique français tel qu'il lui apparaît à Paris et des combats entre intellectuels. Il se consacre aux réfugiés espagnols dans son département et aux paysans grevés de dettes dont les terres sont mises aux

---

[21] Alexandra VASIC, *L'œuvre de Louis Guilloux : le romanesque en jeu,* thèse dactylographiée, sous la direction de Jeanyves GUÉRIN, université Paris III-Sorbonne nouvelle, soutenue le 19 janvier 2015, Paris III, p.49.
[22] Alexandra VASIC, *ibid.,* p. 49. Alexandra VASIC analyse les réceptions de l'œuvre dans la presse de *Compagnons* à *Coco perdu*, et montre bien que les critiques ne s'y sont pas trompés et que le soin porté à l'écriture par Guilloux a toujours été salué.
[23] Louis ARAGON, « *Le Sang noir* par Louis Guilloux », *Commune* n° 27, nov. 1935, p. 352-356, « Défense du roman français », *Commune* n°29, janvier 1936, p. 562-568.
[24] Sur la réception du *Sang noir* par les communistes, voir Alexandra VASIC, *L'œuvre de Louis Guilloux: le romanesque en jeu, op. cit.*, p. 240-241.
[25] Sylvie GOLVET, *Louis Guilloux, devenir romancier, op.cit.,* chapitre 11, p.281-283.
[26] Rachel MAZUY, « Louis Guilloux et la presse communiste », deuxième journée d'étude consacrée aux « Réceptions de Louis Guilloux », 28 janvier 2016, direction Jean-Baptiste LEGAVRE, à paraître. La critique qui vise *Compagnons* est particulièrement violente: « Nous n'avons pas besoin d'une morale d'infirmier mais de combattants » déclare Fréville.
[27] Bernard PUDAL, « Louis Guilloux à *Ce Soir* (1937), l'attraction dans le système communiste », *Louis Guilloux, un écrivain dans la presse, op. cit.* p.109-124.
[28] Michèle TOURET, « Louis Guilloux et le populisme : une longue histoire », *Études littéraires, op. cit.*

enchères. Il se consacre aussi à un projet de longue haleine : le récit de l'histoire d'une famille pauvre depuis le début du siècle et dont *Le Pain des rêves* sera le début »[29]. Préservant sa liberté politique, il dispose aussi de sa liberté littéraire. Il peut continuer d'être réaliste, de témoigner et d'interroger le réel, sans pour autant l'être par militantisme. Il poursuit son exploration des possibles du roman en évitant toute inféodation idéologique susceptible de soumettre son activité créatrice à des critères qui ne seraient pas les siens et la limiteraient. La réception contrastée du *Pain des rêves* montre le caractère équivoque d'un récit d'enfance dont les accents proustiens sont soulignés par certains tandis que d'autres lui accordent le prix populiste. À la suite de Francine Dugast qui montre que sont convoqués différents modèles d'écriture, récusés tour à tour dans ce récit d'enfance paradoxal[30], Michèle Touret analyse l'ambiguïté au cœur d'une œuvre qui sait jouer avec les lieux communs[31]. Alexandra Vasic présente cette « œuvre hybride » comme le résultat d'un romanesque contrarié[32]. Une chose est sûre, Guilloux s'éloigne définitivement de tout diktat d'école ou de mouvement et interroge les modalités de la représentation littéraire du réel. Grande fresque d'après-guerre à la composition savante, *Le Jeu de patience,* apparaît, quant à lui, comme une entreprise de déconstruction du temps, caractéristique de cette période du roman qui « fait exploser les cadres de la représentation réaliste élaborée au siècle précédent[33] » et qui trouvera son épanouissement au milieu des années 50 dans les différentes recherches sur les formes narratives regroupées sous l'étiquette commode de Nouveau Roman- la critique radicale de l'illusion réaliste menée par ce mouvement pouvant apparaître comme l'un des points d'aboutissement de cette crise du roman avec laquelle le siècle avait commencé. Récompensé par le Prix Renaudot, Guilloux continuera d'explorer des veines variées, se jouant des codes passés ou présents et s'attachant à être là où on ne l'attend pas. Alors qu'il pouvait être considéré avec *Le Jeu de patience* comme l'un des précurseurs de ces « nouveaux romanciers », il continue de se tenir à l'écart de toute assignation possible et propose avec *les Batailles perdues* un hommage aux grandes formes romanesques antérieures. Dans cette œuvre chorale où les destins des personnages se croisent dans une pension de famille du quartier latin, Guilloux multiplie les références aux grandes heures du roman. Alexandra Vasic examine avec beaucoup de

---

[29] Michèle TOURET, *Ibid*, p. 132.
[30] Francine DUGAST-PORTES , « *Le Pain des rêves*. Une enfance paradoxale », in Yannick PELLETIER (dir) *Louis Guilloux*, revue Plein Chant n°11-12, Bassac, 1982, p. 77-88.
[31] Michèle TOURET, « Louis Guilloux et le populisme, une longue histoire », *Études littéraires, op cit.*, p 140-144.
[32] Alexandra VASIC, *Louis Guilloux : le romanesque en jeu, op. cit.,* Deuxième partie « En quête du romanesque : des modalités narratives renouvelées », chapitre 3, « Espace autobiographique et réécritures romanesques » p. 372.
[33] Dominique RABATÉ, *Le roman français depuis 1900, op.cit.*, p.4.

justesse les nombreux modèles convoqués et pastichés qui transforment le roman en « un feu de joie de la littérature populaire[34] ». Elle montre également que roman policier, récit d'évasion, roman d'aventures sont les genres parcourus avec *Parpagnacco, Labyrinthe* et *La Confrontation*, leur auteur « [déjouant] systématiquement l'horizon d'attente du genre qu'il investit[35] ». Alors que la structure de l'enquête le rapproche évidemment des écrivains du Nouveau Roman[36], ce mouvement est évoqué avec une certaine distance dans *La Confrontation*[37]. La proximité n'empêche jamais Guilloux de revendiquer son irréductible singularité, construisant ainsi cette image de franc-tireur qui donnera son titre au célèbre entretien avec Bernard Pivot[38]. L'étude de Rachel Mazuy montre qu'à partir de 1949, la presse communiste française, quant à elle, oscille entre le silence et le rejet avec pour principal reproche le manque de réalisme[39], reproche réitéré au moment de la parution de *Parpagnacco*. Les investigations auxquelles se livre Guilloux dans l'univers du roman constituent la preuve même qu'il n'a pas voulu se cantonner au label d'une littérature pour le peuple écrite par le peuple dont le réalisme socialiste aurait été le garant.

Guilloux écrit jusqu'à la fin de sa vie. Dans les années 70, si nous mettons à part les œuvres autobiographiques, comme les *Carnets*, dont le deuxième tome sera publié de manière posthume deux ans avant *L'Herbe d'oubli*[40], nous sommes face à des textes encore une fois difficilement étiquetables. Écrits durant le dernier quart du siècle, même s'ils se constituent à partir de matériaux antérieurs, *Coco perdu*[41] et *O.K., Joe !*[42] ont pour trait commun une

---

[34] Alexandra VASIC, *Louis Guilloux : le romanesque en jeu, op. cit.*, deuxième partie, chapitre 2, « La littérature d'évasion, un horizon de l'œuvre », p.277.

[35] Alexandra VASIC, *ibid.*, p.17

[36] Pour les réceptions de *La Confrontation*, voir Alexandra VASIC, « Lire Louis Guilloux au temps du Nouveau Roman : un auteur à contre-courant », première journée d'étude, « Eclats de réception, Louis Guilloux en contexte médiatique » Université Panthéon-Assas, Institut Français de la Presse, sous la direction de Jean-Baptiste LEGAVRE, 3 juin 2014.

[37] « Je me suis même mis au nouveau roman pour ne pas me rouiller tout à fait », Louis GUILLOUX, *La Confrontation*, Gallimard, 1967, coll. « L'Imaginaire », 1998, p. 53.

[38] *Apostrophes*, « Louis Guilloux : le franc-tireur », présentation Bernard PIVOT, Antenne 2, 2 juin 1978, 55 mn.

[39] MAZUY Rachel, deuxième journée d'étude consacrée aux « Réceptions de Louis Guilloux », Université de Rennes II, 28 janvier 2016, direction Jean-Baptiste LEGAVRE, à paraître.

[40] VASIC Alexandra, dans le dernier chapitre de sa thèse « espace autobiographique et réécritures romanesques » étudie la part de romanesque virtuel présent dans de nombreux épisodes relatés. *op.cit.*.

[41] Pour la genèse de l'œuvre, voir Sabrina PARENT, « Épuisement et événement dans *Coco perdu, Essai de voix* », in *L'Atelier de Louis Guilloux, op. cit.*, p.181-195.

[42] Pour la genèse de l'œuvre, voir l'introduction de Michèle TOURET, « Un petit récit, une grande œuvre », Louis GUILLOUX, *O.K.,Joe ! Le dossier d'une œuvre*, édition présentée par Michèle TOURET et Sylvie GOLVET, Rennes, Presses universitaires de Rennes, coll. « Mémoire commune », 2016, p.15-38.

forme d'hésitation. Michèle Touret souligne le « statut incertain[43] » du narrateur- témoin d'*O.K., Joe !*, quant à *Coco perdu*, la précision *Essai de voix* indique assez une prise de distance avec les codes romanesques. « Récits indécidables[44] », ils ne sont peut-être pas si éloignés de ces « formes mutantes et hybrides, accordées à un univers dont le sens se recompose[45] » que Bruno Blanckeman analyse comme caractéristiques des dernières décennies du XXème siècle, frappées par le doute et la « défiance à l'égard de toute forme de systématisme ».

Écrire sans mentir

Guilloux a lu *L'art d'écrire* d'Albalat [46] et note ce qu'il a vu et entendu, constituant ainsi un matériau dont on trouve de multiples traces dans les *Carnets* et qu'il réutilise dans ses romans. Il peint une petite ville et un milieu, ceux de ses origines, les personnages qu'il représente s'inspirent très largement des hommes qu'il a connus[47]. Le point de départ de la création trouve son assise dans la réalité et c'est ce qui explique le goût assez grand de l'auteur pour le document[48]. Pour les *Batailles Perdues*, il s'attache tout particulièrement à la vérité des événements : « L'essai de reconstitution historique, ça je l'ai vraiment potassé. Sous ce rapport, la documentation du livre n'est pas mauvaise[49] ». Dans ses *Carnets*, il note un après-midi passé à *France-Soir* pour consulter les journaux de 34-35[50]. Mais ce travail est pour le romancier l'occasion d'interrogations réitérées sur la transcription du réel ; interrogations, on l'a vu, qui ne se réduisent pas à celles qu'impliquent les étiquettes et les programmes littéraires préétablis, ressentis comme coercitifs ; interrogations qui se situent sur un terrain autant esthétique que moral, l'un et

---

[43] Louis GUILLOUX, *O.K., Joe !*, *ibid.*, p. 30.
[44] Nous reprenons l'heureuse expression de Bruno BLANCKEMAN, *Les récits indécidables, Jean Echenoz, Hervé Guibert, Pascal Quignard*, Lille, Presses du Septentrion, 2000.
[45] Bruno BLANCKEMAN, *ibid*, p.11.
[46] Sylvie GOLVET, *Louis Guilloux, devenir romancier*, op.cit, p.173
[47] *Carnets 1944-1974*, p. 53: "enterrement de Gérard (Pablo)"; p.150 « …Mon vieil ami Léopold est arrivé… Léopold, c'est Yves de Lancieux.», p. 352 « Waldemar-George dont j'ai fait le Kaminsky du *Sang noir* ». Pour *Compagnons*, voir Sylvie GOLVET, Compagnons *de Louis Guilloux en classe*, Rennes, CRDP Bretagne, 2007.
[48] Sur le goût de Guilloux à « relever, commenter, reproduire les éléments bruts de la réalité », voir Michèle TOURET, « Louis Guilloux chroniqueur et la vie comme elle va », in Bruno CURATOLO et Alain SCHAFFNER (dir.), *La Chronique journalistique des écrivains (1880-2000)*, Dijon, Éditions universitaires de Dijon, coll. « Écritures », 2010, p. 155-165, p.158.
[49] *Les Matinées de France Culture*, diffusé le 6-12-1967. Guilloux est interviewé par Roger VRIGNY
[50] *Carnets, tome 2*, p.344. Voir sur cette question Alexandra VASIC, « Les usages de la presse dans *Les Batailles* perdues : une déréalisation paradoxale des événements historiques et fictionnels », in *Louis Guilloux, un écrivain dans la presse*, op.cit., p. 251-268.

l'autre étant, chez Guilloux, indissociables. Bien décidé à rendre compte de la réalité dans sa dimension à la fois la plus ordinaire et la plus tragique, convaincu de la capacité du roman à témoigner, il accorde une importance extrêmement grande à la recomposition du réel et aux modalités d'écriture dont il dispose, questionnant sans cesse les formes et les structures romanesques.

Or, l'un des griefs formulés à l'encontre du *Sang noir* à sa parution en 1935 porte sur son absence de réalisme. Quand le Goncourt lui est refusé, en dépit de Gide et d'Aragon qui ont fait campagne en sa faveur, les amis de Guilloux organisent un meeting à la salle Poissonnière intitulé *Défense du roman français*[51]. Louis Guilloux y prend la parole. Dans ces « quelques notes brèves et rassemblées hâtivement [52]», il répond à ses détracteurs avec des éléments « qui ont trait au roman et à la position du romancier ». Il rappelle que la réalité constitue sa matière première : « À l'époque du *Sang noir*, je ne voyais que des hommes embrouillés ». Dans d'autres notes inédites, Louis Guilloux définit le roman comme un « art qui est celui de la représentation de la vie, de l'homme dans son univers historique et social, l'art de la figure et du mouvement [...] autrement dit un art de l'incarnation[53]. » Pour atteindre cet art de la représentation littéraire, dont la proximité avec le réel est si fortement revendiquée, il affirme également d'une manière qui peut paraître paradoxale que l'observation est « une qualité secondaire » - idée que Gide, quelques années auparavant, avait déjà exprimée à propos de Dostoïevski[54]. L'observateur pur, c'est-à-dire objectif et froid, -Guilloux dit aussi psychologue- est « monoclé ». À celui-ci, il manque un œil, celui de sa vision intérieure, de ses « obsessions ». « Le scalpel des psychologues n'a jamais été qu'un coupe-papier ». La qualité d'observateur capable de disséquer le réel, de le soumettre à une rationalité presque scientifique, n'est pas celle d'un bon romancier. Elle est à la création ce qu'un coupe-papier est au livre : utile certes, mais en aucun cas suffisante. Ce sont les obsessions du romancier qui sont premières. Et si Dickens est évoqué, lui qui « suit un personnage dans la

---

[51] « Dans *Carnets* 1921-1944, Louis Guilloux consigne à la fin du chapitre consacré à l'année 1935 : « Meeting à la salle Poissonnière, le 12 décembre 1935 : DEFENSE DU ROMAN FRANÇAIS- Ce qui signifie *Le Sang noir*.- Débat public organisé par la Maison de la Culture sous la présidence de Roland Dorgelès, avec André Malraux- Jean Cassou- Aragon- Moussinac- Paul Nizan... ». *Europe* (mars 1999) consacre une partie de son numéro à Guilloux et réédite à cette occasion *Notes sur le roman*.
[52] Notes publiées dans la revue *Europe* en 1936 sous le titre « Notes sur le roman », reprises dans le numéro de mars 1999.
[53] Louis GUILLOUX, « Sur l'art d'écrire », LGO Inédits 15.02.06 a, f. 12, cité par VASIC Alexandra, *op.cit.*, p.66.
[54] « L'œuvre chez [Dostoïevski] ne naît point de l'observation du réel [...] elle ne naît pas non plus d'une idée préconçue [...]. Elle naît d'une rencontre de l'idée et du fait [...] produit d'une fécondation du fait par l'idée », André GIDE, *Dostoïevski,* Plon 1923, p. 160-161, cité par Michel RAIMOND, *Crise du roman, op.cit.*, p.191.

rue », c'est moins parce qu'il est « un grand peintre », avec un goût certain du pittoresque, que parce qu'il dispose d'un monde intérieur préalable à son observation : « Ce personnage déclenche en lui une série d'images propres à nourrir son obsession[55] ». Ce terme singulier d' «obsession » peut désigner des idées, une sensibilité, un imaginaire qui se sont développés dès l'enfance, et qui s'enracinent dans les origines, familiales, sociales, dans les lieux par lesquels on est passé, les drames divers auxquels on a assisté, les lectures qu'on a faites, bref tout ce qui construit chacun d'entre nous en propre. Les obsessions de Louis Guilloux sont déterminées par sa sensibilité à la douleur, et son sentiment de révolte, ce qu'il appelle « son refus de consentir » aux forces qui entretiennent la vie au rabais. Elles exigent de lui d'être au plus près des plus humbles, des laissés-pour-compte, de ceux que la pauvreté ou l'Histoire rendent à peine visibles, à peine audibles et repoussent aux marges de la littérature. Voilà pourquoi le romancier ne « crée pas son univers, il ne l'invente pas, il le *découvre* ». Ses obsessions vont déchirer le voile qui recouvre le monde, et rendre visible l'invisible[56]. Si « l'œuvre de passion » qu'est *Le Sang noir* manque d'objectivité, c'est au nom du réel même, et de la sensibilité du romancier au tragique du monde. Le réel sert bien de matière première, il faut le montrer et le montrer d'autant plus qu'il ne suscite aucun élan, aucune adhésion. Paradoxe formulé par Malraux qui voit dans *Le Sang noir* « l'éternelle rancune contre le réel du poète que la nature de son talent contraint à s'exprimer non par le lyrisme mais par le réel même[57] ».

Transposer les éléments du monde réel dans l'univers du roman ne se fait pas sans mal. Guilloux revient à plusieurs reprises sur cette tâche dont il considère qu'elle lui est paradoxalement trop facile et finalement difficile. Tout en pastichant Tchekhov dans *Absent de Paris*, il se met lui-même en scène en auteur fatigué de puiser dans son expérience et ses souvenirs pour fabriquer les mêmes contes dont les personnages sont toujours plus ou moins inspirés des personnes qu'il a croisées[58]. Le conteur désormais s'ennuie et finit par dire franchement : « Je vous avouerai qu'il m'arrive de me sentir porté à prendre en grippe toutes ces petites marionnettes [59] ». Guilloux se défie de l'art du romancier qui capte la réalité et la restitue telle qu'il l'a vue ou entendue et perçoit ses dispositions de conteur comme un danger. Même si certaines scènes romanesques trouvent leur origine dans ces conversations et

---

[55] « Notes sur le roman », *Europe*, mars 1999, p.174.
[56] « L'œuvre d'art ne restitue pas le visible, elle rend visible », Paul KLEE, *Théorie de l'art moderne*, (1920) Denoël, coll. « Médiations », 1985.
[57] André MALRAUX, « Le sens de la mort », à propos du *Sang noir*, publié dans *Marianne*, le 20 novembre 1935, devient la préface du roman en 1955 (édition Club du meilleur livre), repris dans le numéro 11-12 de la revue *Plein chant*, op.cit, p. 65-68.
[58] Louis GUILLOUX, *Absent de Paris*, p.70-73.
[59] *Ibid.*, p.72.

ces anecdotes saisies au vol, l'écriture pensée comme simple imitation est suspecte. Mécontent après une tentative de portrait de Max Jacob, il est saisi par ce qu'il appelle « la misère des romanciers » quand il se rend compte que « rien dans ces pages n'appartient complètement à la réalité, ni complètement à l'imaginaire –or, il faudrait que ce soit l'un ou l'autre, tout l'un ou tout l'autre [60] ». Se souvenir, imiter ne peut suffire. Ce qui peut être réussi dans un recueil de souvenirs ou des pages de mémoires ne conviendra pas au roman qui poursuit une autre ambition : « Il ne suffit pas de décalquer la réalité pour dire qu'on fait du roman, surtout quand on est aussi maladroit que je le suis et que le décalque bave de tous les côtés. C'est une très mauvaise pratique qui ne conduit à rien de « soulevé ». Il ne fallait donc pas chercher à transporter la réalité comme on ferait d'un objet qu'on changerait de lieu, qu'on déménagerait du souvenir dans la page, mais se servir de cette réalité pour passer aux signes [61]. » Dès 1935, dans ses *Carnets*, après avoir rapporté une scène de rue, une conversation et un compte-rendu de procès lu dans un journal, il recopie cette remarque de Gorki : « Créer des personnages comme on dit serait en soi une activité absurde si ces personnages n'étaient des signes, des moyens d'un langage métaphorique. S'il n'y a pas de métaphore, il n'y a pas d'art, il n'y a rien que de l'écriture. C'est pourquoi il est si dangereux de penser que le plus grand art est celui qui rend le mieux compte de la réalité. Il n'y a pas de réalité directement transposable dans l'art. Ce qui ne veut pas dire que l'art ne puisse pas se proposer de restituer la réalité mais à la condition de la recomposer[62]. » Cette mise au point sur la nécessaire recomposition de la réalité pourrait passer pour un lieu commun du réalisme - on note chez Champfleury[63], comme chez Maupassant[64], des idées presque semblables. Néanmoins, elle nous éclaire sur l'ambition du romancier. La transcription du réel n'a d'intérêt qu'à condition que cela soit fait au service d'une signification. La fidélité au réel passant soit par le simple enregistrement des choses vues, soit par la création réussie de l'illusion mimétique, ne peut constituer un but en soi. Mais l'objectif n'est ni didactique ni moralisateur. Le langage métaphorique instaure une distance qui permet d'interroger le monde. L'écriture n'assène pas un sens mais au contraire en autorise le déploiement ; elle expose ou sous-entend les ambiguïtés d'un monde qui, du même coup, apparaîtra dans sa complexité. Comme le dit justement Cyril Piroux, cette

---

[60] *Ibid.*, p.146.
[61] *Ibid.*, p.146.
[62] Louis GUILLOUX, *Carnets 1921-1944*, année 1935, p.118.
[63] CHAMPFLEURY (1857), *Le Réalisme*, Introduction de Geneviève et Jean LACAMBRE, Hermann, 1973 : « La reproduction de la nature ne doit être ni une reproduction, ni une imitation, mais toujours une interprétation. Rappelant Diderot, il (Champfleury) écrit « les partisans les plus avancés de la Réalité dans l'art ont toujours soutenu qu'il y avait un choix à faire dans la nature » » (p. 23).
[64] MAUPASSANT, préface de *Pierre et Jean*.

écriture ouvre « une brèche dans le réel d'où surgit soudainement la vérité humaine [65] ». Michel Zéraffa voit dans cette démarche la tendance d'une époque : « le roman ne représente pas le réel mais il le signifie, il interprète dans son langage propre ce qui le détermine[66]. » Le romancier, habité par ses obsessions, tient du réel tout un réservoir d'histoires, de personnages, de situations, mais il s'en éloigne et même s'en affranchit pour mieux faire signe et être au plus près du vrai. C'est bien ce que Gide avait compris quand il écrit dans son journal à propos du *Sang noir* : « Pour vrai que soit ce roman, ce n'est point seulement (et point tant) en raison de la réalité qui l'alimente ; mais de la sensibilité, de la passion de l'intelligence, qui, s'emparant de la réalité, la refondent. Et c'est pourquoi c'est un beau livre[67]. »

Néanmoins, le romancier est tiraillé : conscient qu'il doit parfois s'éloigner de la réalité pour mieux la dévoiler, il redoute par-dessus tout le mensonge, le mensonge contenu dans toute fiction, le mensonge du littéraire et de ses artifices. Les questions d'esthétique deviennent alors des questions d'éthique. Dans un passage du *Jeu de patience*, le narrateur est en proie à un profond sentiment de malaise après avoir lu un épisode de son roman aux jeunes gens rassemblés dans la chambre de sa nièce[68]. L'intérêt suscité par la lecture, pourtant, a été grand. Mais précisément cet intérêt n'est-il pas le résultat du mensonge romanesque tant redouté ? Par un jeu de mise en abyme, l'un des personnages du récit lit à son tour une histoire à ses compagnons subjugués qui attendent la suite. Mais il s'interrompt au milieu de sa lecture, et montre à ses auditeurs à quel point ceux-ci se font piéger par une histoire bien agencée, qui fascine certes, mais qui repose sur du trucage. Guilloux s'inquiète de cette illusion mimétique, ou pour reprendre les termes de Jean-Marie Schaeffer, de « cette pulsion mimétique qui est censée être à la fois dangereuse (elle nous aliène) et facile (elle obéit à des recettes)[69] ». Comment s'accommoder alors de ces arrangements qu'entraîne parfois l'envie de « captiver » son lecteur ? D'abord ce qui est raconté doit s'ancrer dans le réel : « Il me faut des réalités

---

[65] Cyril PIROUX, « Nicolas Gogol, lecture de Louis Guilloux », in *L'Atelier de Louis Guilloux*, *op.cit.*, p.249-265, p. 262.
[66] Michel ZÉRAFFA, *Personne et personnage, l'évolution esthétique du réalisme romanesque en Occident de 1920 à 1950*, Klincsieck, 1969, p. 25 et 26.
[67] André GIDE, *Journal, 1926-1950*, édition établie, présentée et annotée par Martine SAGAERT, Paris, Gallimard, coll. « Bibliothèque de la Pléiade », 1997, t.2, p.1100, cité par Cyril PIROUX, *op. cit*, p. 261.
[68] *Le Jeu de patience*, t. 1, p. 390 : « C'était une faute que j'avais commise et ensuite pendant le repas […], dans mon bureau, plus tard, je ne fis pas autre chose que ruminer bien amèrement mon remords ». Un peu plus loin, il ajoute : « Malaise. Désordre. Pas d'accord. Sabotage. Va-et-vient à travers mon bureau. Combien de temps allait-il falloir attendre désormais pour que tout puisse recommencer ? »
[69] Jean-Marie SCHAEFFER, *Pourquoi la fiction ?*, Seuil, coll. « Poétique », 1999, p. 24.

et des vérités pour repartir. Si je n'ai pas pu vérifier une chose, je ne peux pas l'inventer, absolument pas. Ça me paraît même assez mal[70].» Ensuite, la transposition de la douleur des expériences individuelles ou/et historiques dans l'ordre du langage et de la fiction impose la recherche de la vérité comme exigence éthique. « Il faut montrer la douleur mais il ne faut pas faire la grimace[71] ». Touché par le reproche de Guéhenno qui l'avait accusé d'être un « montreur », « un peu comme un montreur d'ours » et même « un montreur assez cruel, qui prenait son plaisir au grotesque des bêtes », il récuse l'idée qu'il puisse y prendre la moindre joie mais il « accepte d'être dans un certain sens un montreur[72] ». « On ne peut aller plus loin que la peinture. Montrer, c'est tout ce qu'on peut faire[73]. »

Il va donc montrer mais sans « littérature » : « Littéraire, ça veut dire mensonger, arrangé. Dans *La Maison du Peuple* tout est vrai, rien n'est mensonger. On peut arranger à condition que ce ne soit pas mentir, pas de « chiqué[74] ». S'il lui arrive de déformer, c'est finalement pour faire pièce au mensonge. Cela n'empêche pas la conscience que « tout est mensonge », que la parole est mensonge - « nous mentons puisque nous parlons, la distance entre ce que nous disons est trop grande avec notre monologue intérieur[75] » - Guilloux fait le beau rêve d'une langue qui ne pourrait pas mentir. Interrogé par Roger Vrigny[76], il raconte qu'il avait pensé écrire une petite histoire dans laquelle l'alphabet se refusait au mensonge : « alors, les lettres décident qu'elles ne veulent plus servir à ce à quoi on les fait servir d'ordinairement, à l'hypocrisie, au mensonge ; elles pourrissent, elles tombent des enseignes... » Le romancier est celui qui cherche la langue juste, qui soit le moins possible contaminée par le mensonge, l'affecté, l'apprêté, le littéraire. Voilà pourquoi Guilloux dit préférer le ton au style : « Je n'aime plus que les livres de ton, les livres où je sens une voix humaine beaucoup plus que le style ; le style n'est que l'habillage de ce ton[77].» Le ton, comme la voix, doit être juste. Il révèle au moins quelque chose de la posture éthique de celui qui voit, qui peint, qui raconte, de celui qui parle pour d'autres qui se taisent. Ainsi, quand à plusieurs reprises, Guilloux renouvelle son admiration pour Tchékhov, tout de « tendresse[78] », c'est bien davantage un ton qu'un style qu'il salue. Être fidèle

---

[70] *Radioscopie*, émission présentée par Jacques CHANCEL, France Inter, 1er Juillet 1976.
[71] Louis GUILLOUX, *Absent de Paris*, p. 39.
[72] *Absent de Paris*, p. 38.
[73] *Ibid.* p. 38.
[74] *Apostrophes*, 1978.
[75] "Le mensonge, le secret, l'illusion", *Agora*, France Culture, diffusée le 22-08- 1977.
[76] *Entretiens avec Roger VRIGNY* du 1er au 13 décembre, 1977, entretien du 12 décembre.
[77] *Entretiens avec Roger VRIGNY*, entretien du 5 décembre.
[78] Tchekhov aussi qu'il présente comme « un vieil amour » avec « partout une tendresse, un sourire » et dont il lit *La Steppe* pour la radio (*Le livre de chevet*, France-Culture, février 1967) une « très grande chose, plus souriante, moins désolée que certaines autres ». Dans une autre

à soi-même, à une voix qui soit la sienne en propre tout en peignant et en faisant entendre aussi fidèlement qu'il est possible le monde pour lequel on témoigne, à la rencontre duquel le lecteur ira, telle est l'ambition que revendique le romancier qui ne veut pas tricher.

La description en question

La tâche que s'assigne l'auteur laisse entendre que l'usage de la description rencontre bien des obstacles puisqu'il faut décrire sans décalquer ni mentir, restituer le réel sans trahir et montrer sans consentir. Et, Philippe Hamon le rappelle, « un texte fait de langage ne peut copier une réalité qui n'est pas langage [79] ». Le réel est « un vrac, un tohu-bohu d'informations, une matière brute donnée chaotique et informe » tandis que le texte est « un système construit et compréhensible[80] ». La description est donc un défi lancé au romancier qui, tributaire du déroulement linéaire du langage, s'emploie cependant à restituer l'immédiateté et la totalité d'une perception sensible dans toute sa complexité[81]. Son statut est paradoxal. Censée prouver le savoir-faire du romancier, son aptitude à créer un monde, elle est pourtant, depuis Stendhal déjà, régulièrement décriée[82]. Constituée de morceaux de bravoure répertoriés par les rhétoriciens[83], elle est aussi travaillée pour avoir l'air de s'insérer naturellement dans le récit. Elle oscille entre l'exhibition et le camouflage. La recherche du naturel conduit Guilloux à masquer le travail de l'écriture et à polir les frontières entre le narratif et le descriptif[84].

émission, il raconte une nouvelle de Tchékhov, *A qui confierais-je ma peine ?*, et quand il présente ce texte, c'est à deux reprises le mot « tendresse » qui revient : « une pitié, une tendresse, une accusation implicite », « Tchékhov, c'est la tendresse. » (*Entretiens avec Roger Vrigny*, du 1er au 13 décembre 1969, entretien du 10 décembre).

[79] Philippe HAMON, *Puisque réalisme, il y a*, Genève, La Baconnière, coll. « Langages », 2015, p.7.
[80] *Ibidem*, p 13.
[81] Le philosophe allemand G.E. LESSING dans *Laocoon ou Des limites respectives de la poésie et de la peinture* (1766-1768), trad. fr. Paris, Hermann, 1990, a distingué ces deux formes de copie du réel en remettant en question la tradition du *Ut pictura poesis* d'Horace.
[82] Pour le début du XXème siècle, Valéry et Breton sont encore ses plus zélés contempteurs.
[83] Voir Jean-Michel ADAM et André PETITJEAN, *Le texte descriptif*, Nathan, coll. « Les classiques du fonds Armand Colin », 1989, p.75-77.
[84] On peut imaginer qu'en lecteur attentif d'ALBALAT, il se sera souvenu de sa leçon en la matière : « La connaissance de l'éthopée, prosopopée, hypotypose, etc., n'enseigne ni à bien décrire ni à savoir ce qu'est une bonne description. Laissons à d'autres le soin de diviser la description en « chronographie, topographie, prosopographie, éthopée », il ne manque pas de livres où l'on pourra se renseigner sur ces étiquettes stériles (...) » (Antoine ALBALAT, *Art d'écrire en vingt leçons*, 1900, p. 227), cité par Jean-Michel ADAM et André PETITJEAN, *Le texte descriptif*, Nathan, « les classiques du fonds Armand Colin », 1989, p.75-77), même si les deux « divisions » retenues par Albalat sont pour le moins sommaires: « la description proprement dite, et le portrait ».

Mais cela n'empêche pas la description de continuer chez lui à tenir les principaux rôles qui ont toujours été les siens en régime romanesque réaliste : construire l'espace-temps du récit et présenter les acteurs de l'histoire. Elle vaut comme caution, elle est le gage même de la vérité de tous les propos tenus par le narrateur[85]. Si l'effet de réalité est atteint, la vérité du récit paraît incontestable. Alors, la description conserve sa fonction mimésique. Mais, même s'il est nostalgique d'une grande forme romanesque dont il se sent le dépositaire, Guilloux est conscient que le roman, ébranlé dans ses fondements par les crises qu'il a traversées, ne peut plus représenter le monde avec la même assurance qu'à l'époque de son âge d'or. Crise du roman signifie aussi crise de la représentation. L'illusion référentielle au moment même où elle est élaborée s'affiche comme le résultat d'un travail, de choix d'écriture, de procédés qui sont du même coup exposés. Soucieux de vérité, Guilloux dévoile ou souligne parfois les artifices qui visent à produire l'illusion du vrai, au risque de miner cette illusion. C'est cette tension de l'écriture qui refuse l'illusion du vrai au nom de la vérité elle-même que nous nous proposons de mettre en valeur.

Les travaux de Philippe Hamon ont montré que la description a autant pour ambition de dispenser un savoir objectif sur le réel qu'elle parcourt que de le déchiffrer ; elle dévoile le caché et guide le lecteur vers une meilleure interprétation du monde[86]. Or, si on a pu parler d'un retour au naturalisme dans les années 30, il s'agit d'un naturalisme affranchi de son ambition scientifique[87] parce que le romancier a renoncé à poursuivre un but encyclopédique ou didactique. La fonction mathésique de la description est sérieusement entamée. « La représentation sérieuse de la réalité sociale » qui est selon Auerbach un des « traits majeurs du réalisme français[88] », est traversée par toutes les questions qui nourrissent la crise du roman. Pendant la période de l'entre-deux-guerres, « représentation pluripersonnelle de la conscience, stratification des temps, désintégration de la continuité des événements extérieurs, changement du point de vue du narrateur[89] » ont des conséquences sur la description qui désormais se méfie des tentatives pour substituer au désordre du monde et à la fragilité de sa perception une possible rationalisation. Au contraire, la description n'a d'intérêt que pour autant qu'elle signale la position - nécessairement instable ou fragile - du sujet qui

---

[85] Voir Henri MITTERAND, *Le discours du roman,* Paris, Presses universitaires de France, coll. « Écriture », 1980, p.194.

[86] Philippe HAMON, *Introduction à l'analyse du descriptif,* Paris, Hachette, coll. « langue, linguistique et communication », 1981.

[87] Voir ZOLA, *Le Roman expérimental,* 1880.

[88] Erich AUERBACH, *Mimesis. La représentation de la réalité dans la littérature occidentale,* (1946), 1968 pour la traduction française, Paris, Gallimard, coll. « Tel » 1990, p. 510.

[89] Erich AUERBACH, *Ibid.*, p. 541.

perçoit. Copier le réel, choisir de le peindre suppose certes de faire preuve d'une virtuosité technique mais surtout d'avoir opéré un tri, relevé des détails qui sont révélateurs d'un rapport singulier au monde.

Chez Guilloux, la description, ancrée dans les drames de l'Histoire et leur répétition, dans le sort que la société réserve aux plus pauvres et plus généralement dans le sentiment de la présence de la mort, est habitée par un grand sens du tragique qui empêche toute possibilité de participation complète du sujet. Décrire le monde revient à dire la difficulté d'être au monde. L'étude de la description, comme l'un des modes de restitution de la réalité et de création de l'illusion mimétique, permet de rendre compte de cette relation particulière de l'écrivain au monde, et de ses interrogations- esthétiques et éthiques. Nous verrons que, parfois, pas plus qu'elle n'institue un ordre ou ne réorganise le monde, la description ne délivre un sens arrêté, renonçant à signifier dans une époque frappée par un grand sentiment de l'absurde.

L'intuition à l'origine de notre étude était que la description dans l'œuvre de Guilloux se trouvait, en partie, esquivée. Pourtant, les passages descriptifs existent et, à leur façon, convoquent le monde : en témoignent quelques paysages, certains lieux, beaucoup de cafés par exemple, et de nombreux portraits, dans une œuvre qui se distingue par la foule de personnages qu'elle met en scène. La petite ville de province qui sert de cadre à presque tous les romans, tout comme les personnages qui vont et viennent dans ces espaces dont le roman procure l'illusion s'imposent au lecteur. Le roman terminé, personne n'oublie la silhouette de Cripure, bien sûr, ni celle de Grégoire Cantin dans *Labyrinthe*, ni les déambulations de Coco entre sa maison, la gare et les brasseries du centre-ville dans *Coco perdu*. Lieux et personnages, ou plutôt silhouettes errantes, hantent la rêverie du lecteur, bien après sa lecture. Un imaginaire du corps du personnage, souvent prisonnier[90] des décors et de lui-même, donne à l'œuvre sa profonde unité. C'est la tension, voire la contradiction qui existait entre l'intuition de départ - le sentiment d'une forme de mise en sourdine de la description - et le constat de cette présence des corps et des lieux qui a guidé notre travail. Le monde est là mais il est posé, comme brouillé, prêt à s'évanouir, présent pour mieux être absent. Il devient un théâtre où les personnages, pantins ou marionnettes, sont comme des apparitions : l'illusion mimétique est minée et le lecteur devient à son tour conscience tragique.

Notre étude se développera en quatre temps.

Nous montrerons que Guilloux décrit bien les lieux et les personnages en utilisant les ressorts de l'illusion réaliste. L'efficacité est certaine et le souci

---

[90] Le rapprochement avec l'inquiétude pascalienne a été étudié : voir Christian DONADILLE, *Europe* « Le dieu caché de Louis Guilloux, mars 1999, p. 157-167, et Yannick PELLETIER, *Des Ténèbres à l'Espoir, Essai sur l'œuvre littéraire de Louis Guilloux,* livre II « De la ville à la condition humaine », Kergleuz, Editions AN HERE, 1999, p.61-104.

de capter le monde et de le restituer apparaît tant dans la mise en place des décors, extérieurs et intérieurs que dans les nombreux portraits de personnages. Guilloux possède sa manière propre de décrire avec réalisme, de choisir ses motifs, et d'opérer des choix stylistiques récurrents qui signent sa façon de faire. Le réalisme est reçu en héritage et les allusions nombreuses aux grands modèles du passé admirés le montrent, indiquant parfois autant les écarts que la filiation.

La confiance dans le monde du sujet qui le voit est une confiance brisée. Dans les *Carnets*, de nombreuses pages, qui ont orienté pour beaucoup notre réflexion, expriment l'interrogation du romancier sur son rapport au monde et son adhésion, devenue impossible, à sa beauté. Cette rupture s'enracine dans l'expérience de la guerre de 14 et conduit à une véritable crise de la représentation illustrée par la place des images dans les romans. À quoi bon, en effet, décrire un monde où tout se répète sans cesse et où tout se mêle, selon l'image du kaléidoscope ? À quoi bon donner une consistance par la description à un personnage sans cesse menacé de disparition ? La description chez Guilloux est à lire à la lumière de ce rapport désenchanté au monde.

Le romancier finit par installer des lignes de rupture avec l'illusion référentielle. Le monde décrit est transfiguré et la transfiguration prendra une dimension aussi bien poétique- sur les ruines d'un enchantement fugace- que fantastique, habitée de visions surnaturelles et inquiétantes. La description s'installe alors dans une tension entre présence et absence, l'illusion réaliste se défait au moment où elle se crée. Transfiguré, le monde finit par être aussi déréalisé, souvent par un recours à la théâtralisation : les lieux deviennent des décors de théâtre un peu troubles et les personnages se transforment en pantins et marionnettes aux voix et démarches mécaniques qui rejoignent la cohorte de fantômes et d'apparitions qui parcourt l'œuvre. Le réalisme de Guilloux est comme brouillé.

Néanmoins, Guilloux n'envisage à aucun moment d'illustrer[2] « la fin d'un monde anthropocentriste et humaniste[91] ». Chez lui, le personnage ne cesse d'être central et s'inscrit dans un décor qui, conformément à une esthétique romanesque largement étudiée, en est la métaphore ou la métonymie. Mais en décrivant des corps, le plus souvent empêchés ou souffrants, et des lieux marqués par le tragique de la séparation et de l'enfermement, à l'origine de ce réalisme si particulier, le romancier affirme l'exigence morale de faire exister une humanité douloureuse. Ainsi celui-ci devient-il « responsable », au sens que Levinas pourrait donner à cet adjectif, de toutes les silhouettes qu'il lui a été donné de rencontrer : en partie évanescentes, ces silhouettes s'affirment

---

[91] Mireille CALLE-GRUBER, *La ville dans* L'Emploi du temps *de Michel Butor*, Paris, Nizet, 1995, p. 35.

aussi avec une force qui est une forme de résistance aux puissances de destruction de l'humain dans l'homme[92].

---

[92] Cette étude est une version abrégée et remaniée de ma thèse, *Louis Guilloux, entre tradition et modernité. Poétique des corps et des décors dans l'oeuvre romanesque de Louis Guilloux*, direction Henri GODARD, Université Paris IV, 2010.

I

DÉCRIRE LE MONDE :

LE RÉALISME EN HÉRITAGE

1
L'illusion des lieux

La petite ville

À l'exception des *Batailles perdues* dont l'action se déroule entre Paris et la Bretagne et du singulier *Parpagnacco*, la plupart des romans de Louis Guilloux ont pour cadre une petite ville de province. Dans *La Confrontation*, la quête du narrateur le conduit à Laval et Châteauroux, et dans *Hyménée*[93], Saint-Brieuc est explicitement nommée. Partout ailleurs, la ville reste anonyme. Néanmoins, les commentateurs s'accordent tous à reconnaître en elle la petite cité briochine, ville natale de l'auteur, où celui-ci a passé son enfance, son adolescence et de grands moments de sa vie d'écrivain[94]. Yannick Pelletier propose un plan de la ville et explique à quels noms réels les noms de l'œuvre correspondent[95]. Sur le brouillon du premier chapitre de *La Maison du peuple*, les noms de lieux mentionnés sont ceux de « la place Saint-Pierre et de la Route de Brest[96] », toponymes réels remplacés par « la place Saint-Jacques et la route de B... » dans la version finale (MP, p. 24). Par ailleurs, les carnets de mise au net de certains romans contiennent de nombreuses photographies qui viennent attester de la correspondance entre fiction et réalité. C'est le cas du cahier du *Pain des rêves* où sont collées de vieilles cartes postales de Saint-Brieuc[97], notamment de la rue de Gouët identifiée comme étant la rue du Tonneau. La petite ville du roman est bien le miroir de ce « Saint-Brieuc les Choux » dont Guilloux parle dans ses *Carnets*.

---

[93] Dans *Hyménée*, Saint-Brieuc est nommée p.79 et les noms de rue ne sont pas changés, on trouve la rue Saint Guillaume et la rue des Promenades par exemple (chapitre 2).
[94] Yannick PELLETIER, « Louis Guilloux et Saint-Brieuc », *Louis Guilloux, homme de parole*, p. 26-28.
[95] *Ibid*, p.28.
[96] Christelle BOURGUIGNAT, « Les manuscrits de Louis Guilloux », *Louis Guilloux, homme de parole*, p.64
[97] *Louis Guilloux, homme de parole*, illustrations p. 43 et p. 66-67.

De *La Maison du peuple* au *Jeu de patience,* le système de reprise des personnages d'un roman à l'autre indique qu'il s'agit de la même ville et justifie que l'on puisse parler d'un cycle briochin. *Coco perdu,* n'appartient pas à ce cycle mais la topographie de la ville restée elle aussi sans nom s'apparente néanmoins au même type d'univers.

On peut voir dans ce souci relatif de préserver un anonymat qui semble ne tromper personne, une caractéristique du roman réaliste. Plutôt que de nommer par des astérisques, ou des points de suspension le lieu de l'action ou les personnages, le narrateur, choisit cette forme de discrétion. Discrétion qui, par le respect supposé qu'elle affiche pour des lieux et des gens que l'on pourrait reconnaître, fonctionne comme un gage de réalité. Et que chaque roman vienne authentifier la fiction du précédent donne davantage de crédit encore à l'existence de la petite ville.

Dans *Le Sang noir* où aucun nom de lieu n'apparaît, à l'exception de « Sernen », ville où Cripure va faire passer le baccalauréat et où il faut déchiffrer l'anagramme de Rennes[98], l'organisation topographique de la ville construit la *mimesis*. Les nombreux endroits mentionnés par les personnages remplissent cette fonction : des cafés, un cinéma, un cercle militaire, un théâtre, trois maisons closes, les treize églises, quelques chapelles, « le séminaire plus grand qu'une caserne » dont parle Nabucet au capitaine Plaire, un port aussi où le Devonshire attend Lucien Bourcier et par lequel celui-ci partira à la fin du roman. Ajoutons les deux villas au bord de la mer, celle de Cripure, et celle louée par Kaminsky pour ses rendez-vous amoureux. Les nombreux trajets de personnages permettent également de dessiner l'espace de la petite ville. De la périphérie vers le centre, on remarque que les habitations les plus éloignées sont aussi parmi les plus riches : le château du député Faurel, « à la limite de la ville, presque déjà à la campagne » (SN, p. 442) et la maison du notaire Point, « au fond d'une rue pleine d'herbe » (SN, p. 177). Dans les deux cas, la distance est assez grande pour que se justifie l'emploi de la voiture. Encore à la périphérie, se situe d'un côté de la ville, le quartier résidentiel où habite Nabucet. Du château du député, à la maison bourgeoise de Nabucet, il ne faut pas plus de cinq minutes en voiture (SN, p. 452). De l'autre côté, à l'opposé de chez Nabucet, dans une maison basse des faubourgs populaires, habite Cripure, non loin du camp de prisonniers où travaille Basquin, l'amant de Maïa. De chez lui, Cripure entend les chants des prisonniers russes (SN, p. 391). Tous ces quartiers périphériques, résidentiels ou populaires ne sont cependant pas si éloignés du cœur de la ville qu'on ne puisse s'y rendre à pied. En se dirigeant vers le centre, au début de la journée, Nabucet et son ami le capitaine Plaire passent devant les longs murs de la

---

[98] Henri GODARD, *Louis Guilloux, romancier de la condition humaine,* Paris, Gallimard, 1999, p. 99.

maison de correction Saint-Blême et, avant d'arriver sur la place, traversent les bas quartiers de la ville qui font l'objet d'un projet de démolition pour la plus grande joie du professeur. Au centre, sont disposés les bâtiments propres à la topographie réaliste d'une petite ville type : une banque, une mairie avec une place sur laquelle sont rassemblés les conscrits, la préfecture, la gare flanquée de son square et de sa salle d'attente, une autre petite place où habite le pion Moka avec, en son centre, une église dont Cripure stigmatise la laideur, un lycée transformé par la guerre en hôpital, et un café nommé le café Machin. On apprend qu'il faut une demi-heure à Cripure qui marche difficilement pour se rendre du lycée au café et c'est à peu près le seul renseignement objectif de distance que nous ayons entre ces différents endroits. La pension de famille de Madame de Villaplane est elle aussi non loin du centre-ville, suffisamment au centre du moins pour qu'il ne paraisse pas invraisemblable que de nombreux personnages s'y croisent, mais sa localisation exacte par rapport aux autres lieux reste indéterminée. Les rencontres inopinées des principaux protagonistes au détour de telle ou telle rue donnent en vérité une idée de la taille de la ville qu'on peut parcourir à pied dans tous les sens en y rencontrant toujours quelque connaissance. L'organisation topographique[99], quoique peu précise, l'est cependant suffisamment pour que puisse naître l'illusion géographique et sociologique d'une petite ville de province avec toutes ses caractéristiques.

Dans *Le Sang noir*, la narration s'emploie à multiplier les points de vue sur cette ville. La première présentation de la petite cité est celle de Nabucet le long du trajet qu'il effectue avec le Capitaine Plaire de chez lui vers le centre-ville (SN, p. 61-74). L'étonnement de celui qui découvre la ville et les paroles de celui qui la présente justifient l'énoncé descriptif qui semble du coup plus naturel[100]. Par la suite, quand Cripure se déplace- de chez lui au lycée, du lycée à la gare, et de la gare à la place où habite Moka par exemple- ou Marchandeau, c'est par leurs yeux que des éléments de la ville sont perçus. Alors, c'est une même notation qui revient, celle des rues : « ces rues dormantes » (SN, p. 117), « Des rues » (SN, p. 119), « Qu'il y en avait des rues et des rues » (SN, p. 233), « Cinq heures : les rues s'animaient un peu » (SN, p. 281), « tout en longeant les murs grisâtres des murs… » (SN, p. 313), « A travers les rues désertes comme après une peste, entre les maisons sans

---

[99] Voir Jean-Louis DEAUCOURT, « Espaces et parcours dans *Le Sang noir* », dans « *LE SANG NOIR* de Louis Guilloux », études réunies par Paul RENARD, *ROMAN 20-50, revue d'étude du roman du XXème siècle*, n°12, décembre 1991, p.17-35.
[100] Sur les procédés les plus utilisés pour motiver la description en régime réaliste, voir Philippe HAMON, chapitre « Le système configuratif de la description », *Du Descriptif*, op.cit., p.165-202 et Jean-Michel ADAM et André PETITJEAN, *Le Texte descriptif*, op.cit., p.41-46.

lumière » (SN, p. 368), « Des rues » (SN, p. 413)[101]. L'espace perçu de manière subjective et parcellaire se transforme en menace et le personnage qui déambule semble toujours perdu.

Quand Kaminsky propose à son tour sa vision de la petite cité, il souligne surtout son caractère littéraire puisqu'il la rapproche moins des villes russes que des villes de la littérature russe. Cette approche concerne davantage ses habitants et leurs dispositions psychologiques ou existentielles que son organisation géographique ou topographique :

> « ... dans la ligne générale, dans le fond social, dans le psychologique, eh bien, nous sommes ici en pleine Russie Impériale, mes chers amis. Votre petite bourgeoisie chrétienne, c'est la bourgeoisie de Tolstoï. Et vos paysans sont de vrais moujiks. Mais oui. Croyez-moi, poursuivit-il, les plus beaux personnages, disons par exemple de Tchekhov, je les ai trouvés ici trait pour trait à un samovar près, acheva-t-il, sur un ton plus voisin de la colère que de l'ironie. » (SN, p. 353)

Et plus loin :

> « Oui, ça pourrait être ici Minsk ou Rostov, ou Novgorod, ou Yaroslav. […] . Les maisons seraient en bois au lieu d'être en pierres et il y aurait quelques coupoles avec des croix orthodoxes. Mais vous avez aussi pas mal d'églises, pas mal de couvents. » (SN, p. 353)

Cripure qui vient d'arriver est saisi de la vérité du propos et confirme la vision de Kaminsky en ajoutant une référence à Gogol : « « La similitude, continua-t-il, est si absolue… Oui, oui » Et il remit son binocle en place. Il murmura : « Des âmes mortes » (SN, p. 354). » C'est le seul passage du roman dans lequel une vision globale de la ville est proposée. Mais le point de vue ou l'analyse de Kaminsky n'apporte pas un éclairage qui soulignerait la singularité du lieu et de son histoire pas plus qu'il n'instaure un lien de causalité entre le décor et les événements particuliers que la narration va raconter. Au contraire, Kaminsky, relayé en ceci par Cripure, met en évidence le caractère universel de la ville et son extrême banalité et donne par sa référence au roman russe une dimension existentielle au décor. Les renvois aux auteurs russes[102] brouillent les repères puisque l'observation déposséde le réel observé de sa particularité référentielle et l'inscrit au contraire dans une universalité avant tout littéraire. Cela concourt encore une fois à effacer les contours déjà flous d'une ville qui finalement n'a rien de spécifique.

---

[101] *Le Sang noir*, p. 413 et p. 119 : dans les deux cas, c'est Cripure qui voit et la même phrase nominale, « Des rues. », commence le paragraphe.
[102] Sur la part russe du roman, voir Henri GODARD, *Louis Guilloux, romancier de la condition humaine*, *op.cit.*, p.65-70.

Lieux privilégiés : cafés et restaurants

À l'intérieur des villes, les cafés, les auberges, les hôtels ou les restaurants, si nombreux dans les romans de Guilloux, constituent une des composantes importantes de la facette réaliste de l'œuvre. Leur nombre est considérable et ces lieux sont dépositaires des questions qui traversent les romans de Guilloux. Leur représentation peut être liée à une mise en scène de l'espace heureux, celui de la rencontre possible entre les hommes, voire de leur fraternité, autant qu'à une représentation de la solitude de chacun parmi les autres. Certains, figés, donnent l'impression d'un temps immobile, tandis que d'autres transformés pas la modernité, proposent l'image de la succession des temps et du passé disparu.

L'illusion réaliste est créée par des détails qui portent autant sur les éléments de décoration que sur l'atmosphère propre à la configuration sociale de l'endroit décrit. Ainsi l'auberge du Pot d'or dans *Dossier confidentiel* est-elle longuement décrite (DC, p. 157-158/ 187). Guilloux est particulièrement apte à saisir les atmosphères bruyantes ou silencieuses qui accueillent les personnages au café ou au restaurant. Dans *Les Batailles perdues*, les personnages qui habitent la pension de famille, ainsi qu'Eugène et Eve qui logent dans une mansarde vont souvent au café, où ils se rencontrent, téléphonent, lisent la presse (BP, p. 270), reçoivent aussi leur courrier parfois (BP, p. 188/270) et c'est alors l'occasion d'évoquer les bistrots du quartier latin pendant les années qui précèdent la guerre, bistrots qui dans le roman s'appellent Le Rapin ou Le Mabillon. L'agitation joyeuse de la brasserie Lipp est décrite comme une promesse de bonheur (BP, p. 264). Pendant le congrès pour la défense de la culture, le quartier de Saint-Germain est en effervescence :

> « Après les séances du soir, les gens allaient au café à Saint-Germain. À la terrasse des Magots on se montrait les célébrités : […]. On discutait sur ce qu'on venait d'entendre, sur des incidents. […] Des discussions s'engageaient, parfois violentes […]. On discutait, on commentait, on racontait des histoires, il faisait bon … » (BP, p. 304-305)

Des réalités sociales différentes s'opposent : le restaurant chic, la gargote d'ouvrier, et le bon restaurant familial et chaleureux de province, l'Hôtel du Héron à Pontivy où « on se tape royalement la cloche » et « pour pas cher » (BP, p. 11). À Paris, « La Broche » est le restaurant élégant où « Roloncle » emmène d'abord Eugène, puis Eugène et Eve. « Quelles douces lumières ! Que de fleurs ! Quel beau monde ! Que de jolies femmes ! (BP, p. 294-295) ». Mais quand Eugène et Eve sont seuls, ils vont retrouver les copains dans une gargote où règne une ambiance bien différente.

> « C'était bondé, étroit, et bas de plafond, nocturne, avec des tables bancales et un poêle à charbon dans un coin, *L'Angélus* de Millet à côté d'une glace fendue et au-dessus de la porte de la cuisine au fond une horloge offerte en réclame par le chocolat Guérin-Boutron.
> On apercevait la patronne devant un fourneau rougeoyant, on aurait dit qu'elle battait du tambour. [...] C'était petit, enfumé, ça puait le graillon, et archibondé d'employés, d'ouvriers, qui venaient là reprendre des forces. Simone, la serveuse en nage s'époumonait : - et une côte de porc qui marche ! J'enlève mon sauté d'agneau ! Et une pomme en l'air qui suit... »
> (BP, p. 198)

À la fin du roman, quand Franz, Marco et Eugène apprennent la nouvelle du soulèvement franquiste et qu'ils décident de partir ensemble en Espagne et de rejoindre les hommes qui formeront les brigades internationales, c'est d'abord à la gargote qu'ils vont (BP, p. 609) pour sceller leur engagement.

Les cafés sont l'occasion d'une véritable euphorie onomastique. Leurs noms montrent le plaisir éprouvé par l'auteur à les répertorier ou à les inventer. Le plus souvent antiphrastiques, ils contiennent promesses d'évasion (« Le Parisien » dans la petite ville loin de Paris, le Café de l'Europe, « Le Globe », « Le Nautilus », « Le Cap de Bonne Espérance »), ou rêves de fortune, (« Le Pot d'or », « Le Tambour Magique »). Ces noms comme l'accumulation de détails descriptifs disent la jubilation à faire exister des lieux autant inspirés du réel que des lectures d'enfance auxquelles Guilloux rend ainsi hommage :

> « À Tourne Bride, Au Tambour Magique, À la Belle Tonne. Longues salles au plafond bas, longues tables, quelques bancs de chêne. La lumière du gaz et parfois même celle du pétrole entretenaient un clair-obscur d'autrefois, le rougeoiement d'un fourneau jaillissait en pointes de feu dans les étains et les cuivres aux murs. » (JP1, p. 160-161)

« Le Cap de Bonne espérance », rue du Tonneau, vrai café de matelots celui-ci, est tout droit sorti de *L'Île au trésor* de Stevenson. Déjà présent dans *Le Pain des rêves*[103], il est de nouveau décrit dans *Le Jeu de patience* :

> « Sûrement que les tavernes de pirate à Copenhague ressemblaient au Cap de bonne Espérance : deux fenêtres longues et basses, à petits vitrages, à rideaux de percale rose, enfoncées sous le dôme d'un encorbellement, de part et d'autre d'une petite porte ronde [...].

---

[103] *Le Pain des rêves*, p. 16-17 : « Un petit café à matelot, à l'enseigne du Cap de Bonne Espérance. L'ordre n'y régnait pas toujours malgré la poigne pourtant virile de la tenancière, une maritorne borgne et fardée.... ». Sur le cliché littéraire de la tenancière du café, la « belle Marceline », voir Michèle TOURET, « Louis Guilloux et le Populisme, une longue histoire » *Etudes littéraires*, *op.cit.*, 2013, p.138.

> Une fois tout de même, il [Loïc] y était entré. Il avait ouvert la porte, une grosse cloche fêlée avait retenti, il avait descendu deux marches. En bas, c'était la terre battue, en haut d'énormes poutres noires. Le café s'étendant dans la profondeur, éclairé, devant, par une lampe à pétrole accrochée à une poutre.
> C'était humide et sombre- et ça puait. » (JP1, p. 294-295).

Dans ces cafés, le temps semble s'être arrêté et le bonheur qu'y trouvent les personnages est lié à cette sensation. C'est la raison pour laquelle le narrateur du *Jeu de patience* et son ami Meunier affectionnent particulièrement le Café de l'Europe. C'est Meunier qui parle :

> « Tu comprends, le café de L'Europe est le seul de la ville qui se soit conservé dans ses formes anciennes avec ses colonnades de peluche rouge et ses banquettes de moleskine, ses glaces fendues et ses lustres. Dans un univers où tout change d'un jour à l'autre il est tout de même un des rares endroits de la ville où tout soit en place comme dans un musée […]. » (JP1, p. 160)

En effet, le décor évoqué lors de l'esclandre de Charles de Penhoat, en février 1912, « planté sous la lumière des lustres, dans ce décor de colonnades à peluche rouge » est le même que celui qui est décrit lorsque le narrateur y entre en compagnie d'Ernst Kende, de retour dans la ville, dans la période qui précède la deuxième guerre mondiale, soit plus de vingt ans après :

> « C'était toujours le même décor de glaces fendues, de colonnades à peluche rouge, de banquettes de moleskine- mais fatiguées, crevées, poussiéreuses. » (JP1, p. 490)

Dans *Le Sang noir,* le vieux café où Cripure se replie après les cours est présenté comme une dérision de café « et la dérision valait mieux que tout aux yeux de Cripure ». Il a de nombreux points communs avec le Café de l'Europe :

> « Son vieux café, aux banquettes crevées, aux tables fendues, aux glaces salies, il l'aimait de cœur, par l'effet d'une longue fidélité, d'un acoquinement avec cet air noirci comme d'une vieille cheminée où il était venu tant de fois s'asseoir […]
> Tout paraissait en ordre. Tout ici baignait d'une certaine éternité pour ainsi dire élémentaire… » (SN, p. 190).

Mais s'il résiste parfois au temps, le café sert aussi de miroir au changement d'époque. À la fin des années 30, une page définitive se tourne, même si les personnages des *Batailles perdues* vont encore manger à la gargote, le cœur rempli de l'espoir de faire reculer le fascisme, des changements radicaux se sont opérés. Le café devient alors le lieu symbolique où s'exprime cette marche inexorable du temps. Ainsi à chaque fois que Franz se rend au Rapin, « le grand dadais crépu qu'il appelle le « ravi de la crèche » rince allègrement les verres.

> « De temps à autre, il interrompait sa besogne, s'égouttait les mains, les essuyait vite à un torchon, et saisissant l'un des minces fuseaux de papier enveloppant les pailles qui servent à sucer une orangeade, il soufflait dedans, le gonflait, en mouillait bien le bout entre ses lèvres et vlof ! il l'envoyait au plafond. Collé ! Le plafond était tout constellé de ces petites stalactites que le « ravi » appelait des « andouillettes » et que le vent de la porte agitait follement » (BP, p. 143).

Ces stalactites du Rapin, produits d'une activité amusante, mais mécanique et vaine, sont une image de ce temps arrêté. Quoiqu'il puisse arriver dans le monde, quelle que soit l'heure, le serveur se livre toujours avec la même énergie au même jeu. Or à la fin du roman, quelle n'est pas la surprise pour les personnages de découvrir que, même au Rapin, tout bouge :

> « Eh bien ! Le Rapin n'était plus le Rapin ! tout changé. Démoli, reconstruit, rénové, nickelé, des glaces partout, plus de « ravi » et pas l'ombre d'une petite stalactite : changement de propriétaire ! » (BP, p. 603)

Le changement ici n'est pas de bon augure : tout est trop propre, trop neuf, sans cette fantaisie qui est aussi part de rêve et de liberté. Dans *La Confrontation* et dans *Coco perdu,* les temps ont changé aussi comme les décors de café. Le Nautilus est un café de marins en toc.

> « …au Nautilus, un lieu silencieux, vide et frais, moderne, laqué, nickelé, avec un bar, les murs plaqués de bois clair et verni parsemé d'inscriptions humoristiques en noir, grand comme le salon d'un yacht. » (C, p.141)

Et derrière la réaction de Coco, impressionné par la transformation du *Parisien*, on perçoit l'ironie légère de Guilloux sur la modernité tapageuse, et nécessairement éphémère :

> « [...] quelle belle salle ! Moderne, haute de plafond, blanche avec des piliers ronds, ocres et partout sur les murs des chromos. Vraiment épatant. Rénové ! Ça a dû coûter bonbon. On voit qu'il n'y a pas longtemps qu'on a tout remis à neuf. » (CP, p. 25)

Le café est aussi un refuge, c'est le cas lorsque Cripure va s'attabler devant son verre d'Anjou (SN, p. 190). Dans *La Confrontation* et *Coco perdu,* les deux personnages emploient presque les mêmes mots pour justifier leur présence au café : « Où voulez-vous que j'aille moi ? » (LC, p. 40), « qu'est-ce que vous voulez que je fasse, moi ? Où voulez- vous que j'aille ? » (CP, p. 82). Dans les *Batailles perdues*, c'est dans la solitude du café que l'avocat Cantoni apparaît dans sa vérité après avoir été quitté par Bella : « tout seul [...] devant sa bouteille de muscadet, aux Halles, il ne riait pas ! Là, non. Là, Cantoni lui était apparu sans masque : désolé. » (BP, p. 306). L'intérêt pour les décors atteste d'une attention toute particulière portée aux hommes. Les « glaces » sont « fendues », les images dans les glaces se déplacent et finissent par s'effacer comme « le reflet d'un nuage dans une flaque d'eau » (LC, p. 48), métaphores du trouble ou de la fêlure du personnage. À travers les images brouillées que les miroirs renvoient, la vérité des hommes et de leur vie transparaît : on y découvre leur besoin de fraternité, leur solitude aussi et leur douloureuse confrontation avec eux-mêmes.

2
L'illusion du personnage

Raconter d'abord

Tout lecteur de Guilloux est saisi du grand nombre de personnages dans les fresques romanesques d'après-guerre comme dans le mince *Coco perdu* où se croise dans la ville tout un ensemble d'individus divers. À tous, une forme d'existence narrative est toujours conférée[104]. Le nom est une étape importance de la construction du personnage. Guilloux le rappelle dans ses *Carnets*[105]. Même quand il écrit dans la période du roman où le personnage se trouve le plus attaqué, il ne le réduit pas une initiale ni à un numéro. De ce point de vue, comme le rappelle Grégoire Leménager, « Guilloux fait figure d'anti-moderne[106]». Il s'agit moins pour lui d'aller à l'encontre d'un renouvellement romanesque que d'inscrire la singularité de chacun parmi tous. En plus d'un nom, le personnage est très souvent doté d'un ou deux attributs physiques mentionnés à chacune de ces réapparitions : la silhouette penchée d'Yves de Lancieux, son grand dos voûté, le visage ovale de la cousine Zabelle, son teint olivâtre, le sourire du pasteur. Dans la foule des personnages, du plus loin qu'on les voit, ils se distinguent et sont toujours reconnaissables. Laisser le personnage de fiction se fondre dans une foule indifférenciée et anonyme reviendrait à accepter que certains de ceux qu'on

---

[104] Grégoire LEMÉNAGER rappelle que bon nombre de ses lecteurs reconnaissent à Guilloux ce talent de « rendre sensible la présence de ses personnages », « Louis Guilloux, une écriture à hauteur d'homme », *L'Atelier de Louis Guilloux, op.cit*, p.149-163, p. 151.
[105] *Carnets 1944-1974*, année 51, p. 144. GUILLOUX note à propos d'un de ses personnages qu'il a appelé Michel, « je sens que ce n'est pas *lui*, et j'éprouve un sentiment bizarre de gêne, sachant très bien d'ailleurs, que les choses n'iront pas tout à fait bien tant que je n'aurai pas trouvé son vrai nom ». Il reprend et développe cette idée du nom donné p. 403 : « « il est parfaitement vrai que le personnage (de roman) n'existe pas tant qu'il n'est pas baptisé (Gide *dixit*). Dans une note des inédits des *Carnets*, fin janvier 1929, GUILLOUX a recopié cette phrase du *Journal des Faux-Monnayeurs* de GIDE : « Les personnages demeurent inexistants aussi longtemps qu'ils ne sont pas baptisés ». Je remercie Sylvie GOLVET de m'avoir envoyé cette note.
[106] *Ibid*, p.151

ne prend pas le temps de regarder soient victimes de ce que précisément Guilloux proscrit, l'absence d'attention aux autres.

Dans les grandes sommes romanesques, parues après-guerre, le traitement choral des personnages domine. L'illusion vient moins de la description que de la narration. Les histoires prolifèrent et des vies possibles se dessinent : celle de Dominique Albret, la jeune voisine de Nedelec qui passe cinq ans au pénitencier (JP2, p. 325) pour mœurs dissolues à cause d'une aventure avec Lucien le légionnaire, celle du père Desbois et de tous ses enfants, le jeune Tatave mort pendant la première guerre mondiale et Tante Mone qui passe sa vie à pousser l'aiguille dans la boutique, celle de Marion avec sa mère, celle du père Laroche et de son aventure avec Mona, celle de la famille de Lancieux, celle encore de Clémence Mordelet. Beaucoup de ces histoires sont racontées par le narrateur à sa nièce Jeanine. Les parcours singuliers se construisent par bribes comme s'il s'agissait avant tout de savourer le plaisir de raconter des histoires, de les écouter et de les faire durer en accumulant des détails. Quand le chroniqueur rapporte à Jeanine la fin de Clémence qui s'enfuit en Suisse avec l'évêque dont elle espère récupérer les biens et qui finalement meurt en route d'une crise cardiaque (JP2, p. 270-271), la jeune femme presse le conteur, veut savoir la fin rapidement mais celui-ci repousse l'échéance :

> « Laisse-les dormir encore une nuit, Jeanine… Accorde à Clémence, accorde au vieillard encore quelques heures de sommeil : le réveil viendra assez tôt ! Laisse doucement venir le jour… Six heures… La montre est là sur la table et le vieillard n'a pas besoin d'allumer pour y lire six heures. Il fait déjà bien assez jour. » (JP2, p. 270)

Ces histoires morcelées, comme celles que l'on apprend dans la vie, ces parcours individuels pris dans l'histoire collective donnent à chaque fois l'impression d'aller à la rencontre de quelqu'un. Les pans d'histoire finissent par se compléter et les vies se terminent comme indépendantes du créateur qui s'efface devant elles et le poids de la fatalité ou du destin.

Le système de reprise des personnages participe de cette construction par fragments narratifs. On sait que *Le Jeu de patience*, en superposant plusieurs époques au sein d'une même ville, permet de retrouver tous les personnages qui habitent la ville dans les romans précédents et donne l'impression de pouvoir les contenir tous. On reconnait lors d'une réunion de la section socialiste chez Hippolyte Chesnest les ouvriers de *Compagnons* et de *La Maison du peuple* (JP1, p. 206). La grande journée du *Sang noir* est aussi assez longuement évoquée (JP2, p. p.180-181) jusqu'au suicide de Cripure (JP2, p. 182-184). Enfin, le narrateur du *Jeu de patience* est allé en classe avec Loïc

Nedelec, à qui il attribue une autobiographie[107], *Le Pain des rêves*, roman que Blaise, le Daniel du *Pain des rêves,* lit « avec un goût si profond d'amertume » (JP2, p. 65) qu'il le cache à Marinette (JP2, p. 69). Que l'on considère *Le Pain des rêves* comme le roman autobiographique d'un personnage et non comme une autobiographie au sens strict suffit à justifier les changements de nom des personnages d'un roman à l'autre : dans *Le Pain des rêves,* la famille Nédelec du *Jeu de Patience* s'appelle Lhotellier et le frère aîné de Loïc, Blaise, se prénomme Daniel. Ce principe de retour des personnages[108], hommage manifeste à l'auteur de *La Comédie humaine*, provoque un profond sentiment de jubilation et la complicité instaurée avec le lecteur par ce procédé entraîne un effet de réalité incontestable.

Ainsi se construit un univers romanesque qui fait monde à part entière. Le personnage, inventé dans un roman, poursuit son existence dans un autre, donnant l'illusion d'un personnage en devenir permanent, assuré d'une existence autonome. Il semble être un matériau existant en dehors du roman, le romancier pouvant décider ou non de l'emprunter, choisir d'en parler ou de ne pas en parler. La fiction paraît dépendre non plus de la fiction elle-même mais des aléas, des coïncidences qui sont ceux du monde réel. Le monde du roman s'inscrivant de surcroît dans une réalité historique définie, l'univers purement romanesque paraît encore plus vrai.

Prenons l'exemple de Lucien Bourcier. Il apparaît pour la première fois dans *Le Sang noir*. Fils du censeur du lycée, il s'oppose, dans une grande scène espionnée par Nabucet, à ses parents et notamment à sa mère en refusant d'aller assister à la cérémonie de remise de décoration de Mme Faurel. Blessé à la guerre, il rêve de l'homme nouveau qui doit sortir de la révolution russe et projette de s'exiler en Russie en passant par l'Angleterre. En attendant le départ du *Devonshire*, il s'enferme pour la journée chez Mme de Villaplane : après avoir accepté de servir de témoin à Cripure dont il a été l'élève et après avoir accompagné Moka dans ses démarches qui conduiront à l'annulation du duel, Lucien s'embarque et la dernière phrase du roman lui est consacrée (SN, p. 516). Or, nous apprenons comme incidemment ce qu'est devenu Lucien Bourcier dans *Le Jeu de patience*. Blaise le rencontre à Odessa et l'informe du suicide de Cripure (JP1, p. 226-227). Beaucoup plus tard, Meunier l'a revu à Paris. Revenu d'URSS en ayant perdu une bonne partie de ses illusions, « Il s'occupe de cinéma. Il écrit des scénarios. Il m'a dit…qu'il avait perdu beaucoup de temps dans la politique… » (JP1, p. 222). Le parcours du personnage correspond au parcours idéologique de toute une génération.

---

[107] Sur l'ambigüité du genre de ce récit, et « l'indécision entre fiction et autobiographie », voir Henri GODARD, *Guilloux, romancier de la condition humaine*, op.cit., p. 241-242.
[108] Principe dont la fécondité n'est pas à démontrer : on peut penser à *La Recherche du temps perdu* de PROUST ou à l'œuvre de FAULKNER.

D'autres personnages du *Pain des rêves* repris dans *Le Jeu de patience* procurent ce même sentiment de réalité. Dans *Le Pain des rêves,* celui qui est nommé Daniel par son frère s'est embarqué comme marin pour pouvoir envoyer de l'argent à sa mère après le départ de son père. Peu d'informations sont données à son propos dans le premier roman mais l'illusion de son existence est renforcée par la place que tient Blaise-Daniel dans *Le Jeu de patience*. Le lecteur reconstruit le fil d'une vie à partir d'informations éparses : l'arrivée de Blaise à Odessa, la torture qu'il y subit (JP1, p. 224-225), les cinq ans de bagne requis par le tribunal militaire (JP1, p. 81), l'installation à Toulouse, la rencontre avec Marinette et leur passion, le retour au pays, et finalement, après avoir rencontré au chevet de Zabelle malade, une jeune voisine, Elisabeth, la décision de rester près de celle-ci (JP2, p. 88). Il est l'ami et le compagnon de lutte du narrateur, pour la défense des réfugiés espagnols et des chômeurs, ou contre l'occupant allemand. Il tombe gravement malade, il est convalescent (JP1, p. 394). Qu'il rencontre Jeanne Labourbe[109] qui est un personnage qui a véritablement existé et dont la vie est assez longuement racontée (JP1, p.416) est un facteur d'authentification supplémentaire du personnage et contribue à faire oublier la fiction[110].

Décrire le personnage

Une phrase en début de chapitre dans *le Sang noir* lance la présentation de Madame de Villaplane : « L'étonnante petite vieille, que cette Mme de Villaplane » (SN, p. 145). Le lecteur est harponné : il part à la rencontre d'un personnage singulier. « Si elle imitait la vie, l'imitation était parfaite » (SN p.145) ajoute le narrateur qui semble bien, par cette indication, s'amuser avec l'illusion référentielle qu'il fabrique. Le portrait physique est complété par l'histoire familiale et sociale de Mme de Villaplane, réduite, après moult déboires à tenir une pension de famille désertée de tous, tant elle s'emploie à rendre la vie de ses pensionnaires impossible. Pour décrire ce nouvel avatar

---

[109] Jeanne Labourbe arrive en Russie en 1896 pour enseigner le français à des jeunes filles de l'aristocratie. Elle est envoyée par le Groupe communiste français de Moscou dans le sud de la Russie pour y militer. Elle est assassinée le 2 mars 1919 dans la nuit, au fond d'un faubourg désert d'Odessa par un groupe d'officiers français et russes, dirigés par le général Borius. Pour l'analyse de la place de Jeanne Labourbe dans l'œuvre de Guilloux voir Alexandra VASIC, *L'œuvre de Louis Guilloux, le romanesque en jeu, op.cit.,* p. 204-208.

[110] Gérard GENETTE le rappelle : « Le roman ne se prive pas d'introduire parfois dans sa diégèse fictionnelle des personnages empruntés à l'extradiégèse historique (qui est une autre diégèse). […] Seule la grande habitude que nous avons du roman historique […] nous empêche de percevoir le caractère transgressif de leur présence « réelle » dans un monde de fiction. », *Métalepse. De la figure à la fiction,* Paris, Seuil, coll. « Poétique », 2004, p.130.

de madame Vauquer, le narrateur omniscient donne la généalogie de cette « noble déchue » (SN, p. 145) :

> « Mme de Villaplane, née Blanche de Elloudan, petite fille d'un colonel d'Empire, fille d'un préfet. Et quel colonel, et quel préfet ! Elle citait comme un trait particulièrement propre à révéler le bon goût de son père et à montrer la haute idée qu'il se faisait de son rôle dans l'état, le fait qu'il n'avait jamais pu « tolérer » qu'on fît porter à ses chevaux des mors autres que des mors en argent. »

L'ironie du narrateur raille cette petite noblesse de province vouée à disparaître dont Mme de Villaplane est une descendante fantomatique. Comme dans le roman réaliste du XIXème siècle, le personnage s'impose par cette accumulation de petits détails concrets qui sont là pour nous assurer de sa réalité. On sait ce qu'elle prend pour son petit déjeuner, le café, le pain grillé, le sucre, les gouttes et que tout est préparé par la bonne (SN, p. 153). On sait qu'elle fait elle-même sa chambre (SN, p. 155) et qu'elle est barricadée derrière ses certitudes sur ce qu'elle est et d'où elle vient, derrière les valeurs qu'elle défend, les qualités dont elle se targue, « trop bonne », « trop franche », (SN, p. 145), derrière les règles strictes qu'elle impose à ses pensionnaires. On sait aussi qu'elle accepte mal d'avoir été obligée de transformer sa maison en pension de famille pour gagner quelques subsides. Cette « épouse abandonnée » (SN, p. 146), déçue par ses enfants qu'elle a harcelés de procès (SN, p. 145) tombe passionnément amoureuse du seul pensionnaire qui supporte de rester chez elle, Otto Kaminsky, militaire interprète employé à la Préfecture, « homme du monde, fin lettré, amateur d'art éclairé » (SN, p. 151). Elle n'a alors plus qu'une obsession « tout abandonner et partir » avec lui. Toutes les manifestations de la passion et de ses tourments, jalousie, scènes à répétitions, espionnages et mensonges sont alors racontées. Le personnage gagne encore en réalité quand le narrateur utilise toutes les ressources du discours rapporté pour faire entendre sa voix, soit au style direct bien sûr, soit au style indirect libre que l'on repère, par exemple, dans la présentation du règlement intérieur de la pension (SN, p. 147), ou dans les mots ou expressions qui émaillent le cours de la narration : « une jolie fortune », « c'était, disait-elle son rocher, son île d'Elbe », « selon une expression très inattendue dans sa bouche, elle lui avait « cassé le morceau » » (SN, p. 152). « L'effet-personnage[111] », pour reprendre la terminologie de Vincent Jouve est bien atteint. Le narrateur crée l'illusion d'une personne et suscite curiosité et réactions affectives chez le lecteur pour ce personnage passablement détestable. On peut noter que l'intérêt du lecteur

---

[111] Vincent JOUVE, *Poétique du roman*, chapitre 4, « Le moteur du roman : les personnages », Paris, Armand Colin, coll. « Cursus lettres », 2010.

est relayé par Otto Kaminsky qui, « extrêmement intéressé dès le début, beaucoup plus par le personnage du conteur que par les récits eux-mêmes » (SN, p. 149), la regarde comme un objet littéraire folklorique et s'amuse par la suite d'une situation qu'il sait sans issue. Ajoutons qu'elle est longuement décrite à son poste d'observation quand elle espionne Kaminsky par un « trou pratiqué dans le plancher » (SN, p. 154). Alors « élément d'une situation [...] qui jou[e] sur le voyeurisme inhérent à la lecture [112] », elle devient un bien curieux double du lecteur, avec ses désirs inavoués, ses fantasmes, et par-dessus tout sa volonté de savoir (SN, p. 155).

Les personnages tiennent également leur épaisseur romanesque de la somme des discours tenus sur eux : leur passé, leurs secrets sont livrés à l'encan. Les personnages qui rêvent parfois d'un autre type de transparence aux autres le déplorent, mais les bavardages ou les ragots qu'ils suscitent participent à leur construction, et constituent une forme d'ancrage dans le monde. L'illusion référentielle de Mme de Villaplane est donc assurée par l'ensemble des discours tenus sur elle. Dans la petite ville, les racontars vont bon train :

> « Bien entendu les secrets de Mme de Villaplane n'étaient pas plus que ceux des autres à l'abri de ce qu'à défaut d'un mot plus précis, il faut appeler l'indiscrétion générale. Tout comme on savait en ville jusqu'aux moindres détails des choses les plus cachées, ou qu'il croyait telle de la vie de Cripure, on savait aussi que depuis un an cette vieille folle ne pensait plus qu'à ce militaire, si peu militaire, il est vrai, et sous l'uniforme même demeuré tellement « homme du monde. » (SN, p. 148)

Elle est bien le double féminin de Cripure dont le passé est aussi étalé sur la place publique :

> « D'où savaient-ils qu'il avait été marié autrefois et qu'il avait été divorcé ? Jamais il ne soufflait mot à quiconque sur son passé. Mais en dépit de sa pudique réserve il n'était pourtant qu'un homme de verre. Ses secrets, chacun les connaissait aussi bien que lui-même et peut-être, se fût-il agi d'un autre, il eût admiré ce prodige par quoi une ville de vingt mille âmes était informée des choses les plus cachées de sa vie. » (SN, p. 33)

Alors que l'illusion mimétique opère en nous faisant oublier qu'un personnage est un être d'encre ou de papier, le procédé nous rappelle

---

[112] *Ibid*, p. 101. Vincent JOUVE analyse le personnage comme « effet de lecture » et analyse « l'effet-personnage » : « un personnage peut se présenter comme un instrument textuel [...], une illusion de personne [...] ou un prétexte à l'apparition de telle ou telle scène (qui, sollicitant l'inconscient, autorise un investissement fantasmatique). On nommera respectivement ces trois dimensions: *l'effet-personnel, l'effet-personne* et *l'effet-prétexte*. » *Ibid*. p. 98.

paradoxalement que le personnage est constitué de mots, ceux qu'ils prononcent et ceux que l'on prononce sur lui.

Le portrait du personnage mort parachève parfois son existence romanesque : il y a ceux qui trouvent dans la mort une espèce de paix, un repos qu'ils n'ont peut-être jamais connu de leur vivant comme la grand-mère de *La Maison du Peuple*, ou du grand-père du *Pain des rêves* dans « ce grand lit où il reposait, un crucifix dans ses mains jointes, si blanc, si tranquille, presque souriant » (PDR, p. 261). Pour d'autres, la mort est terrible. L'oncle Paul meurt de la grippe espagnole, avec sa femme, la triste Béa. On les a peut-être achevés pour leur voler leurs économies. C'est une mort sordide. La description du corps mort de Paul fait penser à un tableau de Courbet. Dans la lignée du naturalisme zolien, le narrateur ne nous épargne rien de la chair cadavérique vue par Loïc. Par la mort, rien de la vie ni du réel ne se trouve transfiguré ou simplement réparé : le lit est « sale et défait », « une lumière crue » révèle les « détails du désordre et de la saleté ». Le mort est comme abandonné, « on ne lui avait pas fait de toilette », « la grande chevelure blonde de l'oncle était toute emmêlée », et le travail du corps après la mort a commencé : « son visage gonflé », « Il y avait poussé de la barbe » (JP2, p. 374). Cette description, dans l'avant-dernier chapitre du *Jeu de patience*, vient clore la longue série de morts qui sert d'épilogue au roman. Cette mort est la mort redoutée plus que toutes les autres. Elle est aussi le signe d'un monde en décomposition où l'on s'imagine échapper à un malheur- l'oncle Paul rentre des tranchées- pour finalement tomber dans un autre. Le réalisme cru de la description est ici au service du pessimisme de Guilloux.

L'affection pour le personnage, l'attachement de l'auteur à ce qui est profondément humain et sa volonté d'être au plus près de la vérité des hommes se traduisent à la fois par la variété des dispositifs de présentation du personnage et par leur caractère presque nécessairement incomplet. Que le portrait soit en action (le grand-père cousant à sa table de travail, PDR, p. 30), ou en arrêt (le tableau de l'arrivée de Zabelle à la portière du train, PDR, p. 315-316), qu'il mêle de façon assez traditionnelle portrait physique et portrait moral, la tendance du narrateur est de mettre l'accent sur ce qui résisterait du personnage, comme si ce personnage était une personne, et comme toute personne un mystère, une « énigme[113] ». Nombreux sont les portraits qui cherchent à montrer la complexité, les ambivalences, les ambiguïtés et finalement la difficulté à saisir l'autre dans sa totalité. Otto Kaminsky est bien décrit comme cet « être insaisissable » dans une scène du *Jeu de patience* (JP2, p. 176 / 179-180) où il est en proie à une espèce de crise de nerfs. La question

---

[113] Grégoire LEMÉNAGER, « Louis Guilloux, une écriture à hauteur d'homme », *L'Atelier de Louis Guilloux*, op.cit, p.153.

rousseauiste de la transparence à l'autre est posée de nombreuses fois, notamment par un personnage comme Yves de Lancieux, ou par les scènes de procès. L'objectif semble double : chercher à découvrir l'autre dans sa vérité, démasquer le mensonge social, mais aussi garder la conscience que la transparence rêvée est impossible et que la part du secret doit être préservée[114].

Dans *Le Jeu de patience,* le long portrait de Gadoué, l'étrange personnage que le pasteur accueille et qui causera sa perte, rend sensible son mystère inquiétant. Le portrait signale par sa longueur même la difficulté à appréhender les êtres et l'énigme de l'homme est ici tout entière liée à l'énigme du mal :

> « L'homme était petit, mais avec des épaules d'Hercule, jeune, vêtu d'une salopette bleue toute trempée qui lui collait à la peau comme un linge. On aurait dit qu'il n'avait rien d'autre sur lui et il était pieds nus, ayant laissé en bas ses sabots. Sa grosse tête ronde au poil noir et ras était une vraie tête de Hun, il avait les yeux un peu bridés, et un regard bleu, naïf et rusé, rieur. Il s'avança dans la pièce à la suite du pasteur, avec des gestes lents et cherchés, un balancement bizarre, et il s'inclina à moitié devant Madame Briand en laissant pendre ses longs bras, la tête baissée, et un large sourire brèche-dent coupant sa face ronde et brûlée de vagabond campagnard […]
> L'homme ne faisait aucun bruit en marchant avec ses pieds nus. Il se mit à parler avec une étrange douceur volontaire, et de petits bégaiements comme s'il eût voulu donner à penser qu'on n'avait rien à craindre de lui. […].
> L'homme avait quelque chose de bizarre dans les yeux. Par instant ses paupières se mettaient à trembler et il renversait ses prunelles de telle sorte qu'on ne voyait plus que le blanc de l'œil. On aurait dit un aveugle » (JP, p. 135).

Par trois fois, en début de paragraphe le mot « homme » est repris : c'est bien là que se situe la difficulté à appréhender Gadoué. Quand il entre chez le pasteur, Mme Briand voit d'abord un monstre. Où se situe l'humanité de Gadoué, responsable de la déportation et de la mort du pasteur à Dora ? Dans sa duplicité ? Dans son aptitude à faire le mal ?

La complexité du personnage est également mise en valeur par les points de vue croisés. Celui du narrateur se conjugue avec celui d'un autre personnage, de sorte que la « traditionnelle position de surplomb du

---

[114] « Le secret, c'est la vie même. Tout ce qui va contre le secret attente aux sources les plus fines de la vie », *Carnets*, t. 1, Gallimard, coll. « Blanche », p.27.

romancier[115] » tend à disparaître. Au début du *Sang noir*, Cripure est d'abord décrit par le narrateur :

> « Il avait traîné jusqu'à la porte ses pas entravés et souriait vaguement, debout sur le seuil, géant difforme à la tête trop petite, aux bras et aux jambes trop longs. Un vieux veston de chasseur en velours marron, criblé de taches d'encre et de graisse auquel manquaient plus de la moitié des boutons. Autour de son cou s'enroulait un cache-nez rouge dont il avait rejeté un pan sur l'épaule, comme le pan d'hermine de sa robe d'agrégé, les jours de distribution solennelle des prix, ou quand on enterrait un collègue. » (SN, p. 24)

Le portrait en pied de Cripure se poursuit insistant sur le décalage qui existe entre sa situation sociale dans la petite ville et l'état de négligence, voire de déchéance du personnage. Puis, le portrait est complété par le regard désenchanté d'Étienne :

> « Étienne ne dit plus rien.
> C'était donc là cet homme tant cherché ! Il examina ce petit visage rougeaud, presque sans rides, qui se tendait vers le sien. Le front était étroit, et les cheveux courts et plantés bas ; mais quel regard de douleur ! Combien différent de ce regard qu'il avait dans la rue, à la porte de sa classe, quand il attendait que le concierge allât tirer la cloche ! Ce regard devint morne, Cripure remua les lèvres, fit bouger son dentier. D'un geste preste qui dénotait une grande habitude, il chopa sur son cou une puce et l'écrasa. » (SN, p. 28)

L'allure générale d'abord, et la description du visage et du regard, ensuite, font apparaître divers pans du personnage : un personnage repoussant – avec ce dernier geste qui à coup sûr, même s'il ne s'accuse pas « d'écraser une puce avec trop de colère[116] », fait de lui un tartuffe, un imposteur- et attachant à la fois, dont la déchéance presque consentie et la souffrance infinie interrogent. Le portrait présente les paradoxes que le roman déclinera sans chercher à les réduire. Ce principe de regards multiples posés sur le personnage dénie au narrateur sa position de « descripteur savant[117] ». Dans un autre roman à la

---

[115] Grégoire LEMÉNAGER, « Une écriture à hauteur d'homme », *L'Atelier de Louis Guilloux*, *op.cit.*, p. 160.
[116] MOLIÈRE, *Le Tartuffe ou l'imposteur*, I, 5 v. 300. Rappelons que Georges PALANTE dont on sait qu'il a en partie servi de modèle à Cripure, avait un chien qui s'appelait « Tartufe », voir Louis GUILLOUX, *Souvenirs sur Georges Palante*, préface de Yannick PELLETIER, Diabase, 2014, p. 37.
[117] Bérénice DARTEVELLE, « Louis Guilloux, description et cinéma », *L'Atelier de Louis Guilloux, op.cit.* p.343-359, p. 348.

troisième personne, *Les Batailles perdues*, les divers portraits de Franz[118], même s'ils se complètent, ne permettent pas de réduire sa part d'ombre.

Le personnage dans son décor

Reprenant les propos de Wellek et Warren, nous dirons que « le décor c'est le milieu ; et tout milieu, notamment un intérieur domestique peut être considéré comme l'expérience métonymique ou métaphorique d'un personnage. La maison d'un homme est une extension de cet homme. La décrire c'est le décrire[119] ». Les décors néanmoins sont souvent plantés sommairement. On peut noter la presque totale absence de notations de couleur, l'existence fragile des objets, de leur matière, de leur origine: quand un de ces points est signalé, cela constitue évidemment un appel à la vigilance critique du lecteur. Le choix d'une forme de stylisation, de la simplification du trait ou de son grossissement, par le refus de l'accumulation de détails ou par l'absence évidente de simulacre d'exhaustivité rapproche l'auteur des romanciers contemporains plus soucieux de restituer une perception éclatée du réel qu'un réel dans sa totalité. Pourtant, malgré ces éléments qui font de Guilloux un écrivain de la modernité, la description des décors privés notamment adopte un fonctionnement proche de celui que nous trouvons dans les romans du XIXème.

Dans *Le Sang noir*, conformément à la tradition réaliste, le décor apporte des renseignements sur le personnage : coquille du personnage, le décor ne fait plus qu'un avec lui et on pourrait dire comme le dit Balzac de Gobseck, « Sa maison et lui [Gobseck] se ressemblaient. Vous eussiez dit de l'huître et son rocher[120] ». La description du décor est en général motivée par l'arrivée d'un personnage chez un autre, procédé qui est presque systématique dans le cas des décors intérieurs privés les plus précisément décrits. Le personnage « porte-regard[121] » rend l'inscription de la description dans le récit naturelle

---

[118] On le voit d'abord à travers le regard un peu moqueur de Nicolas. (BP, p. 85) Ce portrait physique, enrichi d'indications sur le parcours professionnel et militant de Franz, révèle sa situation sociale et laisse percevoir une certaine bonté ou douceur du personnage qui résiste au regard légèrement critique porté sur lui. Ce portrait est complété par un autre portrait, pris en charge celui-ci par le regard omniscient du narrateur (BP, p. 139), qui, plus positif, mais très extérieur, insiste sur le dynamisme du personnage.
[119] René WELLEK et Austin WARREN (1948), *La Théorie littéraire*, Paris, Seuil, coll. « Poétique », traduction 1971, p. 30.
[120] BALZAC, *Gobseck*, éditions GF, 1984, p. 78. On se rappelle également la formule célèbre de Balzac à propos de madame Vauquer : *« Toute sa personne explique la pension, comme la pension implique sa personne »*.
[121] Philippe HAMON, *Du descriptif*, Paris, Hachette, coll. « Supérieur », 1993 (reprise de l'essai *Introduction à l'analyse du descriptif*, Paris, Hachette,1981), p.172.

et favorise l'impression de vraisemblance. C'est le capitaine Plaire qui voit la maison de Nabucet, comme c'est à travers le regard d'Étienne Bourcier que nous découvrons l'intérieur de Cripure. Ces descriptions des décors intérieurs prennent place dans une composition qui soutient l'organisation d'ensemble du récit. L'intérieur de Nabucet fonctionne en opposition avec celui de Cripure, de même que l'opposition idéologique entre les deux personnages organise toute la première partie du roman. Après l'épisode de la gifle, Cripure se rend chez Moka pour lui demander d'être son témoin ; dans le chapitre suivant, c'est Nabucet qui se rend chez Babinot pour les mêmes raisons : en symétrie, deux décors supplémentaires qui donnent chacun à lire la folie d'un personnage.

Examinons le décor de Cripure. Le professeur de philosophie appartient au groupe des notables de la ville, sa situation sociale est comparable à celle d'un Nabucet. C'est un professeur installé de longue date dans la ville et il est invité aux réunions mondaines qui comptent tout ce que la ville a d'important. Il ne manque pas d'argent et on le voit fort satisfait de ses transactions bancaires. Cependant, dans son souci de ne pas ressembler aux représentants d'un ordre ou d'une pensée qu'il réprouve, Cripure habite avec sa compagne Maïa dans un faubourg populaire et tout dans cet endroit montre qu'il a fait le choix de l'inconfort. Son décor est aux antipodes des intérieurs bourgeois décrits dans le roman. Il n'a de bourgeois que le tic de nommer cette maison « sa baraque ». Or le narrateur précise que « pour une fois le mot convenait à la chose », on est donc loin de l'euphémisme bourgeois de Nabucet. En effet, cette maison ouvrière donne directement sur l'extérieur, elle possède un jardin à l'arrière et un cellier au fond de ce jardin où Maïa se réfugie à la fin du roman quand Cripure lui demande de ne pas se mêler de sa discussion avec Moka et qu'il la met dehors (SN, p. 472-484). « Cette petite maison que Maïa avait reçue en héritage à la mort de son mari ne se composait que de deux pièces, le « bureau » où Cripure était en ce moment étendu et à côté, la cuisine, qui servait aussi de chambre à coucher. En haut, ce grenier, moitié grenier, moitié mansarde, où Amédée continuait à faire tant de bruits avec ses godillots de troufion (SN, p. 11) ». Dans l'entrée, un escalier conduit au grenier et « les bécanes étaient remisées sous l'escalier qui menait à la chambre d'Amédée, dans un coin obscur comme un trou de charbon (SN, p. 47) ». L'antre de Cripure d'un côté, la cuisine de Maïa de l'autre. Les deux pièces sont séparées par une porte vitrée à travers laquelle parfois Cripure regarde (SN, p. 13, 207). Dans la petite entrée, un portemanteau et une glace ; mais là où Nabucet se contemple avec autosatisfaction, Cripure donne « à son image rencontrée dans la glace », « un regard d'indicible mépris et de pitié » (SN, p. 207) ou bien il fait la moue et trouve qu'il a l'air d'un avis de décès (SN, p. 220). La glace comme tout l'espace renvoie Cripure à l'image de sa déchéance et de sa mort.

Dans la pièce qui sert de bureau à Cripure, à l'occasion d'un mouvement, d'un geste des personnages, le décor est installé : Cripure, dès l'incipit, est étendu sur le divan. Maïa cherche sa corbeille sur une petite table de chevet. Il y a une armoire, et une table « chargée de livres et de papiers », (SN, p. 26), les expressions « rempart de paperasses » (SN, p. 27), « pile de livres » (SN, p. 45), « amas de livres et de papiers » (SN, p. 215) confirment le désordre déploré par Maïa, « un vrai fumier » (SN, p. 26), dit-elle. L'ameublement est donc fort simple comme chez les pauvres. Mais c'est aussi un univers de professeur, avec des copies barbouillées d'encre rouge, des livres dont *Les Mémoires* de Benvenuto Cellini au chevet de Cripure et les dictionnaires « dans les casiers près de la cheminée » (SN, p. 384). Quand Cripure pense aux meubles que Maïa vendra après sa mort, il ne voit que les bibliothèques dont elle pourrait tirer quelque chose. Des trois décors de professeurs décrits dans le roman, celui de Cripure est le seul où sont représentés tant de livres et de papiers, signe d'une activité intellectuelle ininterrompue.

Mais tous ces éléments ne suffisent pas à rendre compte de l'atmosphère de la pièce. Le lecteur en prend connaissance grâce au regard d'Étienne Couturier qui avant de partir au front rend visite à son ancien professeur de philosophie, « le seul homme capable de répondre à ses questions », « le seul pur parmi cette bande de vendus et de bouchers » (SN, p. 25). Mais dans ce bureau à l'image de celui qui l'habite, la déception du jeune homme est grande (SN, p. 26). « Comme on respirait mal dans cette pièce obscure ! » (SN, p. 39). L'atmosphère devient de plus en plus oppressante « entre ces quatre murs noircis d'humidité, où il faisait de plus en plus sombre depuis que la pluie s'était mise à tomber » (SN, p. 41). Le lieu, humide, obscur, nauséabond, secrète une véritable angoisse que la conversation avec Cripure est loin de dissiper.

Dans ce lieu et par ce lieu, Cripure rejette la caste des notables de la ville. Et c'est ce rejet qui justifie la visite d'Étienne : le jeune homme espère entendre une autre parole, une autre vérité qu'il n'entendra pas vraiment. En effet, cette pièce, d'une saleté presque repoussante, une « bauge » (SN, p. 227) que Maïa essaie de nettoyer tant bien que mal quand il n'est pas là, « et encore n'avait-elle le droit de toucher à rien » (SN, p. 227), est le lieu d'un abandon d'un homme qui sans la présence et les soins de Maïa ne pourrait satisfaire aux exigences de la vie sociale, ou de la vie tout court. C'est un refuge pour bête traquée où Cripure essaie de se mettre à l'abri du regard de ceux à qui le plus souvent il ferme sa porte, un repaire pour qui ne peut plus vraiment vivre parmi les hommes. Mais curieusement ce bureau qui indique la différence de Cripure avec les autres, ceux qu'il veut fuir et dont il pointe les défauts en permanence, ce lieu qui en fait définitivement un être à part porte aussi les indices de sa conformité avec un ordre social qu'il prétend refuser ; contradiction qu'Étienne Couturier perçoit. Ainsi la comparaison de ce bureau avec une cave, son humidité, son obscurité (SN, p. 26) fait-elle penser à ces endroits où se réfugient ces cloportes dont la définition est donnée dans le roman : « *Animaux essentiellement terrestres (régions tempérées) vivant les uns sur les bords de la mer, sous les pierres ou les fentes des rochers, les autres dans les endroits humides et obscurs : caves, celliers, sous la mousse et les vieilles écorces.* » (SN, p. 119) Voilà qui permet finalement d'établir une parenté entre deux personnages qu'*a priori* tout sépare, le notaire Point et Cripure. Le bureau du notaire est une « espèce de grenier transformé en studio » (SN, p. 182), c'est une pièce obscure et il n'y sent pas bon. Or le cloporte peut « descendre de son grenier ou surgir de sa cave » (SN, p. 12). Lieux sombres et retirés, ces bureaux, cave ou grenier, sont aussi des nids de cloportes pour un notaire-cloporte à l'œil glauque, qui pourrait être le frère adultérin du maire - autre figure du cloporte dans le récit- et un Cripure-cloporte, terré dans un endroit obscur et humide. Le « tiroir à magot » est un autre point commun entre les deux figures. Chez le notaire, à droite du bureau, un tiroir qui n'est pas fermé à clef contient de l'argent. Chez Cripure, le tiroir est « comme une sorte de petit coffre-fort » (SN, p. 394) que Cripure voudrait interdire aux autres mais qu'il n'a pas pu totalement soustraire aux regards de Maïa (SN, p. 395). Or ce tiroir contraste singulièrement avec le reste des lieux : « Tout dans la maison pouvait être en désordre, les papiers disséminés partout, les livres entassés au petit bonheur sur les rayonnages et dans les caisses, le tiroir à galette offrait l'image même de l'ordre domestique » (SN, p. 396). Suit une longue description du point de vue d'un narrateur omniscient qui s'attarde à expliquer ce qui est rangé dans le tiroir et dans quelle disposition (SN, p. 396). Tout le lexique est celui de l'argent qui apparaît sous différentes formes jusqu'au détail culminant du sac d'or. Ce tiroir fait de Cripure un bon bourgeois capable de gérer et de faire fructifier son patrimoine. Le professeur de philosophie est aussi ce qu'il prétend refuser, un bourgeois matérialiste. L'espace privé, miroir du personnage, reflète ses ambivalences et ses contradictions.

Le décor de Babinot est un décor bourgeois : on entre dans un vestibule assez vaste, un escalier dessert les étages. Babinot a son cabinet au premier étage. Mais le caractère bourgeois du lieu garde une simplicité qu'on ne trouve ni chez Nabucet, ni chez le notaire puisque quand on entre chez Babinot « on est accueilli par une belle odeur de cuisine et d'encaustique » (SN, p. 329). Le héros de Babinot est le roi Henri IV, « le bon roi Henri », célèbre pour sa simplicité. Mais ce n'est pas sous l'angle social qu'est abordé le décor du professeur d'histoire. Qu'on y retrouve certaines caractéristiques de l'espace bourgeois, soit, mais ce n'est pas cela qui compte pour cette description traitée en exacte symétrie avec l'espace du répétiteur Moka. Il s'agit du décor de l'amateur d'armes et le chapitre commence comme un portrait de La Bruyère :

« Le monde n'a pas connu d'amateurs plus passionné de vieilles armes que Monsieur Babinot. » (SN, p. 329) La manie envahit l'espace comme elle a contaminé l'être en entier.

> « Monsieur Babinot possédait une telle profusion d'armes, et il aimait tant à les voir qu'après en avoir garni les murs de son salon, il avait dû en garnir aussi les murs de quelques autres pièces et ceux du vestibule. Cela donnait à la maison un curieux aspect de musée ou de boutique d'antiquaire. » (SN, p. 327)

En effet, quand Nabucet entre chez Babinot pour lui demander d'être son témoin, les procédés d'accumulation - énumérations, pluriels- permettent de décrire un lieu ahurissant- « une fois de plus, ce furent *Le Rêve*, l'armure, les sabres, les piques et le pieux, l'escopette et le tambour que rencontrèrent les yeux de Nabucet dès que la bonne l'eut introduit dans le vestibule » (SN, p. 329) - et quand il entre dans le bureau du professeur, il est saisi : « Encore des armes ! On en verrait bientôt aux plafonds. » (SN, p. 331). Mais, pour le collectionneur, il ne s'agit pas seulement d'amasser, il s'agit aussi d'accorder des soins constants à ces armes qui sont l'objet d'une adoration quasi religieuse. « Toutes ces armes luisaient de propreté et de graisse. L'adjudant le plus tatillon qui les eût passées en revue n'y eût pas trouvé, même aidé d'une loupe, la plus légère pointe de rouille » (SN, p. 327). Les armes accrochées au mur, le grand tableau, « l'armure sépulcrale », les objets posés sur le bureau forment, malgré leur thème commun, un ensemble assez hétéroclite. Ces pièces dénichées surtout à la Salle des Ventes, vestiges des guerres et des combats du passé, renvoient à l'histoire militaire de la France et même du monde : on y voit « des flèches empoisonnées qu'un marin avait rapportées d'Afrique et revendues, un boomerang australien, un curieux petit poignard vénitien… » (SN, p. 328). Cette passion qui occupe presque la totalité du temps du collectionneur doit lui prendre aussi une partie de son argent puisqu'il écrit avec un « méchant porte-plume d'un sou » (SN, p. 332). Comme tous les collectionneurs, Babinot n'a qu'une obsession, enrichir sa collection : « Il lui manquait la pièce unique, l'objet chéri de ses rêves, l'introuvable rareté » (SN, p. 328). Babinot rêve d'ajouter à son bric-à-brac guerrier un drapeau confisqué à l'ennemi, un « étendard impérial », un « aigle arraché aux Teutons » (SN, p. 329). Le désordre chronologique est caricatural et presque ostentatoire : « Et sur la cheminée entre deux douilles d'obus étincelants, Jeanne d'Arc et son étendard sous un globe de verre. » (SN, p. 331) Il ne s'agit pas ici de donner un sens à l'Histoire. Ce qui compte, c'est la gloire des armes associée à celle de la patrie. Entièrement tourné vers la guerre, Babinot est animé d'une forme de foi sans spiritualité qui prête à sourire. Lui-même, comme l'amateur de tulipes de La Bruyère qui devint tulipe à force de les adorer, peut se transformer en pièce de collection :

« Nabucet trouva (Babinot) coiffé d'un bonnet de police et revêtu d'une vieille capote de fantassin en manière de robe de chambre » (SN, p. 331). « Une fois n'y tenant plus, il avait revêtu l'armure et était apparu ainsi au beau milieu d'un repas qu'il offrait à ses amis » (SN, p. 331). La caricature du collectionneur est alors à son comble. Guilloux se fait moraliste. Le décor voué à des objets guerriers disposés sans ordre ni raison est à l'image de la folie d'un homme entièrement tourné vers une glorification de la mort : devenu lui-même objet de collection, il consacre sa vie entière à une manie qui a surtout pour fonction de lui faire oublier sa propre mort. Ainsi Babinot fait-il preuve sur le plan intellectuel, métaphysique et spirituel, d'une légèreté qui caractérise ceux qui se livrent aux activités humaines les plus absurdes.

Tout comme Nabucet se rend chez Babinot, Cripure va chez Moka pour lui demander d'être son témoin. Moka, surveillant au lycée, habite au centre-ville une de ces maisons de ville où on accède par quelques marches. C'est une maison à étages et on entre dans un vestibule. Moka fait monter Cripure dans sa chambre au deuxième étage. On apprend avec la visite d'Henriette que le rez-de-chaussée dispose d'un salon où la jeune fille s'assoit dans un « fauteuil Louis XV », détail singulièrement saugrenu dans l'univers de Moka. Mais, il faut le dire, chez Moka, tout est bizarre. Il avait déjà prévenu Cripure que son passe-temps favori consistait à coller des timbres dans les assiettes : « Je …tapisse des assiettes avec des timbres… C'est très joli à cause de mille couleurs » (SN, p. 266). De cette activité gratuite, il tire un plaisir esthétique et tout son décor est envahi par ces assiettes décorées tout comme l'univers de Babinot l'est par les armes. Ainsi dans cette chambre dont Moka vante la vue qu'elle offre, il faut veiller à chacun de ses gestes pour ne pas renverser des piles d'assiettes : « … il (Moka) ôta de dessus un fauteuil une pile d'assiettes qu'il posa par terre … », « …, dit Moka, en ôtant de dessus un autre fauteuil une autre pile d'assiettes, … » (SN, p. 319), « … en tournant en rond dans la pièce sans le moindre souci de renverser les piles d'assiettes » (SN, p. 321). Les assiettes ne sont plus seulement posées, elles sont accrochées partout comme les trophées de Babinot. Cripure est sous le choc de ce décor délirant :

> « Il promena autour de lui le regard stupéfait d'un dormeur qui se réveille à mille lieues de chez lui, où un Tapis Volant l'aurait transporté par magie. Qu'est-ce que, mais qu'est-ce que c'était que cette chambre étonnante avec ces hallucinantes assiettes aux murs et pas autre chose que des assiettes ? Un lit de fer, une table, deux fauteuils et des assiettes…les fameuses assiettes aux timbres, rangées en files impeccables sur les murs tout autour de la pièce.» (SN, p. 320)

Ce décor de conte a au moins une vertu : il n'a rien à voir avec la réalité connue dont on sait ce qu'elle peut avoir d'exécrable. L'autre objet dont Moka tire une grande fierté est une « lanterne vénitienne, un vulgaire lampion de 14-Juillet qui pendait au milieu de la pièce. À l'intérieur, la lumière électrique » (SN, p. 320). Cette lanterne est liée à un souvenir de sa fiancée. Moka est un sentimental, à ce titre, il garde chez lui des traces du passé. Mais comment comprendre la présence hyperbolique des assiettes timbrées autrement que par ce qui est plus qu'un clin d'œil à Flaubert et au personnage du percepteur Lheureux avec ses pieds de tables sculptées[122]? Moka conserve en lui une part de l'enfance et de ses réalisations gratuites et sans valeur. Mais c'est le langage qui seul peut nous aider à comprendre cette manie du personnage. Moka, pur et innocent comme un enfant, est aussi « timbré » que ses assiettes. Le décor exprime cette douce folie, folie aussi envahissante que celle de Babinot mais moins dangereuse parce qu'elle ne sert aucun discours idéologique contestable. Si on ne sait pas vers quoi elle est tournée, au moins on comprend qu'elle n'est pas tournée vers la mort. Et s'il s'agit d'un divertissement qui distrait peut-être un moment Moka, il ne lui permet pas d'oublier l'inconfort métaphysique dans lequel il se trouve.

---

[122] Voir Henri GODARD qui relève les références à Flaubert dans *Le Sang noir, Louis Guilloux, romancier de la condition humaine*, op.cit, p. 63-65.

3
Description et satire

Les décors des bourgeois

Le Sang noir propose trois descriptions d'intérieurs bourgeois : ceux du député Faurel, du professeur Nabucet et du notaire Point.

Chez le député, les pièces sont juste désignées. Les témoins du duel que Faurel doit arbitrer sont accueillis dans le grand salon, puis ils se restaurent dans la salle à manger. De son côté, Claire Marchandeau, avant de pénétrer dans le « petit salon élégant » (SN, p. 444), entre dans un vestibule immense. La simple mention de ces pièces codifie socialement l'espace. Celles-ci sont nombreuses, et quand elles ne sont pas grandes, elles sont élégantes : c'est un décor de grand bourgeois. Chez Nabucet, tout révèle surtout le désir de paraître bourgeois. Nabucet veut masquer ses origines populaires et il a élaboré un décor où tout doit indiquer qu'il appartient à la classe de ceux qui ne manquent de rien. Premier signe extérieur de richesse : la place. La maison est « spacieuse » (SN, p. 50), l'escalier est « vaste », « on peut aisément (y) passer à deux de front » (SN, p. 57). Ensuite, le confort : l'adjectif « confortable » apparaît deux fois (SN, p. 50-57), la maison est « bien chauffée » (SN, p. 50), le lit où a dormi Plaire est « douillet » (SN, p. 50). À trois reprises, les tapis sont mentionnés, celui de l'escalier « étouffait les pas » (SN, p. 57). Dans la chambre de Nabucet, une petite armoire contient une bouteille de porto, des verres (SN, p. 52) et on trouve des meubles inattendus que l'on ne retrouve pas ailleurs, comme un pouf ou un paravent. « Tout cela […] donnait un sentiment agréable de sécurité, de bonheur bourgeois » (SN, p. 57). Enfin, tout y est en grande quantité : « des tapis, des tentures, il y en avait à profusion » (SN, p. 50), « le mur était couvert de tableaux, de gravures, de photographies dédicacées. Il y avait au palier des statuettes sur des colonnes » (SN, p. 57). L'ensemble séduit le capitaine Plaire qui promène sur les lieux un regard plein d'admiration : « quel homme de goût ce Nabucet ! Rien de banal chez lui. On voyait tout de suite qu'il aimait les belles choses. » (SN, p. 50). Dans cet univers lisse où tout est parfaitement organisé pour le bien-être du maître de maison, le confort matériel est à l'image du confort moral dans lequel se sent ce personnage, toujours persuadé de son bon droit. Chez lui, tout doit satisfaire son narcissisme, les photographies dédicacées et la grande glace de sa chambre dans laquelle il peut s'admirer à son aise. C'est un lieu où transpire l'autosatisfaction qu'indique la litote pleine d'orgueil, « Elle n'est pas trop mal ma petite boîte » (SN, p. 57). Le décor bourgeois est le miroir d'un être qui feint d'ériger le souci du confort personnel en épicurisme comme le rappelle le *carpe diem* qu'il cite à tout propos (SN, p. 54). Mais ce décor intérieur est aussi paradoxal : alors que tout veut être digne d'admiration et exprimer une réussite sociale parfaite, tout trahit la petitesse morale du propriétaire des lieux.

Le troisième décor d'un autre notable de la ville est la maison du notaire Point qui déjà de l'extérieur ressemble à « une tirelire ». L'intention satirique se manifeste d'entrée. Là aussi, l'ensemble est vaste, composé de plusieurs étages, et on déjeune dans la salle à manger où deux meubles sont mentionnés : « la vieille horloge héritée, on ne savait de quel oncle paysan et renié » (SN, p. 183), et le buffet Henri II « pur style » vu par le regard ironique de Simone (SN, p. 183). Un premier objet donc qui rappelle des origines rejetées et qui a aussi une valeur symbolique puisqu'il a pour fonction d'égrener les heures ; il fait de cet univers un univers dirigé vers la mort que l'on doit fuir si l'on veut simplement vivre. Le buffet, quant à lui, constituant un signe extérieur de richesse, semble un comble de mauvais goût bourgeois.

Le bureau du notaire où Simone se rend pour voler de l'argent avant sa fugue fait également l'objet d'une description :

> « Une espèce de colère lui vint quand elle pénétra dans le bureau de son père. C'était plein de son odeur, de son répugnant fantôme. Des relents de tabac refroidi, de parfums à bon marché, on ne savait quoi de louche. La pièce était basse, une espèce de grenier arrangé en studio, avec de grandes fenêtres masquées de rideaux épais qui la rendaient sombre. Des livres, des gros meubles. Des tableaux. Dépouilles de clients. » (SN, p. 182)

La description supplée au portrait de l'homme qui inspire tant de dégoût à sa fille. On retrouve l'emploi des pluriels pour nommer les objets de ceux qui vivent dans la prospérité. Les adjectifs sont aussi caractéristiques de ce monde : « épais », « gros », « grandes ». On ne sait rien de précis sur les tableaux ou sur les livres. Qu'importe. Nous devons comprendre que les livres ne sont pas ouverts et que les tableaux ne sont pas regardés. Ce n'est pas le décor d'un esthète mais plutôt celui d'un receleur qui s'enrichit sur le dos des autres. D'ailleurs, Simone a déjà expliqué à Kaminsky que la maison avait été volée à deux vieilles filles qui en sont mortes (SN, p. 178). Les expressions « parfums bon marché », « on ne savait quoi de louche » transforment le bourgeois en voyou.

Lieux publics et satire sociale

La description des décors inscrit « la présence d'une société de référence et d'une pratique sociale, ce par quoi le roman s'affirme dépendant d'une réalité socio-historique antérieure et extérieure à lui[123] » à laquelle s'ajoute le discours du narrateur sur cette société. Le lecteur est alors invité à déchiffrer le « discours de la socialité[124] » dans le texte.

Les pages consacrées à la description du théâtre dans la première partie du *Pain des rêves* illustrent la présence de cette société de référence, en reprenant l'un des *topoï* du roman, celui du théâtre et du personnage au théâtre un soir de représentation, le théâtre étant le lieu par excellence de la comédie sociale, lieu où l'on va davantage pour être vu que pour voir, lieu de rencontres amoureuses ou de présentations, lieu donc du spectacle de la vie et de la vie en spectacle. Or le narrateur se souvient de ces soirs de représentation où, enfant trop pauvre pour s'offrir une entrée à dix sous, il attendait l'entracte avant de pouvoir se glisser au poulailler et le plus souvent ne pas réussir à voir ce qui se passait sur scène (PDR, p. 192-213). Guilloux renouvelle donc le *topos* puisque la description du lieu et des pratiques sociales qui y sont attachées est l'occasion d'un discours qui dénonce la société bourgeoise d'avant 14 et ses pratiques d'exclusion. La description se concentre sur le lieu où le narrateur finit par accéder, c'est-à-dire le paradis, et sur le lustre du théâtre, dont la bourgeoisie locale tire une grande fierté et qui empêche une grande partie des spectateurs du paradis de voir la scène.

> « Le seul endroit de ce théâtre où je pouvais jamais espérer de traîner mes pieds boueux, c'était comme il va de soi, celui que l'on nomme en France le « poulailler » […]. On y trouvait à chaque fois un fumier accru du fumier de la veille : de la boue séchée, mêlée aux gravats tombés du plafond, la crotte des mégots jaunis, des peaux d'orange racornies, dures comme des coquillages, des papiers, parfois un bouquet d'un sou oublié par une amoureuse. Voilà ce qu'on trouvait sur ses bancs sans velours, la volaille se contentant de la planche la plus nue, taillée dans le plus crotté des perchoirs » (PDR, p. 196).

La description file ainsi la métaphore du poulailler tandis que riment « canaille » et « volaille ». Il n'y a pas d'explication à cette saleté sinon l'état d'indignité dans laquelle cette société tient les plus pauvres : « Pourquoi n'y avait-il pas de velours aux banquettes ? Pourquoi ce poulailler était-il laissé dans un tel état d'abjection ? Je pense que c'était par des raisons abstraites. »

---

[123] Claude DUCHET, « Une écriture de la socialité », *Poétique* n° 16, Paris, Seuil, 1973, p. 449.
[124] *Ibid*

(PDR, p. 197) Quant au lustre, il est à l'image des prétentions de cette petite bourgeoisie de province, profondément inculte :

> « Peut-on assez se figurer ce qu'était ce lustre et la place qu'il tenait non seulement dans la salle de spectacle même, mais dans la pensée et je devrais dire dans le cœur de nos concitoyens ? Ce lustre, divers points de vue, la collection d'oiseaux empaillés qu'on gardait au musée, le cimetière, voilà d'où ils tiraient leur plus grande vanité, les joyaux qu'ils ne manquaient jamais de montrer ou de signaler au voyageur dès son débarque en ville. » (PDR, p. 194)

L'ironie est partout présente. Associé au cimetière et aux oiseaux empaillés, le lustre donne l'image d'une société en fin de course, moribonde et sans lustre précisément.

> « Qu'était-ce pourtant que ce lustre ? Rien d'autre qu'un affreux galimatias du plus grossier verre à bouteilles qu'on eût jamais fondu en godets pour y planter des bougies. Il en pouvait supporter la centaine et au-delà. C'est dire son poids, sa taille. [...] La merveille est que la corde ne se soit jamais écourtée, que le monstrueux grappin ne se soit pas fracassé au milieu du parterre, enfouissant sous ses vastes débris tout ce que la ville comptait de plus rares en fait d'amateurs de spectacles, et jetant le feu aux quatre coins ».

Il est difficile de ne pas lire ici un rêve de destruction fulgurante de cette bourgeoisie étroite, mourant par les dieux qu'elle a adorés. Bourgeoisie dont le narrateur ne comprendra que plus tard à quel point les spectacles dont elle lui interdisait l'accès et devant lesquels elle s'extasiait se caractérisaient avant tout par leur médiocrité :

> « ...des choses qui n'en valaient même pas la peine, presque toujours d'une qualité inférieure ou même basse. Dieu sait qu'il m'a été donné depuis d'assister librement à leurs spectacles ! Je sais ce qu'ils valent. Quelle misère ! Voilà donc pourquoi ils faisaient tant de frais, pourquoi ils s'habillaient si richement, paraient leurs femmes. C'étaient là leurs fêtes ! Voilà ce qu'ils s'appliquaient à nous interdire avec un soin si jaloux ! Je me suis souvent répété depuis qu'ils étaient plus à plaindre que nous. » (PDR, p. 212)

Décrire certains lieux est donc l'occasion pour Guilloux d'exploiter une veine satirique qu'il affectionne particulièrement pour dénoncer l'autosatisfaction et la bêtise d'une petite bourgeoisie arrogante. Dans *Le Sang noir*, en décrivant la bibliothèque du lycée où se déroule l'une des scènes centrales du roman, la scène de décoration de Madame Faurel, Guilloux se livre à un exercice de démolition en règle d'une société qu'il exècre. On doit remercier Madame Faurel, la femme du député, des soins qu'elle a prodigués aux blessés de guerre. Puisque c'est au lycée en partie transformé en hôpital que Madame Faurel exerce sa mission, c'est au lycée que se déroule la cérémonie de remise de décoration. La bibliothèque du lycée accueille la réception dont on a confié l'organisation au plus mondain des professeurs, Nabucet. Dans cette bibliothèque, « milieu homogène et cohérent qui donne sens à chaque détail [125] », s'inscrit grâce à Nabucet le discours de la société sur la guerre. Le décor devient le miroir de l'idéologie belliciste et patriotique de l'époque.

L'espace est précisément organisé. La pièce de la bibliothèque est trop petite pour recevoir tout le monde. Par conséquent, le « censeur dont l'appartement était mitoyen avec la bibliothèque, mettait une pièce à disposition des organisateurs pour qu'on y installât un buffet » (SN, p. 86). Il s'agit donc d'une pièce d'un appartement privé, mais « généralement inoccupée » (SN, p. 86). Elle ne communique pas avec la bibliothèque et on passe de l'une à l'autre par le couloir : « deux pas dans le couloir, une porte à deux battants, ils [Nabucet et Noël, le concierge] entrèrent dans la bibliothèque ». Malgré cette deuxième pièce, l'ensemble n'est pas assez grand pour recevoir tout le monde et les blessés seront cantonnés au réfectoire où « on leur organiserait quelque chose » (SN, p. 89). Cette situation arrange bien Nabucet qui entend transformer cette cérémonie en réception privée à sa propre gloire ; dans cette perspective les blessés, dont la présence grave contrasterait trop ouvertement avec sa propre vanité, gêneraient : « ils seront entre eux, nous serons entre nous » (SN, p. 89).

Toute la description des lieux est faite selon le point de vue de Nabucet qui regarde son œuvre avec satisfaction. Ainsi comprenons-nous que l'ensemble ne correspond pas exactement aux ambitions du personnage qui, dans ses rêves de grandeur, aurait souhaité

> « autre chose de plus somptueux, une *enfilade* de salons avec des parquets cirés comme des glaces et partout des larbins beaux comme des suisses avec des bas blancs et des boutons de cuivre qui vous auraient offert des rafraîchissements, des cigarettes de luxe, des cigares de prince, etc. Il y aurait eu des fleurs à profusion, des musiciens invisibles auraient fait entendre des mélodies « charmeresses » et tout se serait prolongé jusqu'à la fête de nuit qui aurait lieu dans un parc ». (SN, p. 89)

S'expriment ici tous les clichés de la réception mondaine dans une écriture nettement flaubertienne. L'usage de l'italique indiquant comme chez Flaubert, une mise à distance ironique, tandis que le terme « larbin » qui appartient au vocabulaire de Nabucet signale sa médiocrité et sa vulgarité. Le modèle est le

---

[125] Claude DUCHET, « Une écriture de la socialité », *Poétique n°16, op. cit.*, p. 449.

salon de réception qui a sa place dans le roman du XIXème. Or la bibliothèque avant transformation par Nabucet est une pièce « haute et vaste d'une exceptionnelle tristesse avec sa grande cheminée de marbre blanc et ses centaines de volumes aux reliures identiquement noires » (SN, p. 90) et « Noël a sué sang et eau à enlever la poussière incrustée partout dans ce lieu solennel et solennellement respecté- ces messieurs n'y mettaient jamais les pieds... » (SN, p. 90). Le lieu a tout du tombeau abandonné, les livres n'y sont pas consultés comme si la culture restait lettre morte au lycée. C'est ce lieu mort que Nabucet a entrepris de ressusciter à la gloire de la guerre.

S'ajoute ainsi un certain nombre d'éléments de décoration placés là par Nabucet dans l'intention délibérée de faire sens. « Les fleurs avaient abondamment servi à l'ornementation de cette salle » (SN, p. 90). Pour la salle du buffet, il a envoyé Noël chercher une énorme brassée de roses rouges chez l'Économe. Cette quantité invraisemblable de fleurs souligne, plutôt qu'elle n'efface, l'impression de tombeau produite par le lieu. Les deux salles sont également ornées de drapeaux : « Les couleurs des alliés se mariaient de la plus « harmonieuse façon » avec les livres et les plâtres grecs. » (SN, p. 92) « Les quatre murs tapissés de livres l'étaient donc aussi de drapeaux mais on avait pris soin de ne pas engager les hampes dans les écussons. Les hampes des drapeaux étaient mystérieusement maintenues derrière les livres et les drapeaux proprement dits épinglés les uns aux autres faisaient tout autour une vaste guirlande où l'on avait aussi accroché des fleurs. »

Nabucet est très fier du résultat et il rougira sous les compliments du Général qui salue dans cette salle « merveilleusement décorée », « un goût très sûr, très délicat ». Il n'est pas certain que les militaires fassent autorité en matière de goût et la profusion de drapeaux et de fleurs laisse certainement à désirer. Ce décor, de laid, devient inquiétant, puisqu'il révèle l'intention de Nabucet, en mêlant livres et drapeaux, de marier la guerre avec la culture, et de faire en sorte que le discours patriotique épouse les humanités. Tout doit conduire à penser qu'il n'y a pas d'opposition entre la guerre et la sagesse. Ce que souligne encore la disposition symétrique de deux sculptures, une victoire de Samothrace et une Minerve.

Ce décor ne contient pas seulement des discours implicites. Il offre aussi des textes à la lecture des participants. À la citation de Poincaré disant que « cette guerre était la guerre du Droit. » (SN, p. 93), s'ajoute un sonnet écrit par Nabucet pour commenter « un magnifique pastel grandeur nature » :

> « Dormez grands morts dans vos tranchées
> Fécondez les épis nouveaux
> Moisson d'or plus jamais fauchée
> La France veille à vos berceaux. »

Les morts de la guerre sont ainsi transformés en morts utiles qui permettront l'avènement des temps nouveaux. La mort euphémisée devient sommeil et la France est personnifiée en mère bienveillante qui veille sur des « berceaux », là où on attendrait « tombeaux ». Les discours inscrits dans le décor, que ce soit la phrase de Poincaré, ou le quatrain aux métaphores précieuses de Nabucet, légitiment la guerre, au nom de la culture elle-même. Tout le discours que Nabucet prononce va dans le même sens : « Il dirait dans son discours cet après-midi que le but final c'était le triomphe de la Culture » (SN, p. 91) dans ce lieu « décidément bien choisi » (SN, p. 92). « Tout sera d'une unité parfaite-Synthèse » (SN, p. 92). Mais les livres ne sont là que pour servir de porte-drapeaux et la culture, enfermée dans de noirs volumes poussiéreux, est celle d'une civilisation entièrement tournée vers la mort. L'ironie du narrateur partout présente, grâce au choix du style indirect libre, met à distance l'autosatisfaction de Nabucet et les valeurs de la société qu'il représente.

Un autre aspect du décor remplit cette fonction ironique. Pour rendre la pièce plus chaleureuse, Nabucet tient absolument « au régal d'un feu de bois » (SN, p. 90). À plusieurs reprises dans *Le Sang noir*, le feu de cheminée est associé de manière plutôt traditionnelle à des images d'intimité heureuse. Par exemple, quand Madame de Villaplane et Kaminsky passent une soirée tout à fait intime », il y a « un bon feu de bois dans l'âtre ». L'idée du feu de cheminée correspond donc au projet de Nabucet de transformer cette réception publique en réception privée, la froide bibliothèque prenant alors une apparence de salon particulier. Quand le général arrive dans la pièce, la première remarque sur le décor faite par le narrateur porte sur le feu : « le feu crépitait dans la cheminée ». La conversation s'engage et, de nouveau, le feu est mentionné. « Le général fit des gloses sur la décoration de la salle, montra qu'il avait des lettres. Il rappela des souvenirs de collège. Le Préfet cita un vers latin que personne ne comprit. Monsieur l'Inspecteur d'Académie observait la scène avec un sourire de mauvais prêtre. Et le feu crépitait » (SN, p. 244). Le feu n'est pas seulement celui du feu de cheminée, c'est aussi le feu et les balles sous lesquels tombent les soldats. Le jeu de mot, discret mais efficace, du narrateur rappelle la réalité de la guerre quand tous ceux de l'arrière participent à des réceptions mondaines en occultant son caractère tragique. L'attaque est encore plus violente ici : si le feu crépite au front, et que certains souffrent et meurent, d'autres peuvent se rassembler « entre eux », se payer de mots et se livrer à de petites cérémonies d'autosatisfaction collective au nom d'une culture dévoyée. Nabucet, dans ces pages du *Sang noir*, aura été transformé en Homais de la décoration. Le décor délivre un double discours : le discours idéologique de la société qui utilise la culture pour justifier la boucherie, et le discours satirique du narrateur qui ironise sur cette société et les discours qu'elle tient.

Le goût pour la caricature

La satire s'applique également au portrait. Lorsqu'il brosse un croquis rapide, Guilloux excelle dans la caricature, et le trait peut être féroce. Pensons au portrait de Madame Poche dans *Le Sang noir* :

> « ...cette « puante à peau flasque ». Des cuisses tortes, sur quoi était posé comme un sac le buste en ruine sous la dentelle ; de petits yeux noirs aux cils mités, un nez à l'os éperonné comme un bréchet de poulet, des dents de cheval, jaunes en bas, vertes en haut. » (SN, p. 256)

La « leçon de tératologie[126] » est encore motivée par une ambition réaliste. Nous verrons qu'à d'autres moments les visions basculent dans le fantastique. Quant à Madame Point, la notairesse, elle est aussi ridicule que l'est son décor (SN, p. 183). Cette veine qui s'épanouit dans *Le Sang noir* est moins cultivée par la suite, comme si Guilloux se méfiait de cette facilité du coup de crayon acide. Mais, dans *Les Batailles perdues*, le portrait du camarade Hermann vu par Marco s'applique également à ridiculiser le militant autoritaire.

> « Sa petite moustache de chat, son œil noir, au regard intelligent mais glacé, ses joues pâles, soigneusement rasées, son air de propreté, d'élégance : lui aussi était bien sapé ! Il frétillait, piaffait d'impatience. Un véritable petit officier de cavalerie ! Amateur de femmes sûrement. » (BP, p. 607)

Néanmoins, il faut reconnaître que la description cruelle de « cette ménagerie humaine », selon l'expression d'Aragon, qui trouve son épanouissement dans *Le Sang noir* et lui donne toute sa violence critique, sera largement délaissée au profit d'une tonalité en sourdine, davantage soucieuse de secret et de pudeur, si caractéristique de la « poétique discrète[127] » de Louis Guilloux

---

[126] Claude AUDINET, « L'urine de Madame Poche. Lecture du chapitre 20 du *Sang noir* », Paul RENARD (dir.), *ROMAN 20/50*, n° 12, *op.cit.*, p. 75-81, p.78.
[127] Grégoire LEMÉNAGER, « Louis Guilloux, une écriture à hauteur d'homme », *L'Atelier de Louis Guilloux, op.cit.* p. 162.

4
Témoigner et rendre hommage

À chacun son portrait

De nombreux personnages, même quand ils ne sont pas de premier plan, bénéficient d'un portrait esquissé en quelques lignes. Quelques détails bien choisis doivent permettre de se souvenir de leur silhouette. Ainsi sont individualisés ceux dont le destin est de rester dans l'ombre. À l'arrivée du groupe des Espagnols chez Blaise, chacun fait l'objet d'un portrait, même rapide :

> « L'homme au visage d'Arabe entra le premier. Le suivant avait le cou entouré d'un gros cache-nez et portait, lui aussi, un béret basque - grand, mince, la figure longue, les yeux larges et noirs, le regard intelligent, cordial et rusé : une vraie bonne gueule de contrebandier se dit Blaise. » (JP1, p. 249)

Les militants du *Jeu de patience* sont tous « croqués », même si comme le remarque Jean-Charles Ambroise « ils se ressemblent souvent[128] », une place pleine et entière est donnée à chacun. Le narrateur décrit aussi les hommes qui portent sur eux les marques des métiers qui font leur fierté et qui souvent les ont fatigués avant l'âge, les ouvriers compagnons de *La Maison du peuple* et de *Compagnons* par exemple. « La porte s'ouvrait, et c'était Maulay qui entrait avec sa grande barbe, son sourire d'enfant et son odeur de peinture fraîche » (MP, p.139). Dans *Compagnons*, Kernevel, Dagorne et Le Brix sont chacun rapidement mais nettement décrits (C, p.167-168, 190). Dans ces derniers cas, l'air malade de l'un s'oppose à la pleine santé des deux autres : du « teint vif »

---

[128] Jean-Charles AMBROISE, « Un roman du désengagement. Les fins du militantisme dans *Le Jeu de patience* », in Jean-Baptiste LEGAVRE (dir.), *Louis Guilloux Politique,* Rennes, Presses universitaires de Rennes, coll. « Interférences », 2016, p. 83-107, p. 86.

(C168) de Le Brix au « teint plombé » (C, p. 167) de Kernevel, de « l'œil vif » de Dagorne (C, p. 190) aux « yeux jaunes » de Kernevel. La santé signifie pouvoir travailler sans économiser un corps qui est d'abord un outil- Fortuné Le Brix a « des mains profondes comme des pelles ». Et le corps porte sur lui l'inscription particulière de chaque métier. La force du paysan Kerdudo dans *Le Jeu de patience* est celle d'un homme apte aux travaux des champs :

> « Il était solide, carré des épaules, en pleine force, malgré ses cheveux blanchissants, ras et drus, sa figure pleine et hâlée, bien rasée, son regard tranquille et bleu de vieux Celte. Penché sur la table, ses deux grandes mains posées l'une sur l'autre, il donnait une impression de calme et de force […]. » (JP2, p. 212)

Certains métiers blessent le corps plus que d'autres : Pierre dans *La Maison du peuple* a les joues « grises comme le plomb qu'il maniait devant les casses de l'imprimerie Terrual. » (MP, p. 138).

Guilloux idéalise parfois le corps de l'homme du peuple et notamment les mains de l'artisan, ou du paysan, qui parlent pour lui, comme celles de Le Braz dans *La Maison du peuple*, qui expriment sa colère (MP, p. 27-29). Madeleine Frédéric analyse les portraits d'ouvriers au début du roman et montre que le « portrait physique […], solidement ancré dans le monde du travail, […], glisse au plan moral […][129] ». Pouvoir travailler de ses mains, en avoir la force et la compétence s'inscrit dans une description dynamisée et valorisante. Et quand dans *La Maison du Peuple*, le plâtrier Lautier, pour ne pas se faire acheter par la Mairie qui paie les fournitures des élèves boursiers de la ville, retire son fils du lycée en disant « qu'un bon élève peut faire aussi un bon plâtrier » et « que le gars est solide, qu'il fera un bon compagnon », « qu'il gâchera le plâtre comme son père » et « qu'il ira son chemin droit, la même chose » (MP, p. 127), on sent toute la considération de Guilloux pour ceux qui vivent de leurs mains, la tête haute, tout en pliant leur corps aux exigences de leur métier comme le père cordonnier de *La Maison du Peuple*, penché sur son veilloir, ou le grand-père du *Pain des rêves* :

> « Le grand-père cousait, coupait, taillait en silence. Tel je l'avais quitté, à midi, en repartant pour l'école, tel je le retrouvais le soir, à mon retour, assis sur sa table, les jambes repliées sous lui » (PDR, p. 30, PDR 52),

> « Il cousait, coupait, taillait, rapetassait, fumait et toussait, sans trêve, ni repos, mais aussi sans fièvre ».

---

[129] Madeleine FRÉDÉRIC, « La description dans *La Maison du peuple :* du thétique à l'éthique », *L'Atelier de Louis Guilloux*, op.cit., p. 117-133, p.124.

L'hommage rendu par Guilloux au corps du travailleur manuel passe par ces notations répétées.

Le peuple dans son décor

Le désir de Guilloux de donner une place aux ouvriers, aux artisans, aux paysans mais aussi aux plus pauvres encore l'entraîne non seulement à décrire les corps mais aussi les décors du peuple. Encore une fois, même si les descriptions ne sont pas toujours détaillées, des éléments récurrents montrent le souci de valoriser ceux que la société dévalorise, dans des espaces qui signalent le plus souvent une conquête, parfois impossible, de la dignité. La volonté de précision sociologique tient moins à une conception naturaliste qui considère l'homme dans son milieu qu'au respect profond que l'auteur éprouve pour ceux à qui la société n'accorde qu'une petite place. Si on parcourt l'ensemble des romans, on est même saisi de voir quelles précisions la description mobilise pour ne pas réduire le peuple à une entité, peut-être forte et puissante, mais finalement assez vague. La présentation des décors de ceux que le sociologue Sansot appelle les « gens de peu[130] » montre un véritable intérêt pour des réalités sociologiques diverses : les différences sont nettes entre les exclus de la société et ceux dont la situation permet d'éviter la pauvreté et même d'accéder parfois à une forme de confort.

Même ceux qui sont issus d'un milieu populaire peuvent avoir un peu d'argent et souvent cette amélioration de la condition sociale se traduit par le soin particulier qu'ils accordent à leur intérieur. C'est le cas de la cousine Zabelle et de Coco. Quand, dans *Le Pain des rêves*, Zabelle s'installe dans une « rue éloignée du centre, presque à la campagne, disait-elle » (PDR, p. 391), dans sa petite « villa », elle emploie le mot qui sera celui de Coco. Le narrateur qui se rend pour la première fois chez elle traduit son émerveillement par force adverbes, adjectifs, superlatifs et hyperboles :

> « Comme c'était beau chez elle ! Il y avait par terre un magnifique linoléum qui imitait à la perfection le plus beau marbre qu'on ait jamais vu dans un palais. Sur la table à rallonges, un vase dans un cache-pot en cuivre étincelant contenait des fleurs fraîchement cueillies. Le buffet était un buffet Henri II plein à crever d'une vaisselle à filets d'or. […] » (PDR, p. 392-393)

De nombreux souvenirs du séjour en Afrique de Michel, le mari de Zabelle, donnent un parfum de roman d'aventures à cet intérieur et augmentent la fascination que le narrateur enfant éprouve pour ce décor qui

---

[130] Pierre SANSOT, *Les Gens de peu*, Paris, Presses universitaires de France, coll. « Quadrige », 1991.

n'est pas celui de l'extrême pauvreté qu'il a connu jusqu'à présent. Pour Zabelle, s'occuper de sa maison, acquérir des objets qui fonctionnent comme des signes extérieurs de richesse, - les mêmes que chez le notaire Point, le buffet Henri II, par exemple- et affecter un certain « art de vivre » comme le montre la disposition de la table par exemple avec nappe, jolies carafes en cristal, beurrier, et porte-couteaux... (PDR, p. 419) indiquent son désir de promotion sociale et traduisent ses aspirations petites-bourgeoises.

Dans *Coco perdu*, quand Coco et sa femme se retirent dans la ville natale de Coco, l'aménagement de leur petite villa constitue un moment important de leur existence. Ils finissent même par lui donner un nom après s'être moqués des petits bourgeois qui baptisent leur maison (CP, p. 18). Elle s'appelle *La Coquette*, possède une entrée et un salon : « Dans le salon on a mis nos plus beaux meubles, nos plus belles choses, Fafa a toujours aimé les jolies choses. » (CP, p. 35). Quelques meubles signalent même une espèce de confort comme la « bergère » dans laquelle se repose Coco. « Le fauteuil, c'est pas un fauteuil, c'est une bergère. La bergère à Fafa en face de la télé » (CP, p. 35). Les chambres sont à l'étage. Coco a lui-même transformé une boîte d'horloge en bibliothèque (CP, p. 37). Ils l'ont choisi, ont pris le temps de s'en préoccuper comme deux retraités qui ne sont pas dans le besoin mais qui ne cherchent pas non plus à renier leurs origines :

> « On dit le salon, c'est pas un vrai salon, on n'est pas au chiqué, mais on dit comme ça. Comment voudrait-on qu'on dise ? Et qu'est-ce que ça peut foutre après tout ? » (CP, p. 35)

Le monde des artisans qui travaillent à l'extérieur de chez eux est représenté par les trois décors décrits dans *Compagnons*. A l'occasion de l'entrée de Le Brix dans une pièce, souvent unique de lieu de vie et de sommeil, la description, sommaire, mentionne les quelques objets qui composent le décor. Les conditions de vie sont rustiques et simples, les meubles sont réduits au nécessaire (C, p.175, p.192), les éléments de décoration « chromos » ou « photographies » sont rares. Le Brix garde chez lui le drapeau rouge « depuis que la Bourse du Travail avait été fermée par la municipalité » (C, p. 178). Dans ces trois cas, la volonté de rendre compte du décor de cette classe laborieuse correspond à une ambition presque documentaire. Aucune figure de style, pas d'image, pas de comparaison, pas d'implicite : les choses sont ce qu'elles ont l'air d'être. La simplicité du style est à l'image de la simplicité de la chose décrite. Les objets sont nommés et cela suffit à les décrire.

Le cas des artisans qui travaillent dans un atelier est un peu différent parce qu'alors la maison sert d'atelier ou bien l'atelier est un lieu de deuxième vie comme l'échoppe du père dans *La Maison du peuple*. Souvent la situation matérielle de ces artisans est plus difficile. Les meubles sont presque inexistants ou fabriqués par ceux qui les possèdent. Les objets sont toujours uniques (« ma carafe », « mon buffet ») et ce sont des intérieurs frappés d'une pauvreté bien plus grande que celle des précédents. Déjà dans *Angelina*, le père Esprit, travaille chez lui : « Le père Esprit fumait sa pipe et faisait bondir son rouet qui sonnait l'antiquaille : flip flop ronchonnait le pédale, flip flop. Et la roue : bron-bron. » (A, p. 9) « Anne-Marie alluma la chandelle de suif qui se mit à larmoyer, et posa tout près les mouchettes, avec au bout leur petit boitier pour le mouchon. Qu'elle eût été fière d'avoir une lampe ! Mais les lampes étaient point pour les gueux » (A, p. 10). La soupe bout dans « le coquemar de terre vernissée » (A, p. 11). À la fin du roman la petite fille qu'Anne-Marie attendait au début du roman est mariée à son tour et l'atelier de cordonnier de son mari est à la maison. Guilloux manifestement prend plaisir à nommer ces objets qui évoquent un monde en passe d'être révolu : « Il est là, son homme, assis à son veilloir de cordonnier. […]. Le creux de son tablier est plein de poussière et de retailles de cuir. Les outils luisent, sous l'éclat de la grosse lampe à abat-jour vert. » (A, p. 248) Angelina possède une lampe qu'Anne-Marie n'avait pas, mais comme elle, elle « met l'eau à bouillir dans le coquemar, sur le trépied au fond de l'âtre. Et la voilà qui souffle sur le feu. Lui, il a repris son ouvrage. Elle l'entend qui tire sur le ligneul. Et la poix craque » (A, p. 249). Au début de *La Maison du Peuple*, l'atelier n'est plus dans la maison. Mais les deux lieux sont décrits dès l'incipit (MP, p. 23).

Il semble que par ces descriptions Guilloux ait eu conscience de témoigner pour un monde amené à disparaître : le monde de ceux qui savent manier l'outil :

> « Le veilloir de mon père était bas et carré, encombré d'outils et de petites boîtes rondes en fer, remplies de chevilles et de semences. Sous le veilloir, parmi les retailles que nous appelions du « bourrier » et que nous gardions pour faire du feu l'hiver, il y avait un baquet de bois plein d'eau où il mettait son cuir à tremper. Le fond de l'échoppe était couvert de chaussures à raccommoder. » (MP, p. 24)

Quand il écrit *Les Batailles perdues* trente ans plus tard, Guilloux accorde encore une fois une place assez longue à la description de l'atelier où vivent ceux qu'Eugène appelle ses vieux « bouifs » et qui l'ont logé lors de son arrivée à Paris. Comme l'indique le surnom[131] qu'Eugène leur donne, Stanis est cordonnier. Félicie, quant à elle, coud. On retrouve les mêmes mots que

---

[131] « Bouif » signifie cordonnier en argot.

dans *La Maison du Peuple*, mais la description est encore plus précise, plus technique :

> « Ils allèrent s'asseoir dans l'atelier où sous l'une des fenêtres Stanis avait son veilloir, petite table basse et carrée, couverte de boites rondes- pour les semences, les chevilles, les pointes-, d'outils : les tranchets luisants avec leurs petits morceaux de papier collé au bout, portant son nom, pour quand il les envoyait chez le repasseur, les pinces, les tenailles, les alènes ; sous le veilloir le baquet, pour y faire tremper le cuir, et la poix ; à côté du tabouret, le tire-pied, le pied-de-biche et la pierre à battre, une planche pour retailler le cuir. […]. Près de l'autre grande fenêtre, la machine à coudre de Félicie, et autour de la machine, comme dans le coin près du veilloir, des souliers en tas. À part, le veilloir et la machine, cette pièce était à peu près vide. Au milieu une table, contre le mur au fond, une grande armoire […]. » (BP, p. 289)

Ces descriptions si informées de l'intérieur de l'ouvrier donnent aux romans leur couleur naturaliste mais leur fonction est avant tout de rendre hommage à un monde qui appartient à l'enfance de l'auteur- le mot « veilloir » est plein de nostalgie- et d'en laisser une trace d'une précision tout ethnographique.

Dans *Le Pain des rêves*, l'écurie sert également d'atelier au grand-père couturier, avec sa fameuse table à laquelle il accorde « un soin jaloux » (PDR, p. 31). Mais la description de l'écurie où la famille du narrateur a trouvé refuge pour un temps est cette fois marquée par une extrême pauvreté. Ce n'est plus le décor des ouvriers qui réussissent par leur travail à repousser la misère, c'est le décor de ceux qui peuvent à peine continuer à travailler. Ils ont encore un toit sur la tête, mais quel toit :

> « …depuis le temps que cette écurie était devenue un lieu d'habitation pour les humains de notre sorte, tant d'eau avait coulé sous les ponts, sur le toit de la maison, et, du toit, dans la maison même, que peu à peu, le plâtre s'était taché, pourri, moulu en poussière, crevé, abîmé de bien des façons. Il n'en restait plus guère que les traces, ici et là, quelques grumeaux jaunes ou verdâtres suspendus et comme prêts à s'abîmer dans notre soupe. » (PDR, p. 24)

Pourtant le narrateur distingue cette pauvreté-là de la misère absolue : « […] notre pauvreté n'était pas encore le dénuement. […] Quelle chance nous avions ! Et d'abord celle de posséder des lits. » (PDR, p. 27). En effet, chez les plus pauvres, il n'y a même plus de lit.

La soupente où la grand-mère de la *Maison du Peuple* termine ses jours, la baraque où vit Carsin, l'un des personnages du *Jeu de patience* et enfin, la cabane souterraine de Grégoire Cantin dans *Labyrinthe*, voilà où logent ceux qui vivent définitivement à l'écart d'une société qui ne leur réserve aucune place. Le cas de Grégoire Cantin est un peu différent parce que son choix semble délibéré, quoiqu'on ne sache pas bien ce que la société aurait pu proposer comme place à cet ancien égoutier. Son « beau gourbi » est parfaitement indescriptible et composé de matériaux hétéroclites (L, p. 106). Tout est rudimentaire, mais son intérieur est composé d'un fourneau qui chauffe, d'une horloge, d'un petit bahut et de planches qui forment une couchette confortable (L, p. 107-108), bref de tout ce qui compose l'intérieur minimum du pauvre. Même si l'aménagement du gourbi paraît bien fragile, il ne manque finalement rien du nécessaire. Les autres situations sont différentes. Les descriptions sont souvent poignantes. Ce sont des lieux tristes et dénudés où le minimum manque (comme déjà dans l'écurie du *Pain des rêves*, un carreau à une fenêtre remplacé d'abord par une feuille de papier transparent, puis, par une feuille de papier goudron (PDR, p. 25-26)). Ils ne sont pas décrits pour « donner envie d'être pauvre », comme cela avait été malheureusement dit à Guilloux[132], ou par misérabilisme, mais pour simplement attester de la situation indigne qu'une société est capable de réserver à une partie de ceux qui la composent. La peinture du décor suffit à dire une vie de privations et de manque. Derrière ces descriptions où le pathétique affleure, la révolte de Guilloux en faveur des exclus gronde autant que son admiration pour leur endurance. Quand, dans *La Maison du Peuple*, la grand-mère meurt, il faut aller chercher ses affaires chez elle. Pour alimenter son feu, elle a tiré la paille de sa paillasse crevée. Chez Carsin dans *Le Jeu de patience*, c'est pire encore. Blaise raconte ce qu'il a vu à l'intérieur de la baraque du chômeur :

> « Carsin habitait hors de la ville, dans une baraque en planches qu'il s'était fabriquée lui-même. [...] des planches disjointes, un toit fait avec des fonds de tonneau en fer maintenus par de gros cailloux. [...] Un trou d'ombre et de fumée [...]. À même le sol était jeté un amas de chiffons qui devait servir de couche à toute la famille et c'était de là que venaient les cris. Sous la fenêtre, une petite table, et sur la table un bol et un morceau de pain. Dans un coin, un petit fourneau bas sur pattes d'où venait la fumée. Elle posa son pot sur la table, se pencha sur le grabat et en retira une petite fille de quelques mois, un petit être rouge et recroquevillé, sale, au ventre énorme. » (JP1, p. 231)

---

[132] « Groethuysen me dit un jour, après avoir lu ma *Maison du Peuple* : « C'est très bien, n'est-ce pas, quand on a lu ça, on a envie d'être pauvre. » C'était le contraire que j'avais recherché. » *Absent de Paris* p.141.

La description est sèche, objective. Pour Blaise qui raconte, comme c'est certainement le cas pour le narrateur qui délègue son regard à son personnage[133], et derrière eux, pour Guilloux, il ne s'agit pas tant d'émouvoir que d'encourager une action qui permette de soulager, sinon de supprimer, cette misère. Blaise décide dès qu'il est sorti de chez Carsin, de mettre en place des comités de chômeurs et d'organiser la lutte. Guilloux a été un militant et la description réaliste de la misère est aussi une forme de militantisme.

Pour les paysans, la distinction est la même que chez les ouvriers et la réalité paysanne peut être diverse, de la ferme cossue et confortable de Kerdudo, « la demeure d'un homme riche et sérieux » (JP2, p. 111-112), à la pauvre maison d'Auguste dans *Les Batailles perdues*. Chez ce journalier, qui a refusé de toucher une pension de guerre à laquelle son statut d'ancien combattant lui donnait droit, le tableau de la misère est accablant :

> « Assis devant le feu de chenevottes dont les lueurs roses éclairaient la chaux écaillée des murs, les petits attendaient leur pitance. » (BP, p. 229)

> « Écartant les petits, Maria retira du foyer le chaudron qu'elle posa par terre. Ils s'accroupirent tous autour et le repas commença. » (BP, p. 230)

Il n'y a pas plus de lit qu'il n'y a de table, ni de vaisselle, ni d'armoire. Avec la baraque de Carsin dans *Le Jeu de patience*, la masure d'Auguste est l'un des lieux les plus abandonnés décrits dans toute l'œuvre de Guilloux. Pour ce dernier cas, il n'y a même plus de description en tant que telle. La misère bascule dans le silence et la violence. La mort qu'elle peut entraîner n'est pas loin.

Camus est particulièrement sensible à ce monde des pauvres tel qu'il naît sous la plume de Guilloux : « Et Guilloux qui n'idéalise rien, qui peint toujours avec les couleurs les plus justes et les moins crues, sans jamais rechercher l'amertume pour elle-même, a su donner au style les pudeurs de son sujet[134]. » L'ambition réaliste de Guilloux est incontestable tant le souci du détail est grand, tant aussi le regard posé sur les choses ne recherche aucun effet. La justesse du ton est une façon de rendre justice à ce milieu qui est le sien. Camus comprend que la misère n'était pas pour Guilloux un sujet

---

[133] La superposition des regards est nette. Le narrateur prend en charge le récit de Blaise, ce n'est qu'à la fin de ce passage, quand le dialogue reprend, que nous comprenons que c'est Blaise qui vient de raconter ce qu'il a vu.

[134] Albert CAMUS, Avant-propos à *La Maison du peuple*, Caliban, janvier 1948, préface à *La Maison du Peuple* et *Compagnons*, Grasset, 1953, p.15. Ce texte figure également dans le volume Albert CAMUS Louis GUILLOUX *Correspondance 1945-1959*, édition présentée et annotée par Agnès SPICQUEL-COURDILLE, Paris, Gallimard, coll. « Blanche », 2013.

pittoresque, et reconnaît la portée combative[135] de cet hommage rendu aux siens.

De lieu en lieu, de décor en décor chez les gens simples, et parfois très pauvres, des éléments récurrents comme l'ordre, les feux, et ce qui s'en rapproche, c'est-à-dire les cheminées, les fourneaux, et enfin les mansardes finissent par composer une poétique des décors du peuple au sens où Bachelard parle d'une « poétique de l'espace ».

Très souvent ces décors de pauvres sont dominés par un ordre domestique presque parfait ; c'est le cas chez les Quéré dans *La Maison du peuple*, dans la cuisine de Maïa, chez les Nedelec, chez les ouvriers de *Compagnons*, chez Coco aussi. Par le rangement et la propreté, la dignité mise à mal par la situation sociale, le malheur ou la maladie, est sauvegardée. Dans *La Maison du peuple*, quand la mère doit être emmenée d'urgence à l'hôpital, le désordre de la pièce est le signe de la gravité de la situation (MP, p. 98). Et la première réaction de la grand-mère qui arrive dans cette maison est de la remettre en ordre (MP, p. 100). Quand le Brix rentre dans la chambre de Kernevel, il est frappé par l'ordre qui y règne : « C'était Kernevel lui-même qui faisait son ménage tous les matins […]. » (C, p.176) Introduisant Le Brix chez eux, la femme de Dagorne « …entra d'abord et jeta un coup d'œil autour d'elle pour s'assurer que tout était en ordre » (C, p.191). Le narrateur de *Labyrinthe* est aussi saisi par l'ordre chez son hôte, le vieil anarchiste : « Au premier coup d'œil, je me rendis compte que je venais de pénétrer dans la demeure la mieux tenue du monde, la plus propre, la plus confortable » (L, p. 107). Dans l'armoire où sont les affaires de Cripure, « ses belles nippes », tout est « soigneusement rangé, réservé dans la naphtaline » (SN, p. 20), signe de l'organisation domestique de Maïa. Comme le rappelle Bachelard : « Dans l'armoire vit un centre d'ordre qui protège toute la maison contre un désordre sans borne. Là règne l'ordre ou plutôt l'ordre est un règne[136]. » Après la scène où Cripure s'est violemment disputé avec Maïa, celle-ci lui demande de passer à table. « (Il) pénétra dans la cuisine où tout lui parut si calme et en ordre, tellement comme les autres jours, qu'il douta s'il était vrai qu'il allait se battre en duel, si tout ce roman, y compris la scène ménagère […] n'était pas une pure invention de son esprit, un rêve… […] » (SN, p. 388). Ainsi, il y aurait d'un côté le romanesque, l'invention, le rêve, voire la folie et de l'autre, le réel ; et le réel, c'est-à-dire ce qui donne quelques certitudes, c'est l'ordre

---

[135] Albert CAMUS, *Ibid* : « …Lawrence et ceux qui lui ressemblent savent que si l'on peut prêter une grandeur à la pauvreté, l'asservissement qui l'accompagne presque toujours ne se justifiera jamais. Par-dessus eux-mêmes, leurs œuvres portent condamnation, et les livres de Guilloux ne se soustraient pas à ce grand devoir » (p 14-15).
[136] Gaston BACHELARD, *Poétique de l'espace*, Paris, Presses universitaires de France, (1957), coll. « Quadrige », 2012, p. 83.

domestique des gens simples. Quand Eve abandonne Eugène dans *Les Batailles perdues*, celui-ci attend son retour dans une mansarde dont « l'ordre parfait » est noté par le recteur (BP, p. 575). Dans *Coco perdu* aussi, la propreté est une qualité domestique que Coco vante chez Fafa : « Et puis c'est propre, hein ! C'est bien entretenu. Là-dessus elle rigole pas ! » (CP, p. 35). L'ordre apparaît comme un élément de prise en main de son destin. Celui qui est capable de défendre cet ordre domestique évite l'aliénation totale et l'anéantissement de soi qui est souvent le résultat de l'injustice sociale et du malheur. Dans ce cas, et dans ce cas seulement, chez Guilloux, qui par ailleurs aime un certain désordre et s'affirme plutôt comme le pourfendeur de tout ordre quel qu'il soit, l'ordre est un moyen d'expression de la liberté et de la dignité qu'elle donne.

Les mansardes, deuxième élément de cette poétique des décors populaires, sont si nombreuses qu'il est difficile de ne pas les repérer, depuis *La Maison du Peuple* jusqu'à *La Confrontation*. Elles ne sont pas faciles d'accès. On ne peut se rendre que par une échelle à la mansarde de Pelo (JP1, p. 395). Rue Visconti, pour aller chez Eugène, dans les *Batailles perdues* il faut parcourir « un couloir obscur d'où partait un escalier qui s'achevait en échelle de meunier menant jusque sous les combles » et qui débouche sur « un palier minuscule » (BP, p. 163). Enfin dans *La Confrontation*, il faut monter « cent vingt-quatre marches » (LC, p. 41) pour accéder aux mansardes où le narrateur loge à côté des petites vieilles et d'un étudiant. Elles correspondent à l'image d'un certain bonheur en dépit de la pauvreté, parce que le pauvre qui n'a rien, s'il habite une mansarde a au moins le ciel et le soleil. Au début de *La Maison du peuple,* les trois petites mansardes des Quéré sont loin du centre, mais « par bonheur, ces mansardes étaient pleines de lumière » (MP, p. 23). Dans le *Pain des rêves*, après la mort du grand-père, la mère trouve un logement sur la place aux Ours, des « mansardes en plein ciel » (PDR, p. 288), avec de hautes « fenêtres à tout petits carreaux verdâtres » (PDR, p. 296). La mansarde de Pelo dans *Le Jeu de patience* possède « une grande fenêtre d'où on voyait la ville tout entière comme d'un belvédère » (JP1, p. 395). La grande mansarde d'Eugène dans *Les Batailles perdues* est éclairée par une seule fenêtre (BP, p. 123), qui fait entrer le soleil (BP, p. 575). Enfin, dans *La Confrontation*, le narrateur, à cause de difficultés financières, vit dans une chambre de service après avoir habité un bel appartement (LC, p. 43-44). Mais «la fenêtre, en plein soleil levant, et ce petit balcon » (LC, p. 44) est une consolation. « Il m'arrive d'y rester la nuit. Vers trois heures du matin tout devient pur et limpide comme un ciel de campagne » (LC, p. 44). Les lieux sont stendhaliens ; les fenêtres en hauteur et la lumière, expriment l'idée d'un bonheur d'espace qui rend la vie possible en dépit de tout.

Les feux, les cheminées, les fourneaux, les réchauds sont aussi extrêmement nombreux dans l'univers des pauvres ou chez ceux que le narrateur de *La Confrontation* appelle les petites gens, « cette classe un peu grouillante qu'on appelle la classe des petites gens sous prétexte qu'ils font les gros ouvrages » (LC, p. 33). Dans les lieux privés où les feux sont mentionnés, ils expriment symboliquement la chaleur humaine du maître ou de la maîtresse des lieux comme le feu soigneusement entretenu de la boutique de Blaise, le fourneau des Le Brix, ou le poêle de Grégoire Cantin longuement décrit dans *Labyrinthe* ; « Un des premiers objets dont la vue me frappa, en entrant dans ce lieu, fut le poêle et son tuyau : un petit poêle en fonte, cylindrique, noir et luisant, tant il était bien fourbi. » (L, p. 108) Dans l'écurie du *Pain des rêves*, un seul feu, « ce petit feu de charbon, sur lequel, ma mère préparait nos repas, autour duquel nous étions tous rassemblés, l'hiver, dans ces longues soirées après l'école. » (PDR, p. 30) Chez Zabelle où le décor est un plus sophistiqué, ce sont des salamandres qui chauffent la pièce (PDR, p. 392). Ce peut être aussi une lampe qui « répande la chaleur »[137] et qui rassure comme la lampe de l'échoppe dans *La Maison du peuple* (MP, p.33), ou la lampe du grand-père dans *Le Pain des rêves*. Les fourneaux, les lampes sont toujours le signe d'une activité domestique rassurante : dans *La Maison du peuple* quand la mère est à l'hôpital, l'enfant redoute d'entrer dans une « maison vide et obscure » : « à cette heure-là d'habitude, ma mère était toujours à la cuisine. Le feu flambait et la lampe brillait sur la table, ou sur le coin de la cheminée » (MP, p. 98). Dans la cuisine de Maïa, métonymique du personnage, le fourneau est central. Comme toujours chez ceux qui n'ont pas d'argent, le lieu a plusieurs fonctions : il est à la fois cuisine et chambre à coucher, avec un « évier devant lequel elle piétine » (SN, p. 11), un lit qu'elle refait après le déjeuner (SN, p. 227), une cuisinière où elle laisse le café au chaud (SN, p. 227). C'est le lieu de la maison où elle s'affaire avec efficacité : le quatre-quarts est « doré à point », les lentilles brûlées de la crise disparaissent en un rien de temps, le cassoulet, « un de ces cassoulets en boîte dont elle avait toujours une réserve « en cas de malheur » (SN, p. 393) » est rapidement réchauffé. Il n'y a pas de description du fourneau : dans l'univers simple de Maïa, les choses n'ont d'intérêt que pour ce que la bonne ménagère qu'elle est peut en faire. Bien éloigné des feux artificiels des réceptions mondaines, le fourneau délivre la seule chaleur de la petite maison de Cripure et permet à Maïa de confectionner une nourriture substantielle et attentionnée.

---

[137] Sur les lampes et la dimension symbolique de la lumière dans l'œuvre, voir Yannick, PELLETIER, *Des Ténèbres à l'Espoir. Essai sur l'œuvre littéraire de Louis Guilloux,* Troisième partie, chapitre II, Kergleuz, Editions AN HERE, 1999, p. 210-221.

Cette chaleur, dont Maïa est responsable, est à l'image de cette chaleur humaine qu'elle est le seul personnage du roman à dispenser sans compter.

5
Illusion et perception

Perception et restitution du réel

Restituer le monde par la description signifie surtout pour Guilloux en restituer la perception, la façon dont les éléments de la réalité surviennent au regard de celui dont la narration adopte le point de vue. Ainsi, quel que soit le type de narration choisie, ou le type de focalisation, une partie du lieu échappe toujours au moment même où il est décrit et saisir le réel dans sa totalité apparaît définitivement comme un leurre. L'ambition du romancier n'est pas d'organiser le réel, pas plus que de donner l'impression de sa totalité ou de son épuisement. Les descriptions rendent compte du désordre comme du caractère lacunaire de la perception. C'est la raison pour laquelle le désordre est à la fois un thème et un principe dans les descriptions de Guilloux. En témoignent le refus presque systématique de proposer une vision centralisée, organisée et exhaustive de l'objet décrit (ville, quartier, ou même lycée ou bureau par exemple), et le choix récurrent de l'énumération pour décrire.

Les romans de Guilloux sont dominés par le point de vue interne. Dans *Le Pain des rêves*, *Le Jeu de patience*, *Parpagnacco*, *Labyrinthe*, *La Confrontation*, et *Coco perdu*, les lieux sont vus par le narrateur-personnage et cela n'est facteur ni d'unité ni de rassemblement. Dans le *Pain des rêves*, après la présentation inaugurale du quartier de la rue du Tonneau et de la place aux Ours, aucune vision synthétique de la ville n'est proposée, ce que pourtant le principe de la narration rétrospective n'exclut pas. La ville, appréhendée au gré des promenades effectuées par le narrateur, seul ou en compagnie de son grand-père, semble composée de quartiers hétérogènes. Le grand-père accompagné de ses petits-enfants fait son « grand tour du soir » (PDR, p. 251). Ce motif récurrent donne ainsi l'occasion d'approcher la ville dans son ensemble. La rue Saint-Yves au centre est assez facilement repérable. Comme il y a les bas quartiers, il y a des hauts quartiers où les promeneurs se rendent, à la recherche de quelque maison bourgeoise susceptible de réserver un accueil bienveillant aux chatons que les promeneurs abandonnent (PDR, p. 137). Cette opposition entre quartiers riches et quartiers pauvres apparaît comme le seul principe organisateur d'une ville dont la vision globale est finalement esquivée. L'espace s'organise plutôt en zones d'ombre et de lumière, les marcheurs étant à la recherche d'une obscurité qui ne permet plus de distinguer les éléments du décor. « Toujours c'était la même tournée, le même parcours que nous reprenions autour de la ville. Nous ne pénétrions jamais au cœur de la grand' rue saint-Yves, un peu plus lumineuse ou moins obscure […] » (PDR, p. 133). « Tout ce qui n'était pas cette rue Saint-Yves restait livré à la nuit même, la vraie nuit semblable à celle qui recouvrait les champs » (PDR, p. 138). « Plus il était tard, plus la nuit était profonde, et les quartiers déserts, et plus, semblait-il, le grand-père se trouvait à son aise » (PDR, p. 138). On comprend bien la portée symbolique de cet élément. L'harmonie entre l'homme pauvre et le monde n'est possible que dans la nuit qui recouvre les silhouettes et les lieux. À la présentation d'un espace organisé se substitue alors un décor d'ombre et de lumière qui dit la difficulté et la honte du personnage et de sa condition.

On pourrait penser que le choix du point de vue surplombant, ou du regard d'en haut, à la fenêtre[138] par exemple, est un moyen que se donne la narration pour présenter l'espace de manière organisée. Or, là encore, quand ce point de vue est retenu, aucune cohérence de l'espace ne s'impose. L'accent est davantage mis sur le désordre et l'impossibilité d'une vision globale. Dans *Le Pain de rêves*, l'enfant se réjouit d'aller habiter place aux Ours un appartement en hauteur qui a une vue sur la place : « Là-haut... dans les mansardes... En plein ciel ! Ce serait là chez nous. Cela allait devenir notre demeure. L'idée en était étrange. Et que voyait-on, de ces hautes fenêtres ? Toute la ville. On devait voir toute la ville et plus encore, des champs, des routes […]. Peut-être même apercevait-on la mer ? » (PDR, p. 289) Mais une fois à la fenêtre, le personnage-narrateur voit autre chose : un monde qui a l'air irréel, un monde qu'on ne peut pas saisir. D'un côté, aux fenêtres, on voit « l'espace et la dispersion par-delà les géométries de la place aux Ours », de l'autre « c'était le rassemblement dans une incohérence figée de panique autour du séculaire et paisible clocher de notre cathédrale » (PDR, p. 302). « Dispersion », « incohérence », « panique » autant de termes qui disent l'éclatement du décor. La position en hauteur modifie le rapport à la réalité. Le regard en surplomb, loin de permettre une vision plus composée du réel, reconstruite, en propose une vision déformée. Et comme la perception du monde est changée, le monde a, en définitive, l'air moins vrai : « C'était un dépaysement complet.

---

[138] Sur la récurrence du motif de la fenêtre dans les dispositifs descriptifs, voir Philippe HAMON, *Du descriptif, op. cit.*, p.174.

À cause des encorbellements, les boutiques, en bas, ne se voyaient presque plus du tout. On les aurait dites écrasées, aplaties sous des masses surplombantes, comme sous une charge soudain affaissées. » (PDR, p. 298-299) Un peu plus loin, le narrateur emploie le terme de « lanterne magique » pour dire à quel point le paysage qu'il découvre est nouveau et sollicite son imagination. La description des toits insiste sur le caractère insaisissable de la réalité perçue : la linéarité du langage, son déroulement dans le temps, ne peut rendre compte de tout ce que l'œil saisit dans l'instant :

> « Quand il faut tant de mots pour le dire, tout cela s'embrasait d'un seul regard, ou plutôt, de mille regards à la fois dans le même instant. Où s'arrêter ? Où revenir ? Comment s'emparer de tout d'un même coup ? Il n'y avait pas moyen. C'était infini. » (PDR, p. 301)

La description échoue, le décor s'échappe définitivement vers des horizons qui expriment la difficulté, voire l'impossibilité, d'appréhender et de maîtriser le monde.

Phrases nominales et énumérations

Finalement, le narrateur n'organise pas, il accumule dans une tentative d'inventaire impossible, soit par une simple juxtaposition de noms, soit par une succession de phrases nominales. Noms ou propositions ainsi disposés sont les signes d'une écriture qui se refuse à expliquer le réel ou à le justifier. Dans ce désordre sans raison, c'est une réalité sans causalité qui s'impose : le monde est donné dans son évidence, sa simplicité, et sa brutalité parfois.

Les exemples sont nombreux. Prenons l'évocation de la procession des Pestiférés dans *Le Jeu de patience*,

> « Le grand reposoir, sur la place de l'Évêché, les marchands de cierges, de médailles, de pains d'épice sur la petite place Saint-Paul devant la basilique[139]. Les gens au balcon, ou sur le bord des trottoirs, les vieux assis sur des pliants. » (JP1, p. 496),

ou de la messe célébrée après le défilé de la troisième batterie dans la rue Saint-Yves, Pierre Chesnet est ébloui de tout ce qu'il voit :

> « Tout était beau, exaltant : la foule prosternée dans un acte de fidélité aux morts, les orgues, les cierges autour du catafalque et les dorures des

---

[139] Dans la deuxième partie du *Jeu de patience,* on retrouve la même énumération : « …et sur la petite place Saint-Paul, autour du marronnier, les mêmes marchands de cierges, de médailles, de pain d'épices, avaient dressé leurs petits étals » (JP2, p. 301).

ornements sacerdotaux- l'odeur de l'encens- les cloches. Les grandes cloches qui battaient en haut des tours puis dans un silence absolu, un violon. C'était le père Thys, qui jouait le Larghetto de Haendel » (JP1, p. 517).

Les choses semblent exister d'elles–mêmes, dans la sensation pure, sans être le résultat d'une volonté. Dans *Le Jeu de patience*, quand le narrateur entre dans la chambre de sa nièce Jeanine : une phrase rapide est lancée pour décrire l'atmosphère : « Volets clos. Petite lampe de chevet bleutée » (JP1, p. 47), et plus loin « Un cendrier bourré de mégots portant les traces de son rouge à lèvre, sur une petite table à côté d'elle ». Pour ce qui est perçu du monde extérieur, c'est souvent une phrase ou une proposition nominale qui amorce la description comme par exemple : « un sabotement de chevaux : un enterrement entrait au cimetière. » (JP1, p. 16) La description de la « funèbre scène » (JP1, p. 17) se poursuit avec une énumération et une phrase nominale :

> « Des pompons funèbres, aigrettes au chapeau, dodelinaient aux quatre coins du corbillard, plumets calcinés dans la blancheur crayeuse des croix, le vert rutilant des pins, l'or fin de la lumière. Petites taches rouges : les enfants de chœur, blanches : les surplis des prêtres. [...]. Puis rien – sauf l'écrasement méchant du sable sous les roues, le sabotement des chevaux, les dernières litanies. » (JP1, p. 16)

L'accent est mis sur la perception par l'ouïe et la vue, et grâce au choix stylistique, les sensations sont livrées comme dans leur surgissement. La même remarque pourrait s'appliquer à la description d'un exercice de nuit par les Allemands : « Vacarme énorme. Ébranlement de voûtes célestes, dans la féerie des fusées lumineuses. Spectacle barbare. » (JP1, p. 261) Synthétique, la phrase nominale expose la sensation brute. Dans *Les Batailles perdues*, roman où les passages descriptifs sont encore plus réduits, quand Pépito s'éloigne, après que ses amis militants lui ont offert une guitare pour fêter son retour en Espagne, c'est encore une phrase nominale qui présente ce que l'on peut percevoir de ce départ : « Au loin, les derniers grincements de roue et ce petit grelot de guitare si grêle. » (BP, p. 403) La description est minimaliste et pourtant les allitérations qui unissent ces deux groupes nominaux suffisent à faire entendre un départ, dont nous savons qu'il sera lourd de déception[140]. Le style, dont nous voyons à quel point il est travaillé, est un style qui refuse la lourdeur du commentaire. La sensation, que le travail poétique sur la langue traduit, est là et dit beaucoup.

---

[140] Christian CAVALLI, a étudié les tensions entre bruit et silence d'une part, silence et parole, d'autre part dans sa thèse *Silence, Parole, Écriture, poétique de l'imaginaire dans l'œuvre romanesque de Louis Guilloux »*, 2010, Université de Savoie, (dir. Claude CAVALLERO). À Cerisy, il a montré comment Guilloux savait faire « bruire le silence », in *L'Atelier de Louis Guilloux, op. cit.*, p. 271-285.

L'énumération est aussi la figure qui correspond à un certain désordre. Celui-ci a les faveurs de Guilloux. La description qu'il en propose refuse d'y mettre un ordre qui serait un ordre factice. De sa fenêtre, le narrateur du *Jeu de patience* voit le « bric-à-brac » du chantier municipal (JP1, p. 11). Désordre et abandon règnent également à Odessa, ville livrée à la mort en 1919 : « Partout se rencontraient des détritus, des tas d'immondices, des chiens, des chats crevés, qui pourrissaient en montrant les dents. » (JP1, p. 218), et dans la gare : « Ciel gris, vent glacé, rails mangés de rouille, wagons abandonnés qui la nuit servaient de refuge à des vagabonds [...] » (JP1, p. 219). Dans *Les Batailles perdues*, la même énumération est utilisée pour dire la désolation du décor que Nicolas voit de sa fenêtre : « ... ne pas rester là, planté à la fenêtre à regarder le ciel gris sur la courette sale, pleine de poubelles, et ce balai près de la pompe, au bord d'une flaque » (BP, p. 99) et « Nicolas alla se poster devant la fenêtre : toujours la même courette, les mêmes poubelles, le même balai près de la même pompe, la même flaque ».

Le désordre des objets est parfois métaphorique des bribes du passé qui ressurgissent. C'est le cas les jours de grands rangements à la pension Furet dans *Les Batailles perdues* :

> « Tous ces placards à ranger, ces tiroirs à vider, et regardez-moi ça ! De tout, plein le vestibule déjà : vieilles lampes ébréchées, cadres vides, chromos, un pupitre à musique, de vieux bouquins, de vieux souliers, des fleurets qui avaient appartenu à M. Furet, des ballots de nippes. Au travers de ce fatras, une échelle et les débris d'un vase que l'échelle avait brisé en tombant. » (BP, p. 104)

Le désordre est bien celui du passé livré en morceaux, fragmentaire comme le souvenir.

Il peut aussi être heureux. Dans *Le Jeu de patience*, c'est dans la boutique de Blaise, l'antiquaire, que règne un joyeux bric-à-brac :

> « On y trouve des objets d'art, des colifichets, des dentelles, des monnaies, du petit mobilier, des montres, des tableaux, de vieilles armes et surtout des livres. Les murs sont garnis de rayonnages et, d'un côté, se trouvent les belles reliures et de l'autre les livres brochés. Il y en a encore sur les tables parmi tout un bric-à-brac de figurines, de pendules, de vieux uniformes, de coffrets, d'objets de bois sculpté, d'éventails, d'ivoires, le tout dans un désordre étudié et chatoyant. » (JP1, p. 123)

L'oxymore « désordre étudié » est une mise en abyme de la façon de décrire de Guilloux. En effet, si les objets perçus sont livrés dans un désordre souligné par l'énumération des noms qui les désignent, tout laisse croire que, comme chez Blaise, le désordre est « étudié ». Il garde le caractère premier de la sensation et évite une reconstitution faussement rationnelle de l'appréhension du monde.

Ainsi, le narrateur, le plus souvent, se livre simplement à un recensement : la description devient liste qui nomme sans vraiment caractériser puisque les adjectifs ou les éléments grammaticaux qui viennent apporter des précisions sont rares. Le nom se suffit à lui-même pour dire l'objet qui reste alors ouvert à de nombreuses rêveries. Le narrateur procède finalement comme Yves de Lancieux qui, lors d'une sortie en vélo pendant la guerre, s'arrête pour contempler la ville :

> « Nous descendîmes de machine, nous retournant vers le grand panorama, derrière nous, et Yves de Lancieux me dit qu'à chaque fois qu'il quittait la ville par cette route-là, il s'arrêtait toujours à cet endroit même pour se retourner et regarder, comme s'il eût dû quitter la ville pour toujours. C'était tout de même - dit-il - le lieu du monde où il avait passé presque toute sa vie, et il le regardait comme s'il y eût cherché encore quelque chose. Il nommait les choses qu'il voyait : voilà les clochers des couvents, celui de l'hôpital, le clocher de la cathédrale… » (JP2, p. 98)

Comme souvent, la description est esquivée et la chose vue est simplement désignée. Ainsi la rue Saint-Yves, où tous les événements importants de la petite ville se déroulent dans le *Jeu de patience*, n'est-elle jamais décrite. La rue conquiert son existence romanesque par la répétition inlassable de son nom.

> « Est-il besoin de documents pour commencer par dire que tout se passait dans la rue Saint-Yves, que tout partait autrefois de la rue Saint-Yves pour y aboutir, que c'était et que c'est encore dans la rue Saint-Yves que les jeunes gens et les jeunes filles se rencontraient et se rencontrent entre six et sept, le soir, après le travail […] ? Le soir de la fête des Courses, après le bal, la retraite aux flambeaux remontait la rue Saint-Yves après la revue, sur la place d'Armes. Et cela peut être, changé car nous n'avons plus de régiment. Hélas ! C'est dans la rue Saint-Yves qu'un jour nous avons vu défiler en grande parade un régiment allemand, au son des fifres […] La procession des pestiférés, elle aussi remontait une partie de la rue Saint-Yves et la remontera encore cette année. Et c'était dans la rue Saint-Yves qu'il avait fallu voir le défilé des chars le jour de la Fête des Fleurs. » (JP1, p. 355-356)

La répétition n'épuise pas plus le lieu que l'énumération des manifestations qui s'y déroulent ; on peut toujours le regarder comme s'il lui restait un secret à livrer. Le monde, en effet, ne se laisse pas circonscrire facilement : on peut sans cesse revenir sur les mêmes choses, aux mêmes endroits, comme Yves de Lancieux et « chercher encore quelque chose » que les ressources du langage ne livrent pas. D'où cette prédilection de Guilloux pour l'énumération et l'accumulation dans le traitement des descriptions : tout en ne visant pas l'exhaustivité par la caractérisation, la précision, la recherche d'explications, celles-ci donnent cependant l'impression d'inépuisable. La répétition procure quant à elle le sentiment de la permanence des choses. Quand la rue Saint-Yves est ainsi évoquée, les événements historiques, dont le caractère traumatisant est reconnu, sont mis sur le même plan que certaines habitudes de la vie quotidienne et les fêtes rituelles de la petite ville comme s'il s'agissait surtout d'insister sur un monde qui existerait « de toute éternité ». Le temps passe sur les lieux sans les atteindre vraiment et le décor, qu'il devient inutile de décrire, se fige. Cette immobilité qui pourrait rassurer est également inquiétante : quel sens accorder au désir de changement et donc à l'engagement dans un monde où, quoi qu'il arrive, rien ne se transforme ?

II
DÉCRIRE, À QUOI BON ?
Éléments d'une crise de la représentation

1
Le romancier et les images

Que la description dans les romans de Guilloux permette de recomposer un réel préexistant que le romancier a puissamment observé, que l'une des tâches de celui-ci soit non seulement d'attester du réel mais de le recréer et que la description soit un outil qu'il manie et maîtrise pour faire surgir le monde, voilà ce dont personne ne peut douter. Néanmoins, la démarche de Guilloux est faite d'incertitudes et d'interrogations. Fabriquer du réel, notamment à l'aide de la description et de l'illusion qu'elle produit, n'est-ce pas aussi courir le risque de mentir sur ce même réel ? Or Guilloux, on l'a vu, redoute par-dessus tout le fabriqué, le mensonger. Représenter le monde ne va pas de soi et le romancier discrètement mais continûment questionne la représentation à l'œuvre dans le texte, les moyens d'y parvenir, et son efficacité même. C'est donc tout naturellement qu'il examine le pouvoir des images, leur réception, leur devenir, leur fausseté et leur vérité. Les romans fourmillent de procédés métaleptiques[141] qui sont autant d'indices de la réflexion menée par l'auteur sur la représentation du réel par la fiction, ses limites et ses enjeux.

Supériorité du roman sur la peinture ou la description adoubée

Il arrive au chroniqueur de comparer son travail à celui d'un peintre. C'est l'occasion pour lui de formuler des regrets mais aussi d'expliquer ce qu'il recherche. Écrire comme un peintre est présenté comme une difficulté, un

---

[141] Il faut entendre par métalepse cette figure du récit qui consiste à exhiber la fiction et les procédés par lesquels celle-ci produit l'illusion du réel. C'est une manière de « dénuder le procédé » et par là d' « égratigner le contrat fictionnel, qui consiste précisément à nier le caractère fictionnel de la fiction ». Gérard GENETTE, *Métalepse*, Paris, Seuil, « Poétique », 2004, p.23.

objectif hors de portée[142]. Mais quand le narrateur réalise ce rêve dans la narration, il ne le prend pas complètement en charge. Ainsi fait-il état du « grand tableau » de l'arrivée des moines fondateurs de la ville, tableau dont rêve Roland de Lancieux pour le lire à « la Société d'Émulation ». « Ce grand tableau qu'il voyait si bien et qu'il avait tant de mal à peindre » (JP1, p. 289) est alors évoqué (JP1, p. 289- 290) comme une intention : « comme cela serait beau à dire » (JP1, p. 289), « ah ! que cette confusion serait difficile à rendre » (JP1, p. 290). Cette ambition, inaboutie, donne l'occasion de raconter l'épisode de la fondation de la ville tout en se moquant légèrement de Roland de Lancieux et de son aspiration. La description du tableau, déléguée à un autre, est, par là, mise à distance. L'ironie est affectueuse et attire l'attention sur un mode d'écriture finalement rejeté par le chroniqueur qui a lui aussi rêvé à « son grand tableau » (JP1, p. 50) de présentation de la ville, qui « aurait pu, après tout constituer un assez bon début » (JP1, p. 50) à sa chronique :

> « Cela eût commencé comme dans un film. Un « pinceau lumineux » se fût un instant attardé sur le clocher de notre vieille cathédrale et l'on eût au passage appris, en regardant l'horloge du clocher, qu'il était un peu plus de six heures du soir. Ensuite, il eût suffi de quelques éclairs, révélant tel aspect pittoresque de nos anciens quartiers, faisant apparaître la silhouette en bronze d'un de nos héros dressée sur la place de l'Évêché, ou la porte du commissariat de police tout près de l'Hôtel de ville, pour créer, comme on dit l'atmosphère » (JP1, p. 49). [...] Mais soit impuissance de ma part, soit timidité de provincial et d'amateur, soit, peut-être encore, une vanité, qui m'eût fait repousser l'emploi d'une « technique » comme on dit aujourd'hui fort démodée, j'ai préféré trancher le débat en entrant sans préambule dans le vif de mon sujet… » (JP1, p. 50)

L'incipit descriptif a donc été récusé, comme la description de la communion de la petite Marie.

> « La communion avait eu lieu. Et une nouvelle preuve, s'il m'en eût fallu encore, que je sais mal gouverner mon fatras, était que je n'avais rien su dire de cet événement solennel. Il avait eu lieu dans la cathédrale toute illuminée et pavoisée d'oriflammes. [...] Ce grand tableau manquait et manquerait à ma Chronique, il était trop tard et j'en avais bien du regret. J'aurais tant voulu montrer dans leurs voiles blancs la petite Marie Laisné et ses compagnes, Blanche Calvez, Louis Borel, et aussi la petite Simone Desbois, au cours de la procession qui aurait eu lieu sur la place de L'Évêché dans l'après-midi,

---

[142] Dans un texte qui a pour titre « Avantage de l'ignorance », Guilloux écrit en parlant des peintres : « [...] seul leur art pouvait dire par le trait, par la couleur, par le choix certaines choses que j'aurais voulu, moi aussi, exprimer, mais que je ne pouvais atteindre par les mots. », Revue *Verve*, n°27-28, Paris, Editions de la revue *Verve*, 1952, p. 135. Merci vivement à Sylvie Golvet pour avoir porté à ma connaissance ce texte de Guilloux.

> toutes cloches battantes [...]. J'aurais tant voulu montrer tout cela [...]. »
> (JP1, p. 317- 318)

Le regret semble feint et le tableau, si incomplet soit-il, finit par exister. Cette peinture si ambitieuse par la totalité du réel qu'elle entend embrasser se présente comme une véritable tentation et le vœu dont elle est l'objet est en partie exaucé. Mais, inséré dans la narration par le biais de la prétérition[143], le tableau descriptif se fait moins démonstratif, plus léger ; le romancier traitant avec ironie ce mode d'insertion possible de la description rappelle son propre souci de renouvellement des formes et la distance qu'il prend avec ce qu'il appelle « une croyance naïve à un certain réalisme[144] ».

Pour la description des personnages, le narrateur rivalise encore avec le travail du peintre. C'est ainsi que le chroniqueur prend plaisir à décrire Louis Moreau à sa nièce Jeanine, et la supériorité alléguée de la peinture n'est qu'un prétexte à illustrer les capacités de la description littéraire :

> « C'est par la peinture, le dessin, la couleur dans un certain clair-obscur qu'il faudrait à présent te le montrer, Jeanine, tout seul dans le fond de cette grande salle vide, assis devant son verre et fumant sa cigarette. Que le peintre aurait beau jeu ! quel portrait ne ferait-il pas, s'il savait tirer parti de toutes ces rides, de ces joues creuses, de cette calvitie, de ces grands yeux vagues, tendres... Et s'il savait aussi peindre le silence du café, où tant de beaux messieurs autrefois venaient jouer au bridge... » (JP2, p. 252)

Mais l'art de la description dans le roman possède des ressorts qui lui permettent de l'emporter sur la peinture. Dans *Le Jeu de patience,* c'est la présentation du peintre Felix Marmignon qui permet au romancier de définir obliquement son projet. Célébrité locale, le peintre philosophe, employé des chemins de fer, est un des multiples doubles ironiques du romancier dont la chronique regorge. Il tient école dans son échoppe où tout le monde passe et discute et il peint les mêmes personnages que le chroniqueur si bien que ses toiles auraient pu illustrer la chronique (JP1, p.214). On trouve dans sa boutique des portraits, des paysages, des scènes d'histoire, des caricatures à la Daumier, les « Ventres », les notables de la ville, et les « Maigres », « les traîne-savates de la « bande du soleil », des croquis, des esquisses, de Tatave et de Paul Laisné, les sportifs. Parmi les caricatures, « Félix avait rangé une esquisse particulièrement cruelle de Clémence Mordelet » (JP1, p. 215). Il faut noter aussi « un beau portrait de la Comtesse de Lancieux » (JP1, p. 216). Mais ce double métaleptique est aussi parodique. Parodique parce que la

---

[143] Pour l'analyse de la description effectuée sur le mode de la prétérition, voir Philippe HAMON, *Du descriptif, op. cit.,* p. 122.
[144] Louis GUILLOUX, « Avantage de l'ignorance », Revue *Verve,* n° 27-28, *op.cit.,* p. 135.

qualité de la peinture de ce dernier semble sujette à caution et que s'il prétend avoir la peinture dans la peau, les « mauvaises langues répliquaient qu'en fait de peinture et de peau, il avait celle-ci plutôt sur que dans » (JP1, p. 214). Félix Marmignon est peut-être mauvais peintre, mais surtout peintre bien inférieur au romancier qui possède une palette d'une richesse tout autre. Le portrait littéraire a deux vertus : d'une part il peut décrire un personnage dans la durée, d'autre part, il est capable de donner à entendre la voix du personnage. Le tableau qui représente la comtesse de Lancieux est celui d'une femme d'une cinquantaine d'années (JP1, p. 216) alors que l'écrivain peut choisir de faire coexister dans un même page le portrait de la femme de cinquante ans et celui « de la vieille avare qu'elle était devenue ». Et « ce que le peintre n'avait naturellement pu exprimer mais ce que la plume aurait permis au chroniqueur de traduire, c'était le petit chuintement que la comtesse avait en parlant » (JP1, p. 216). Se comparer au peintre Marmignon lui permet d'indiquer son ambition de capturer l'insaisissable, la durée et la voix.

Fonction des images : possibilités et limites de la description dans le roman

Guilloux signale son intérêt pour les questions de représentation par deux biais : il met en scène de nombreux écrivains-[145] et accorde une place de choix aux images. Ces tableaux, portraits, affiches, photographies ne sont pas à ranger simplement dans la catégorie « effet de réel ». Ce ne sont pas « des détails inutiles » ou « des notations insignifiantes[146] ». Elles expriment l'ambition que Guilloux assigne à la *mimesis* : elles déclinent les risques, les ressources et les intentions de la représentation de la réalité dans le roman. Soit les images fonctionnent comme des attestations du réel, dans ce qu'il peut parfois avoir de plus tragique. Soit encore, elles sont l'occasion d'une défiance à travers laquelle s'exprime tout le réalisme critique de Guilloux

Le personnage et ses images

L'image peut être un reflet du personnage. Elle vient en quelque sorte confirmer sa réalité et même l'éclairer. Ainsi dans la cuisine de Maïa, est accroché « un portrait en couleurs du président Fallières, que Maïa avait extrait du *Petit Journal illustré* » (SN, p. 18). Maïa se caractérise par sa

---

[145] Yann MARTIN, « Représentations du littérateur et de la littérature dans les romans de Louis Guilloux, *L'Atelier de Louis Guilloux, op.cit.*, p.55-67.
[146] Roland BARTHES, « L'effet de réel », *Littérature et réalité*, Paris, Seuil, 1968, coll. « Points », 1982, p. 82.

simplicité, rien donc de compliqué dans ce choix de la reproduction en couleur de cette figure paterne de la Troisième République élue dans sa cuisine. Ce qu'affiche Maïa, c'est le souvenir d'un temps meilleur sous l'égide d'un homme débonnaire. Par ailleurs, l'homme est aussi resté célèbre pour son épouse, femme d'une simplicité extrême, et toujours fortement satirisée par la presse des caricaturistes : il y a comme une parenté entre cette femme et Maïa. Ce discret hommage au Président Fallières est aussi un hommage à ceux qui n'oublient pas les simples ou les rustres, qui peuvent vivre avec eux sans être déchus, ce qui pourrait renvoyer à l'idéal politique et moral de Guilloux. Chez les Point, des tableaux (« volés ») sont suspendus dans le bureau du notaire, mais « leur » tableau est bien ce médaillon sculpté sur l'un des meubles de la salle à manger : « ce chef-d'œuvre de buffet Henri II pur style et ses étincelantes figures sculptées dans la porte centrale, ce jeune premier en culottes courtes et fraise dentelée qui depuis combien de temps tendait la main à cette jeune première en longue robe et fraise elle aussi mais décolletée, oh, là, là ! (SN, p. 183) ». La scène représentée est prête à « sortir du cadre [147] » pour narguer les propriétaires des lieux et leur rappeler ce que vivre veut dire. Ces deux petits personnages, pleins de légèreté et de liberté, vestige d'une époque lointaine, servent de contrepoint ironique aux deux trognes renfrognées et haineuses du notaire et de sa femme. Surtout, si on se souvient que celle-ci n'est qu'« une robe noire depuis le cou jusqu'à la pointe des pieds » et qu'elle a un « cou de vieux poulet» (SN, p. 184). Le médaillon sculpté fonctionne efficacement comme un miroir déformant et antiphrastique.

Les images et la mort, la photo de Toinette

L'image rappelle un temps révolu mais en offrant une résistance au temps elle est aussi dotée du pouvoir de ressusciter les morts. Le portrait à l'image de la vie prend vite une dimension fantastique, notamment quand l'image, reflet fidèle et précis du réel, s'anime, comme le « grand portrait de Toinette accroché dans [le] bureau » de Cripure (SN, p. 18).

> « Toinette y était représentée en buste, sans chapeau, les cheveux en désordre. La photo avait été prise par lui-même quelques jours avant le mariage au cours d'une promenade dans un bois. Il n'aurait pu dire le jour, mais l'heure, la photo elle-même s'en chargeait. Toinette portait accrochée à la dentelle de son corsage une petite montre en or qu'il lui avait offerte le matin même. (SN, p. 19) »

---

[147] Gérard GENETTE, *Métalepse,* op. cit., p.89.

Pourtant cette copie de la réalité, cette photographie est un agrandissement « que Cripure avait fait faire *depuis* d'après une photo d'amateur retrouvée dans son portefeuille, la seule qu'il possédât de Toinette » (SN, p. 18). Or, on sait que le grain de toute photo agrandie devient plus gros, que cela rend moins nets les traits imprimés. À la fois précise et floue, voilà ce qu'est devenue la photo. Mais cette image qui contient en elle-même le risque encouru par toute description, a soudain la possibilité de s'animer. Lors de sa dernière nuit, Cripure est pris d'une « terreur sacrée », lorsqu'il entend ou croit entendre le tic-tac de la montre de Toinette (SN, p. 407-409). L'épisode prend alors un sens métaleptique[148] parce qu'il met en scène le rêve du romancier de produire des tableaux vivants, de créer l'illusion de la vie comme le peintre Zeuxis dont Pline rapporte qu'il avait peint des raisins « avec tant de vérité que des oiseaux vinrent les picorer[149] ». Puisque Cripure croit entendre la montre de Toinette, la reproduction photographique, fût-elle imparfaite, a réussi ce prodige. Comme dans les romans fantastiques, le tableau devient plus vivant encore que les tableaux contemplés par Madame de Villaplane quand elle prend un petit déjeuner aussi médiocre que sa vie et que « dans leurs cadres dorés, les portraits du colonel et du préfet semblèrent se renfrogner, comme si du fond de la mort, le père et le grand-père avaient compris enfin ce qu'aurait dû être la vie » (SN, p. 154). Le portrait de Toinette va bien au-delà. Ce qui semblait être avant tout une reproduction fidèle du réel, avec ce que celle-ci a de précis et d'inévitablement flou comme doit le rappeler le grain de la photographie, bascule dans un univers inquiétant, surnaturel. Les auteurs fantastiques sont les maîtres de Cripure : nous en avons été avertis dès les premières pages lorsqu'il ajoute une note à sa *Chrestomathie* : « Si je cite si souvent Hoffmann, Edgar Poe, Gogol, (…) » (SN, p. 22). Avec l'animation du tableau, comme chez ces romanciers, « le fantastique dans le non fantastique » (SN, p. 22) est exprimé. Les frontières entre le monde de la réalité rationnelle et le monde du surnaturel s'amenuisent au point de disparaître et le monde des morts envahit tragiquement l'espace. Cette hallucination devient le signe avant-coureur de la mort de Cripure. L'illusion produite s'éloigne de tout réalisme et dans l'univers fantastique se déploie le sentiment tragique lié à la mort et à la séparation.

Les images et le temps : les photos de Zabelle

Cette relation entre la représentation du réel et la mort se décline sur un autre mode dans deux très belles pages du *Jeu de patience* qui montrent

---

[148] GENETTE dans *Métalepse* annexe « l'espèce *tableau animé* au genre de la métalepse fictionnelle.», *op cit.*, p.89.
[149] PLINE L'ANCIEN, *Histoires naturelles*, livre XXXV.

Zabelle, regardant ses photos, « quand elle en avait assez de tout et ne voulait voir personne » (JP1, p. 338). Zabelle est devenue vieille et obèse, elle marche difficilement et elle vit, à la suite d'un arrangement avec son neveu Blaise, au-dessus de la boutique d'antiquité. Elle a été antiquaire ou plutôt brocanteuse et elle est aussi cartomancienne. Elle flotte désormais entre des temporalités qui ne lui appartiennent plus vraiment : le passé et l'avenir dont elle s'occupe sont maintenant ceux des autres, sauf dans ces moments de nostalgie où elle se plonge dans ses albums. Alors toute la vie de Zabelle défile, elle se revoit à différentes époques, en différentes compagnies.

> « Le plus grand nombre de ces photos la représentaient elle-même depuis l'âge le plus tendre [...] ». (JP1, p. 338)
> « [...] on aurait pu dire avec une quasi-certitude que Zabelle possédait des photos de presque tous les gens que, d'une manière ou d'une autre, elle avait connus » (JP1, p. 339).
> « Outre celles qui couvraient les murs, elle en possédait encore de très nombreuses dans les albums. Là étaient enfouies les plus précieuses. Les premières n'exprimaient de sa vie que ce qui s'en pouvait publiquement avouer, mais toutes les autres, images secrètes de ses amours, celles où il lui était possible à chaque instant d'aller rechercher des témoignages de ce qu'avait été son beau corps, les glorieuses nudités dont le Moco avait fixé les images fugaces au cours de promenades sur les grèves désertes, et en général, dans toutes les circonstances qui s'y étaient prêtées, si nombreuses, elle les tenait sous clef [...]. » (JP1, p. 339)

Cet épisode, encore une fois, illustre le jeu que le romancier mène avec l'illusion. Toute la vie de Zabelle telle qu'elle a été racontée par le narrateur est finalement authentifiée par les photos qu'elle regarde. Tout ce qui a été raconté « a bien été » puisque c'est la certitude que nous donne la photo. Comme le rappelle Barthes dans *La Chambre claire*, « la photo est littéralement une émanation du référent[150]». « J'appelle « référent photographique », non pas la chose *facultativement* réelle à quoi renvoie une image ou un signe, mais la chose *nécessairement* réelle qui a été placée devant l'objectif, faute de quoi il n'y aurait pas de photographie[151] ». Quand Zabelle se regarde en photo et regarde les photos des autres personnages du roman, elle accorde un « certificat de présence » au passé raconté et apporte la certitude qu'il n'est pas seulement imaginé ou copié mais que véritablement il « a été ». « D'un point de vue phénoménologique, dans la Photographie, le pouvoir d'authentification prime sur le pouvoir de représentation[152]». Mais

---
[150] Roland BARTHES, *La Chambre claire, note sur la photographie*, Gallimard, coll. « Cahiers du cinéma », 1980, p.126.
[151] *Ibid*, p.120.
[152] *Ibid*, p. 139.

évidemment nous savons que les photos dont il est question sont aussi fictives que le personnage de Zabelle : voilà bien le comble du réalisme puisque le romancier est parvenu à créer un monde qui devient son propre référent et qui s'authentifie lui-même. C'est l'un des vertiges possibles de l'illusion réaliste et de sa magie.

Par ailleurs, en ce moment, la vie de Zabelle est résumée comme en concentré, en un raccourci qui est peut-être celui de toute démarche romanesque ; raccourci dans lequel pourtant se lit l'épaisseur sensible de la durée, du passage du temps. Cette confrontation du personnage avec sa propre vie par l'intermédiaire des photos, conduit à un moment de recueillement dominé par la conscience que ce qui a été ne sera plus. « Ce que la Photographie reproduit à l'infini n'a eu lieu qu'une fois : elle répète mécaniquement ce qui ne pourra jamais plus se répéter existentiellement[153] ». Ainsi, à chaque fois, dans ces photographies, Zabelle voit aussi sa propre mort. De là vient la grande force tragique de cette scène.

Guilloux rappelle par cet épisode à quel point son œuvre est une émanation du réel, de ce réel qu'une photographie peut toujours venir authentifier. Le romancier est comme Zabelle avec ses photos : il cherche à retrouver ce qui « a été », mais comme pour celui qui regarde des photos la tentative de résurrection est vaine, chaque photo contenant en elle l'idée de la Mort. « Que le sujet en soit mort ou non, toute photographie est cette catastrophe[154] ». À travers cet épisode, Guilloux impose ce réalisme tragique qui le caractérise.

Le mensonge des images

Les images peuvent aussi être dangereuses, notamment quand elles sont l'occasion d'une propagande. L'idéologie dominante sait les utiliser. Le tableau commandé au professeur de dessin par Nabucet pour orner la bibliothèque du lycée à l'occasion de la cérémonie en l'honneur de la décoration de la femme du député Faurel est « un magnifique pastel grandeur naturelle où l'on voyait une jeune République tricolore penchée au berceau d'un nouveau-né » (SN, p. 91). Chez Babinot, passionné d'Histoire militaire et patriote fervent, « dans le vestibule, [une] copie grandeur nature du *Rêve* de Detaille » (SN, p.329) accueille les visiteurs. Ces deux tableaux sont d'une taille exceptionnelle : ils envahissent l'espace comme l'idéologie qu'ils représentent a envahi le monde. Idéologie suspecte à plus d'un titre dans un roman qui dénonce le scandale de ces enfants envoyés à la mort, par leurs pères mêmes, le plus souvent. Le narrateur ne commente pas l'allégorie patriotique- nous n'avons que l'emploi ironique de l'adjectif « magnifique »

---

[153] *Ibid*, p. 15.
[154] *Ibid*, p. 150.

que nous entendons comme prononcé par Nabucet. Celle-ci prétend représenter la réalité mais la masque en vérité et figure sa transformation par l'idéologie, ou sa propagande.

Mais les images peuvent être encore plus pernicieuses. Le *Pain des rêves* s'ouvre sur la description des deux vignettes qui figurent dans « le livre d'école » du narrateur.

> « La première représentait un ouvrier rentrant chez lui, ivre et chancelant, la casquette de traviole, la moustache dégoûtante, l'œil mauvais et les poings déjà brandis. […]. Le logis, sous les combles, n'était qu'un taudis. […] Tout était laid, triste, le tableau même de la misère ».
>
> « Sur la page voisine, une autre image rayonnait. Il avait suffi que l'homme ne fût plus un ivrogne pour que tout changeât. L'affreux taudis était devenu une pimpante demeure. Plus question de combles, c'était une belle pièce claire et bien carrée que représentait l'image. » (PDR, p. 9-10)

Ce sont des images dont l'intention édifiante est claire, le maître les utilise dans sa leçon de morale et le narrateur adulte ironise sur ce « schéma manichéen [155] » :

> « Ne suffisait-il pas d'être vertueux pour que le bonheur apparût ? Et en quoi consistait la vertu sinon à ne point boire ? Comme c'était facile ! […] Notre instituteur ne manquait pas d'insister sur cette facilité chaque fois qu'il en trouvait l'occasion. […] Et dans son esprit, le bonheur se définissait par la soupe au chou, la propreté, l'absence de coups. » (PDR, p. 11)

Déjà enfant, le narrateur perçoit le caractère mensonger de ces illustrations. Qu'elles mentent, le narrateur le sait d'expérience : son grand-père a en horreur la boisson et pourtant le cadre dans lequel il vit ressemble davantage à la première image qu'à la seconde. Les deux images abondent de détails précis et celui qui les regarde est projeté dans un univers dont il ne peut pas douter : « Le plancher était net et blanc. Propre ! *On aurait mangé dessus !* » (PDR, p. 9). Pourtant le monde représenté avec tant de réalisme est fallacieux : c'est une fabrication qui vise à influencer les esprits et non à rendre compte de la réalité dans sa complexité. C'est aussi une manière pour Guilloux d'annoncer par avance son refus de toute intention didactique dans sa peinture de la misère. Il nous prévient qu'il ne veut rien enseigner et qu'il veut simplement être au plus près de la vérité d'une expérience. En posant la question du rapport entre illusion du réel et vérité, il montre qu'il s'interroge sur la façon de figurer le réel sans mentir, surtout lorsqu'il s'agit d'une réalité

---

[155] Francine DUGAST-PORTES, « *Le Pain des rêves*. Une enfance paradoxale », *Plein chant*, op.cit., p.80.

finalement inacceptable, la pauvreté d'hommes et de femmes dont rien ne peut venir expliquer ou justifier la souffrance quotidienne pour vivre ou survivre.

Les images sans efficace : le grand cavalier d'apocalypse

Quand bien même seraient-elles justes, les images courent aussi le risque d'être parfaitement inutiles. Dans *Le Jeu de patience,* une affiche est placardée chez de nombreux militants. C'est « la vieille image du grand cavalier d'apocalypse » (JP1, p. 190), le cavalier écrase et piétine des femmes et des enfants. C'est une représentation des violentes répressions subies par les plus faibles quand ils se révoltent. On peut y faire figurer les dates des grands conflits ouvriers.

> « Au-dessus des dates rappelant Draveil et Dunkerque, les conflits de l'Oise, le vieil artisan avait écrit Fougères et marqué le jour du 25 février, date du passage à la maison du petit cordonnier en grève... (JP1, p. 317). »

Cette image récurrente crée un lien entre les nombreux personnages qui la voient et qui la possèdent, le père Laisné, Blaise, Firmin Laroche et le camarade Bahier par exemple ou encore le narrateur. Elle tient un discours politique dans lequel se reconnaissent le narrateur et ses camarades militants et revient comme un cauchemar dans la pensée de chacun à toutes les époques. Avant 1914, le père Laisné reçoit un gréviste et celui-ci raconte sa lutte :

> « Bien de la chance s'ils ne se faisaient pas un jour sabrer par les dragons ! En entendant cela, le père Laisné avait revu la vieille image du grand cavalier piétinant des femmes et des enfants. » (JP1, p. 190)

Pendant l'entre-deux-guerres à la Maison du Peuple, lors d'un Noël des chômeurs, le narrateur pense à cette affiche :

> « Et sans avoir besoin de lui demander j'étais bien sûr que Meunier, comme moi-même, comme Blaise, avait revu, en écoutant ce monologue, l'image du grand cavalier d'apocalypse, dont la monture foulait sous ses sabots des têtes de femmes et d'enfants si pareilles à celles que je voyais dans la salle. » (JP1, p. 425)

Enfin après la Libération, c'est encore elle :

> « Le grand point qui depuis quelques jours préoccupe Monsieur Normand est de savoir si oui ou non la grève générale éclatera bientôt et dans le cas où en effet elle éclaterait, si le gouvernement tiendra sa promesse

d'employer contre les grévistes la force armée. J'ai revu la vieille image du grand cavalier d'apocalypse. Mon Dieu, serait-ce là un symbole éternel ? » (JP1, p. 337)

Cette affiche, représentation du sort tragique fait à ceux qui se rebellent contre leur condition, est toujours d'actualité quelle que soit l'époque. À quoi sert alors de dénoncer le mal si le mal est toujours là ?

> « Chez Blaise Nédelec, dans l'arrière-boutique où nous nous retrouvions toujours, […], l'image du cavalier d'apocalypse, du reître orgueilleux foulant aux sabots de son grand cheval noir des têtes de femmes et d'enfants, semblait irradier d'une affreuse lumière d'évidence. On aurait dit qu'un sourire imperceptible, comme un défi silencieux, renouvelé, avait un peu desserré les lèvres minces du glorieux vainqueur, sous la jolie moustache. Mais son regard était toujours aveugle, et fixé sur les lueurs du désastre et d'incendie à l'horizon. » (JP2, p. 203)

« Foutre ça au feu », tel est le conseil donné par Barthez à Blaise qui répond qu'il ne suffit pas de détruire l'effigie du monstre pour que le monstre disparaisse. En effet, mais pourquoi la conserver ? Pourquoi représenter le mal, si sa représentation ne sert pas à l'éviter ? Guilloux, préoccupé de la permanence du mal en l'homme, préoccupé aussi par l'inefficacité des luttes qui rarement permettent d'aller vers le meilleur, pose là une question centrale de son œuvre. Le rappel du mal par sa représentation devrait permettre d'éloigner le mal, ou du moins pousser à une mobilisation massive contre lui. Mais n'est-ce pas donner à la représentation une fonction d'image pieuse ou dévote ? On dessine le diable pour faire peur, mais on rappelle aussi la persistance de sa présence sournoise. Ce qui est représenté par l'affiche devient « symbole éternel » (JP1, p. 332). N'est-ce pas alors faire allégeance au mal que de le représenter ainsi et reconnaître sa victoire sur le monde ? Par cette image, Guilloux souligne les limites de son entreprise. Mais cette lucidité ne l'empêche pas de continuer à montrer et à défendre tous ceux qui d'avance sont condamnés. Cette affiche du cavalier d'apocalypse proclame la conscience aiguë que Guilloux a de mener dans et par son œuvre un combat sans efficacité mais auquel pourtant il lui est impossible de renoncer. Cette impuissance sans cesse rappelée à vaincre le mal est au cœur de la tension tragique qui habite la représentation du réel dans l'œuvre.

Les tableaux sont comme les miroirs de l'esthétique romanesque de Guilloux et de ses interrogations. Son ambition satirique et son regard ironique s'y déclinent, confirmant que son réalisme est un réalisme critique qui s'interroge autant sur l'utilisation édifiante des images et que sur leur capacité à transformer le monde. Ils témoignent également de sa réflexion sur la fabrique de l'illusion ; ambition dont Guilloux cerne les possibilités et les limites, en héritier du roman réaliste ou naturaliste, mais aussi en héritier du roman fantastique. La sortie du cadre réaliste et l'entrée dans l'univers fantastique laissent entrevoir la possibilité d'un autre monde ou du moins suggèrent la perception et la restitution nécessairement imparfaite de la totalité du réel. Elle rappelle aussi le rêve fou du romancier de vouloir animer l'inanimé, de résister au temps et à la mort.

2
La description suspectée

La réflexion sur les images que contient l'œuvre de Guilloux porte en elle aussi une interrogation sur la mimesis en général et plus particulièrement sur la place et la fonction de la description dans celle-ci. Description au sujet de laquelle l'auteur exprime ses réticences. Il dit à plusieurs reprises non seulement sa difficulté à décrire, mais aussi la méfiance qu'il éprouve à s'y abandonner. La description est le plus souvent désenchantée et il s'en explique.

Dans les *Carnets,* Guilloux s'étonne du bien-fondé de l'observation d'un de ses lecteurs qui lui fait remarquer l'absence de couleurs dans *Le Sang noir*. C'est l'occasion d'un long développement sur son rapport au monde et sur la place qu'il lui assigne dans son œuvre. Guilloux est si peu coutumier de ce type d'observations sur sa manière d'écrire, que, sans présenter une réflexion théorique, ces pages n'en constituent pas moins un moment d'attention prêtée à ses choix d'écriture, et à son impossibilité à décrire. Le romancier y exprime une de ces tensions qui donne à ses romans leur coloration particulière. Il se dit sensible au monde extérieur et à sa beauté et développe aussitôt l'idée de son malaise face aux choses. Comment comprendre cette présence-absence au monde ? Si les passages de description de la nature sont peu nombreux dans l'œuvre, on en trouve cependant des traces, notamment par une évocation surprenante de la nature en automne dans *Le Jeu de patience* sous les auspices de la dictée du père Coco. La façon dont le texte de la dictée se substitue au discours descriptif du narrateur est significative du rapport du romancier au monde. Cette mise à distance résulte aussi d'une position éthique.

Le sentiment d'être séparé du monde

Dans deux pages, datées du 20 décembre 1950[156], l'auteur part d'un constat paradoxal : le monde extérieur est absent de son œuvre, il crée un monde sans couleurs et pourtant il n'est pas indifférent au monde. Il *voit* mais ne peut pas transcrire[157]. Rien donc dans ses écrits ne vient « témoigner » de sa présence aux choses, si « grande » selon lui. Guilloux se présente comme « empêché » à décrire. La difficulté à témoigner de sa présence au monde n'est pas une posture esthétique ; que cela puisse entraîner une forme d'absence de description avec toutes les implications que cela suppose dans l'écriture du roman est une conséquence qui n'est pas pensée *a priori*.

Les explications avancées sont de plusieurs ordres. La première est clairement d'ordre existentiel : il est question du « sentiment du malheur de l'homme mortel ». Peu importe que ce sentiment soit attribué à une humeur romantique ou bretonne. Ce qui compte surtout, c'est que l'auteur dit être habité en permanence par cette conscience de la condition humaine. Il se sait et se sent mortel et il ne l'oublie jamais. Cette donnée est l'horizon de chacune de ses actions, la perspective vers laquelle, qu'il le veuille ou non, tout tend. Cela correspond très exactement au sentiment tragique de l'existence.

Malgré cela, la décision pourrait être prise de jouir de la beauté du monde, et de la chanter. Dire la permanence de cette beauté, grâce à des descriptions lyriques de la nature, pourrait, par exemple, faire naître une impression d'éternité qui servirait à compenser ce sentiment. La place donnée au paysage, au monde des choses pourrait, à coup sûr, constituer une tentative de dépassement de cette condition tragique. N'est-ce pas la place que l'on peut assigner à la nature dans l'œuvre de Giono[158]? Ou bien encore, la permanence du monde et de la nature pourrait prendre la forme d'un contrepoint susceptible de souligner la dimension tragique dont chaque vie d'homme est faite : la nature est là, belle, mais indifférente au sort de l'homme et à sa misère, comme une « basse continue tragique »[159]. Ainsi, à la fin de *La Maison du Peuple*, alors qu'on vient d'apprendre la nouvelle de l'assassinat

---

[156] *Carnets 1944-1974*, Gallimard, 1967, p. 119-121.
[157] Idée qu'il reprend en 1952 dans l'article « Avantage de l'ignorance » qui commence par « J'ai longtemps cru que j'étais aveugle » », Revue *Verve* n°27-28, *op.cit.*.
[158] Si on prend l'exemple de *Regain*, la présence de la nature, des choses, tout ce qui indique une présence charnelle du monde, vient précisément faire pièce à la mort, la repousse. Certes, la condition tragique de l'homme est partout présente mais une lutte s'engage avec elle et cette lutte passe par le lyrisme puissant de l'évocation du monde.
[159] L'expression est empruntée à Pierre JOURDE, *La Littérature sans estomac*, Paris, L'Esprit des péninsules, 2001, Pocket, coll. « Agora », 2003, p.285.

de Jaurès, le père part rejoindre son régiment et le roman se termine sur ces lignes :

> « ... Le lendemain, au fin matin, mon père se mit en route. Il devait rejoindre un poste à une dizaine de kilomètres de chez nous, sur la voie ferrée. Il voulut aller à pied. [...] Les champs étaient nus ; le chaume craquait sous les pieds. Comme il sortait d'un petit chemin, broyé par les lourdes roues de charrettes, et jonché de paille fraîche, il vit la mer sur sa main droite. Elle était tranquille, blanche, dans la lumière du matin. Il n'y avait pas une voile, et aux champs, personne encore, ni une bête. Il faisait doux comme à l'automne, mais les buées, traînant au bas de la lande annonçaient que midi serait chaud. »

La phrase est paisible et va au rythme de la marche de l'homme qui voit, tout est d'une belle tranquillité dans ce paysage du mois d'août. Est saisissant le contraste entre cette harmonie que rien ne vient voiler, cette plénitude de la réalité des choses, et l'expérience du personnage qui part à la guerre et peut-être à la mort. Mais ceci est à peine souligné ; la description dit un monde serein qui, par simple juxtaposition, déplore les soubresauts de l'Histoire et ses désastres.

Dans l'œuvre, cette utilisation du paysage en contrepoint est rare, parce qu'en règle générale, comme Guilloux le rappelle dans cette page des *Carnets*, « cette manière de se savoir, de se sentir mortel, aboutit à une sorte de *refus* du monde ». D'un côté, l'homme mortel, habité par le tragique de sa condition, de l'autre, le monde qui apporte des preuves de « son existence vivante », avec les formes, les couleurs, les objets. Face à cette provocation du monde, à son insolence à s'afficher dans l'absolu de son existence, Guilloux prend le parti de l'ignorer et de s'en détourner. Il oppose d'un côté, un « monde *solide* » fait « d'objets *durs* », « avec des combinaisons de formes et de couleurs », et de l'autre, « *la chair* » : l'opposition est dite tragique par l'auteur lui-même : d'une part la résistance au temps, à la corrosion, la permanence voire l'éternité, d'autre part le fragile, le périssable, le putrescible, bref le mortel envisagé dans son caractère le plus matériel, le plus terrifiant aussi. En voyant les objets, l'homme ne peut que considérer son propre passage dans le monde tandis qu'eux, insolemment, affichent leur solidité, leur durée. Quant aux formes et aux couleurs, elles doivent faire l'objet d'une suspicion. Elles seraient des « mensonges », et exercent à ce titre un pouvoir de séduction que l'auteur refuse. Elles seraient comme un piège tendu pour faire oublier à l'homme sa condition. Leur présence n'est qu'un leurre : s'y consacrer revient à se détourner de la vérité de son état. Le monde extérieur ne peut ni ne doit servir de consolation.

Guilloux apporte une deuxième explication à laquelle il donne une apparence d'analyse psychologique : il fait de ce refus du monde, de cette impossibilité à le regarder avec confiance une question de caractère, de tempérament, de disposition personnelle. Absence de repos de l'âme, impossible tranquillité de la contemplation, incapacité à « laisser venir à soi un paysage » : tout traduit une agitation intérieure qui renvoie certainement à cette inquiétude existentielle déjà exprimée. Mais Guilloux insiste également sur une transformation : il y a ce qu'il était quand il avait dix-huit ans et ce qu'il est devenu : quelque chose « s'est perdu ». Plus tard en 1967, il écrit encore : « moi qui ne tiens plus jamais en place devant les grands spectacles de la nature, y compris devant l'infini de cette mer si jeune, si caressante[160]». Pendant sa jeunesse, la sensibilité au monde était telle qu'elle se transformait parfois en un sentiment de communion avec le monde[161]. Le vocabulaire est lyrique pour rappeler l'émotion provoquée par le paysage. Mais un événement survient qui consacre la rupture entre le jeune homme et le monde extérieur. S'attarder à regarder un paysage provoque même un sentiment de culpabilité – mentionné à deux reprises- qui le détourne désormais immédiatement de ce qu'il contemple : « comme si [il]'étai[t] coupable d'une trahison quelconque ou rejeté par les dieux ». Le monde des dieux est celui de l'éternité, de l'harmonie et de la plénitude. Or tout cela est brisé. Ce monde-là lui est désormais interdit : le romancier se situe ailleurs, dans la rupture, l'angoisse et la mort. Guilloux ne donne pas exactement la date de ce changement radical mais il parle de ses dix-huit ans comme s'il y avait eu un avant et un après. Cela correspond à l'année 1917, année où se situe la journée du *Sang noir*. L'impossibilité de toute contemplation du monde extérieur n'est plus motivée seulement par la conscience tragique de la condition humaine mais aussi par la conscience lucide du désastre de l'Histoire qui habite toute l'œuvre. Conscience qui exige que l'on se souvienne pour ne pas trahir. L'homme rejeté par les dieux, l'homme mortel, bien sûr, est un homme aussi pris dans les filets de l'Histoire, condamné à vivre dans cette prison-là, sans pouvoir s'évader en contemplant « les échappées de paysage de terre silencieux ». On pense ici à Blanchot : « toutes choses atteintes et détruites, les dieux et les hommes reconduits à l'absence, le néant à la place de tout[162]. »

La position transcendantale du sujet, narrateur ou/et personnage, est définitivement révoquée : celui-ci ne peut ni maîtriser le monde, ni agir sur

---

[160] *Carnets 1944-1974, op. cit.*, p. 449.
[161] On en trouve des traces dans *Souvenirs sur Georges Palante* ; GUILLOUX raconte son trajet à bicyclette vers Hillion : « …j'apercevais la mer sur ma gauche. Je descendais de machine, et je restais là un moment, baigné de fraîcheur, assis sur un talus, cherchant à me reconnaître à travers cet infini silencieux […]. Mais le plus souvent, ce spectacle m'exaltait à ce point qu'au bout de quelques minutes d'immobilité, je sautais brusquement sur ma machine et j'appuyais de toutes mes forces sur les pédales, allant aussi vite que je pouvais, comme si j'avais voulu me joindre au paysage et l'embrasser autrement qu'avec les yeux », *Souvenirs sur Georges Palante*, préface de Yannick PELLETIER, La Riche, édition DIABASE, 2014.
[162] Maurice BLANCHOT, *L'Écriture du désastre*, Paris, Gallimard, 1980, p. 9.

lui. Le personnage ne peut plus « sourire à l'espace[163] ». Pourtant rien ne vient dire l'immanence du sujet : sa participation au monde, qui se traduirait par un être-là, une présence au monde, à la fois percevant le monde et étant perçu par lui, -ce qui suppose une forme d'acceptation sensible du monde par le sujet et du sujet par le monde– est, elle aussi, rejetée. L'homme est comme séparé, comme absent d'un monde dont alors la restitution romanesque est problématique. Le réel est présent mais, pour des raisons sociales, historiques, existentielles, le narrateur ne peut jamais en rendre compte avec la confiance du sujet qui sentirait ou le bonheur de le maîtriser, de le comprendre, de l'analyser, ou bien plus simplement le bonheur d'être là, de participer. Le monde ne se fait pas chair et, du même coup, saisi hors de cette présence charnelle (que l'on trouve par exemple chez Giono), le monde tel qu'il est décrit reste un monde à côté.

Décrire malgré tout : les exercices des *Carnets*

Cependant, malgré la grande conscience de ce qui fait de lui un être séparé, le romancier n'accepte pas totalement ce qu'il considère aussi comme un manque de savoir-faire et il entreprend de mener un véritable combat avec la description. Aussi s'impose-t-il de noter des couleurs et des formes dans des pages des *Carnets* où il se livre à des exercices de style ou à des gammes. « Je veux ouvrir les yeux[164] » dit-il à la fin de l'année 1950[165]. Il s'emploie à détailler les caractéristiques d'une fleur d'ajonc[166] en précisant qu' « [il] ne raconte tout cela que pour suivre les bons conseils qu'on [lui] a donnés et travailler à l'éducation de [s]on œil ». « Il se peut que je commette de lourdes

---

[163] Émile ZOLA, *La Curée*, chapitre II, Aristide Saccard regarde Paris du haut de la Butte Montmartre.
[164] *Carnets 1944-1974*, p.123; cette remarque datée du 31 décembre 1951 et soulignée par Guilloux lui-même vient après une phrase qui amorce une description qui finalement n'a pas lieu : « Je suis venu ici hier en voiture, par la neige et le verglas, il faisait terriblement froid, mais tout était très beau. »
[165] Dès 1923, Edmond LAMBERT, après avoir lu *L'Indésirable* pointe la difficulté à décrire de son ami: « L'ambiance n'y est pas. Je n'ai pas vécu à Saint-Brieuc en vous lisant ; je n'ai même pas pu situer le camp, pourtant je connais chaque pli de terrain. Vos descriptions (paysages, lieux de l'espace) sont inexactes, non: fausses. Vous n'êtes pas visuel, c'est un fait, alors laissez, peignez par le dedans, comme Ibsen, non du dehors. » (Lettre vers le 8-10 juin 1923, plusieurs fois citée dans les Inédits des *Carnets*). Je remercie vivement Sylvie GOLVET de m'avoir signalé cette lettre.
[166] « Il vaudrait mieux se rappeler qu'il n'y a pas de fleur qui retienne mieux la lumière et qui la renvoie mieux que la fleur d'ajonc. Elle est toute gonflée de lumière. Et aussi, qu'il y a du mauve et du violet dans les terres fraîchement remuées. La lumière est presque toujours ici une lumière brisée, les couleurs ne sont jamais très éclatantes mais elles sont d'une diversité extrême. Malgré tout, on a en général une impression de gris, là où la fleur d'ajonc n'apparaît pas - ce qui d'ailleurs est rare en cette saison ».

fautes d'ailleurs, mais je fais de mon mieux[167] ». Pendant quelques mois de l'année 1951, les exercices se multiplient. Lors d'un voyage en Angleterre, il commence une note par « couleurs »[168]. On a l'impression que l'écrivain Guilloux cherche à se réformer. Un matin d'avril 1951, il s'attarde à la fenêtre de son cabinet de travail et remet sur le métier la description de ce paysage qu'il connaît bien :

> « Je voudrais raconter ce paysage une bonne fois, bien qu'il me semble l'avoir déjà fait dans mes livres. C'est difficile parce que je ne sais par quel bout le prendre [...]. J'ai cent fois essayé, depuis que je le connais de dessiner ce paysage, au sens exact du mot, avec le crayon et la couleur, et j'ai naturellement cent fois échoué, pas seulement à cause de mon manque d'habileté, ce manque est très grand, mais aussi parce que ce paysage est très étalé, très dispersé, mais gâché par des maisons qui d'ailleurs me tournent le dos, et qui sont fort laides. Non seulement, elles sont fort laides, mais elles ont détruit certaines lignes harmonieuses du lieu[169]. »

Suit une peinture détaillée des maisons, du jardin au printemps, et enfin du coteau. Ce paysage, dont certains éléments reviennent régulièrement dans *Le Jeu de patience*, Guilloux ne l'a jamais décrit aussi longuement dans aucun des livres qui précèdent l'année 1951, et il ne le décrira plus jamais ensuite. Mais, dans cette page, il s'impose une description complète qui englobe tout le pays et il cherche à indiquer les couleurs avec exhaustivité. Il est alors comme un peintre qui se livre à une étude et lui-même fait allusion au carnet de dessin qu'il a pu prendre parfois. L'exercice est sensible notamment dans la description des pêchers du jardin voisin, dans celle des jardins en général, du cerisier de son propre jardin et enfin du coteau charmant. L'accumulation d'adjectifs de couleur, des précisions sur les nuances de la lumière, peu dans la manière de Guilloux, suggèrent un exercice imposé. Cependant, au moment même où il se contraint, l'auteur livre certaines des raisons de cette difficulté à décrire qu'il tente de conjurer. À plusieurs reprises, nous voyons qu'il est tenté de « sortir du sujet » et que le paysage vaut en vérité moins pour ses couleurs que pour ce qu'il suggère d'autre, comme si l'écrivain s'échappait du paysage à certains moments. Il fait semblant de s'en tenir aux couleurs mais

---

[167] *Carnets 1944-1974*, op.cit., p. 134.
[168] *Ibid*, p. 138 « *Couleurs* : La brique noircie, parfois belle, entourée de son jointoiement blanc. (…) Les taxis avec leur voyant lumineux (rouge) au front- *For Hire*. La mer toute bleue après les pâturages, toute calme sous un ciel tendre et soyeux, bleu, blanc, à peine taché sur l'horizon de quelques petits nuages rosâtres. Les wagons pleins de charbon, les crassiers encore, les bennes, et puis, de nouveau, l'herbe vert cru, les arbres presque sans feuilles aux troncs noirâtres, aux branches verdies de mousse. /L'ombre de la fumée du train sur les champs de luzerne ».
[169] *Carnets 1944-1974*, p. 128-130.

les couleurs ne le retiennent pas. Ce qui compte, c'est bien davantage, la mémoire du service funèbre de Lambert -et donc l'idée de la mort- ou les multiples associations que chaque endroit du coteau suggère. Évoquer certains de ces souvenirs, faire revivre son ami, contrer ainsi le caractère figé, statique, du paysage, voilà ce qui certainement pourrait faire l'intérêt du roman pour Guilloux. Le désir de copier le paysage avec des couleurs ressemblantes, de peindre le réel vu, de transposer le monde et ses couleurs ne parvient pas à s'épanouir. Les accumulations de couleur finissent par avoir l'air factice. Tout se passe comme si les éléments importants de la description ne pouvaient être que les éléments métaphoriques, les « signes », tels la mer et le désir de fuite qu'elle symbolise, ou la « sale petite cloche au son aigre, comme un jappement de roquet » qui rappelle le caractère funeste du passage du temps.

Enfin, les raisons qu'il donne de son échec à dessiner le paysage au sens propre sont significatives de ce qu'il a appelé « les obsessions du romancier[170] ». Il dit que c'est à cause des maisons qui détruisent l'harmonie du paysage et qui sont « fort laides ». Elles ne sont pas humaines. Or ces maisons font naître un étrange sentiment d'inquiétude. La réalité est déformée par la vision du romancier et le décor devient fantasmagorique. Le même processus a lieu lors du voyage à Londres et les maisons prennent un caractère surnaturel : « Les *oast-houses* avec leurs petits bonnets de métal (dans le Kent), elles ont l'air fantastiques[171]. »

La description ne parvient pas à dire le bonheur d'espace mais exprime presque toujours une angoisse, un malaise d'être au monde. La réussite du romancier vient précisément de ces moments où il s'éloigne du réel, où il le transfigure pour dire son tourment sur les hommes qui vivent dans un tel cadre.

Finalement, le rapport au monde du romancier, tel que celui-ci le présente dans les *Carnets*, se développe sur deux modes. Le monde décrit manque de consistance : baignant parfois dans un halo d'irréalité, il prend souvent une dimension fantastique et inquiétante. D'autre part, ce monde semble comme posé à côté de celui qui le voit. Tout « pacte métaphysique » pour reprendre l'expression de Robbe-Grillet[172] est rejeté, qu'il soit de l'ordre de la communion ou de la distance. Le monde décrit n'est même plus tragique parce que la séparation tragique est encore une forme de consentement : « La tragédie peut être définie, ici, comme une tentative de récupération de la distance qui existe entre l'homme et les choses, en tant que valeur nouvelle ;

---

[170] Louis GUILLOUX, « Notes sur le roman », *Europe, op. cit.*.
[171] *Ibid*, p. 137.
[172] Alain ROBBE-GRILLET, *Pour un nouveau roman*, « Nature, humanisme, tragédie » (1958), Paris, Éditions de minuit, 1963, p. 53.

ce serait en somme une épreuve où la victoire consisterait à être vaincu[173]. »
Il ne reste alors qu'à mettre la description à distance, et finalement à exhiber le soupçon qui pèse sur elle.

La description mise à distance

Le refus du pittoresque

Le pittoresque de la ville, avec l'ensemble des ruelles autour de la place aux Ours et la fameuse rue du Tonneau, est suspect et dissimule mal quelque intention maligne.

Au début du *Sang noir*, on se souvient que Nabucet présente le vieux quartier au capitaine Plaire. Insensible à la misère du monde, il traque le pittoresque avant tout (SN, p. 90). Un paragraphe descriptif rend compte des bruits, des odeurs, signes de la misère et de l'activité de toute une population occupée à sa survie. Cette description détaillée souligne le regard inadéquat de Nabucet et la vanité d'une démarche qui consiste à vanter le charme du quartier tout en en refusant les habitants. Risquer la description pittoresque, c'est donc prendre le risque de ressembler à Nabucet.

Cette même ironie à l'égard du pittoresque est affirmée au début du *Pain des rêves*. Le narrateur personnage présente le quartier de son enfance. Comme dans le *Sang noir*, apparaissent les mots de « pittoresque », puis de « verrue », de « travaux d'embellissement » et de « ghetto ». La problématique est la même. La description de la rue du Tonneau, au centre d'un quartier d'infamie, et de la place aux Ours qui fait contraste est assez longue. Pour les deux lieux, la description se fait en deux temps : le pittoresque est remarqué, et parfois avec une certaine fierté, pour être immédiatement repoussé (PDR, p.18). Le narrateur s'arrête sur l'opposition entre l'extérieur qu'on montre et l'intérieur qu'on ignore, et la description laisse place à la somme des discours tenus sur le quartier et ses habitants de manière à montrer l'opposition entre le discours officiel sur un quartier et sa réalité humaine. On veut « assainir », « rebâtir » (PDR, p. 22), on construit même, comble de l'ironie, une Caisse d'épargne- symbole de l'exclusion définitive des habitants du quartier qu'on veut transformer, puisqu'il est bien évident que l'épargne ne fait pas partie de leurs préoccupations immédiates-, et les victimes de la misère sont aussi victimes de l'indifférence et du voile d'opprobre dont on les enveloppe.

> « Le bruit courait qu'une fois achevée la caisse d'Épargne, d'autres travaux seraient entrepris, selon un plan d'embellissement de la ville agréé

---

[173] *Ibid.*.

par le conseil Municipal, et que la verrue tout entière disparaîtrait. Les plus belles d'entre les maisons du XVe seraient comme les autres démolies, mais avec une prudence qui permettrait de les remonter ailleurs, en un point de la ville où les touristes aux louis d'or auraient plus d'aise pour les photographies. » (PDR, p. 22-23)

Savoir ce qui fait la beauté de ces maisons n'intéresse pas le narrateur qui, enfant, partage les inquiétudes des habitants :

> « Où aller, où se loger ? Il n'était personne qui ne tremblât pour cette même paillasse, qu'on ne saurait plus où traîner, une fois rasée la verrue. » (PDR, p. 23)

Sur la place aux Ours, mieux fréquentée que la rue du Tonneau, l'enfant découvre avec étonnement des passants sensibles à la beauté typique du lieu :

> « Comme elle me plaisait, cette place aux Ours ! Comme j'aurais voulu vivre là ! Que d'espace ! Et quel passage ! Toujours on y voyait des gens nouveaux, l'été surtout, de drôles de gens qui ne parlaient point comme nous, qui se promenaient tête nue, qui s'arrêtaient pour photographier quelque chose- ou même, pour peindre. J'avais vu cela. Oui, un jour j'avais vu un homme assis sur un pliant, une toile posée sur un chevalet devant lui, et qui peignait ce qu'il voyait, les belles maisons- et par une espèce de trouée, un morceau de notre cathédrale. » (PDR, p. 21)

Regarder pour photographier, regarder pour peindre dans un moment harmonieux avec le monde extérieur est une démarche presque exotique. Ce que le personnage sur la Place aux Ours voit en « attendant ses os » (PDR, p. 23) est un monde auquel il ne participe pas pour des raisons sociales. Vivre rue du Tonneau constitue une expérience de l'exclusion, pierre de touche de toute la vie de l'esprit du narrateur :

> « Par-là, me donnait-on à penser que mes pareils et moi nous formions sur la terre un objet de scandale, une malpropreté. N'était-il pas évident, lorsqu' « ils » parlaient de la « verrue », que c'était l'ensemble qu'ils voulaient dire, n'oubliant pas, dans l'habitation, l'habitant, mêlé avec sa vermine ? Telle est la première idée abstraite qui se soit formée en moi. C'est ainsi que commença ma vie spirituelle. » (PDR, p. 23)

Cette dernière expression donne toute la mesure de la gravité de l'expérience vécue et de la distance à laquelle celle-ci se tient de tout regard traquant le pittoresque ; du même coup, toute description qui perdrait de vue l'expérience des hommes est soupçonnée.

La dictée du père Coco

La dictée du père Coco, empruntée à un texte de Gustave Droz, est citée à deux reprises et, à chaque fois, s'inscrit dans un passage descriptif un peu convenu. Dans les deux cas, le contexte est celui de la guerre. Alors que le narrateur du *Jeu de patience* se souvient du pasteur Briand- sa femme vient de lui raconter son départ pour les camps à Compiègne- il évoque une visite effectuée avec lui aux réfugiés espagnols à la caserne maritime de P... un jour d'automne de 1937.

> « Eh bien, donc, c'était en effet l'automne, et de tous les automnes que j'ai connus celui qui ressemblait le plus à l'automne même, un automne classique, doux et pluvieux, avec ses grisailles et ses boues tranquilles, son air mouvant traversé de bouffées presque tièdes, l'or de ses feuilles tombantes, ses vols de corbeaux ; un automne où tout me portait à me souvenir d'une célèbre page autrefois apprise par cœur à l'école du père Coco et que j'aurais pu encore réciter du commencement jusqu'à la fin. Comme c'était ressemblant ! « Connaissez-vous l'automne, l'automne en pleins champs, avec ses bourrasques, ses longs soupirs, ses feuilles jaunies qui tourbillonnent au loin... » Comme c'était bien ça ! Comme nous y étions ! » (JP1, p. 265)

La description paraît, dans son mouvement, on ne peut plus traditionnelle, en s'accordant à l'état d'âme des personnages. Tout cela est bien classique et cet excès de classicisme doit alerter. C'est précisément la citation de la dictée du père Coco qui vient en quelque sorte fêler cette harmonie de convention entre l'homme et le paysage. Les mots de la dictée d'école sonnent comme des clichés littéraires. D'abord, ils semblent là pour dire que, lui, le narrateur n'a pas à écrire ainsi sur ce paysage-là ; cette écriture-là existe déjà, consignée à tout jamais dans les mémoires et elle peut être répétée comme un refrain. Du déjà vu en quelque sorte. Comme si le paysage n'était fait que d'un écran de mots, une ritournelle de lieux communs. La nature avec « ses champs presque nus » et « de grands espaces de mer à travers les brumes» (JP1, p. 265) est là, mais comme à côté, et finalement les personnages restent « en eux-mêmes » parce qu'aucun paysage ne peut exprimer leur expérience d'homme, ni les sauver, ni même les consoler du désastre de cette expérience. En effet, le narrateur se demande à quoi pensent ses compagnons, dont Kerhoas, le vieux militant qui conduit la voiture. Celui-ci en 1917 a été témoin d'un drame qu'il continue de porter en lui : un général a tué sous ses yeux un de ses camarades à bout portant d'un coup de révolver et « Kerhoas s'était enfui à travers champs épouvanté ». Certes, on est tout proche d'une communion sentimentale entre les personnages et le paysage, tout pourrait conduire au lyrisme, à une forme d'abandon au paysage qu'exprimerait « la célèbre page mélancolique » (JP1, p. 266), mais finalement le narrateur rappelle surtout toute la distance infranchissable entre cette mélancolie de mots préfabriqués et la souffrance humaine.

> « L'automne... Et je pensai de nouveau au père Coco. Il allait à petits pas entre les bancs de la classe, son livre à la main et il dictait. « J'adore les grandes flambées, virgule, j'aime à me ré-fu-gier dans le fond de la cheminée, virgule... ». »

Comme tout cela est rassurant, trop attaché au monde de l'enfance assurément et de l'innocence, alors que pour le moment il s'agit de porter aux réfugiés espagnols de quoi se vêtir et qu'on ne sait pas « de quels spectacles, en ce même moment, Pablo était le témoin ou l'acteur » (JP1, p. 266). Quand il est question de l'incorporation de la classe 17 à l'automne, c'est encore la dictée du père Coco qui revient comme un refrain :

> « Les choses suivaient leurs cours, les saisons de même. C'était l'automne. Et, à l'école laïque, le père Coco faisait faire une fois de plus à ses élèves la célèbre dictée : « Connaissez-vous l'automne, l'automne en pleins champs, avec ses bourrasques, ses longs soupirs, ses feuilles jaunies qui tourbillonnent au loin... » (JP1, p. 501)

Bien sûr, la répétition de la dictée dit le temps arrêté, immobile ou en boucle et participe au principe de réitération des événements qui occupe une place si importante dans *Le Jeu de patience*, rendant tout espoir de transformation impossible. Mais la mise à distance par l'utilisation du cliché de la description, dans un temps où les guerres adviennent, dessine aussi le risque d'imposture que toute littérature encourt et que redoute tant le chroniqueur.

Il faut reconnaître que, malgré tout, la mise à distance est discrète. L'art de Guilloux n'est pas démonstratif. Le cliché est ambivalent et exerce une véritable séduction. Mais Guilloux avec *Le Sang noir* a su porter si haut son niveau d'exigence littéraire que nous ne pouvons que nous défier de toute posture naïve. C'est bien ce que le narrateur du *Jeu de patience* nous invite à faire quand, pendant sa mobilisation avec Meunier et Barthez en faveur des chômeurs dont le nombre ne cesse d'augmenter en pleine période de Noël, il propose une description qui peut étonner :

> « En attendant la neige tombait comme jamais. Quand arriva le grand jour de Noël il y en avait bien un mètre dans nos rues et nos chômeurs étaient occupés à ouvrir des chemins à travers ces blanches épaisseurs et à répandre du sable aux endroits les plus glissants. C'était un spectacle vivant et gai; partout on rencontrait des équipes d'hommes armés de pelles et de râteaux, de brouettes, des bandes d'enfants qui jouaient à se jeter des boules de neige,

etc. ... C'était l'hiver même. Et comme notre cathédrale était belle sous son gros manteau blanc ! » (JP1, p. 420)

La dissonance entre la difficile condition des chômeurs employés par la ville par mesure de charité et l'expression « spectacle vivant et gai » doit encore une fois nous mettre en garde- sauf à penser que la joie de Noël emporte tout, ce qui paraît tout de même un peu naïf. Le « etc. » qui rompt la liste des éléments de ce paysage de neige animé signale précisément le caractère de cliché du propos tenu et met en garde contre une description dont nous pourrions décliner les termes nous-mêmes en puisant peut-être dans notre vieux fonds de dictées d'école primaire. Tout cela semble décidément trop facile et ne semble pas à prendre pour argent comptant. Ce paysage d'hiver, « le gros manteau blanc » de la cathédrale, n'est-ce pas aussi naïf que Barthez qui « ne voulait plus rien savoir des guerres », qui « croyait à l'éducation des masses » (JP1, p. 422), et qui fait entonner aux gosses *l'Hymne de la cité future* ? Le ton de bonheur ingénu mérite interrogation et invite à coup sûr à faire peser un soupçon d'ordre éthique sur la description.

Quand, dans *Le Jeu de patience*, un moment d'euphorie descriptive se manifeste, celle-ci est rapidement mise à distance par une ironie discrète qui vient rappeler que le romancier a banni tout ce qui pourrait être signe de consentement aux tragédies des hommes. S'il arrive que la beauté de la nuit soit décrite, cette beauté s'épanouit dans une indifférence radicale à l'histoire, indifférence que le narrateur souligne.

« La nuit du 17 au 18 (juin 1940) avait été une nuit de lune admirable [...]. Nuit limpide et dorée, assurément faite pour autre chose que les angoisses où nous entrâmes en entendant venir les avions. » (JP1, p. 431)

L'absence de relation entre le paysage et l'événement est nette. Le paysage ne signifie rien, le sentiment d'absurdité tragique face à l'Histoire en sort renforcé. Entre la beauté de la nuit et les horreurs de la guerre, la distance est incommensurable, comme l'atteste ce passage où, durant la première guerre mondiale, Zabelle est accoudée à sa fenêtre :

« La nuit était froide, mais d'une limpidité absolue, le ciel presque vert, et les branches des arbres, au jardin, d'un noir de sépia- une nuit jaune, allègre, souriante, avec au fond un lointain murmure qui devait être celui de la mer ; il était trop triste de penser que par une nuit si belle les hommes étaient occupés au front à s'égorger. »

Le paysage est définitivement séparé de l'Histoire et des hommes : la mise en relation de l'un et de l'autre, sur un mode lyrique ou sur un mode tragique, est également dénuée de sens. La dérisoire formule « il était trop triste » l'indique : son insuffisance explique l'impossibilité presque morale dont est finalement frappée toute acceptation contenue dans le désir de décrire.

L'admiration sentimentale pour le paysage, la sensation d'harmonie, ce qui pourrait donner une impression de plénitude entre l'homme et le monde, ou simplement dire la confiance de l'homme au monde, tout cela est écarté. Les circonstances historiques, certaines conditions sociales extrêmes, une conscience tragique de l'existence font qu'il est impossible de s'abandonner à admirer un paysage et de se laisser emporter par le charme d'un décor : tout, au contraire, nous ramène à chaque fois à la rupture consacrée entre l'homme et le monde par une grande part du roman du XXème siècle. Guilloux a l'intuition que cette séparation de l'homme et du monde pourrait donner lieu à une déclinaison tragique de la description, déclinaison finalement récusée non sans ironie au nom du tragique même et de la violence faite aux hommes, qui ne peuvent s'accommoder d'aucune récupération littéraire. Au terme de son œuvre, c'est avec un autre Coco, « l'envers du père Coco du *Pain des rêves* [174] », que Guilloux rappelle la posture paradoxale du romancier : celui qui dit le monde, qui le raconte, s'il ne veut pas être un imposteur ou un naïf, doit se méfier des « voix tonitruantes », comme celle du père Coco, l'instituteur, et adopter la voix perdue de celui qui va et vient dans un monde auquel il ne peut appartenir totalement.

---

[174] Catherine ROUAYRENC, « Les voix de Coco perdu », *Louis Guilloux, écrivain*, Rennes, Presses universitaires de Rennes, coll. « Interférences », 2000, p. 240.

3
La description inutile

De suspecte, parce qu'elle se révèle impropre à rendre compte de la relation tragique de l'homme au monde, la description semble même devenir inutile. Les images du labyrinthe et du kaléidoscope[175]- que connaît bien tout lecteur de Guilloux- métaphores des structures de la narration et du foisonnement des personnages- viennent finalement miner le principe même de la description.

« Quand tout se mêle » dans *Le Jeu de patience*

L'éclatement du récit du *Jeu de patience*, dont la construction qui entremêle différentes temporalités a causé tant de soucis à Guilloux, n'est pas à montrer[176]. La narration repasse, comme le personnage, là où elle était déjà passée, elle revient en arrière, bifurque, se retrouve là où elle était et son cheminement a bien évidemment quelque chose de labyrinthique. La reprise des mêmes éléments montre à quel point l'ordre du descriptif ne peut rendre compte du réel dans sa totalité, de son mouvement et de son immobilité conjointe. Les motifs du labyrinthe et du kaléidoscope deviennent alors une véritable poétique : ce ne sont plus des motifs ou des thèmes, mais des dispositifs formels pour rendre compte de la difficile présence de l'homme au monde - monde où il peut se perdre et être confondu à tout instant. L'illusion d'existence vient moins de la présence créée par la description que du ressassement.

---

[175] ETIEMBLE, « Jeu de patience ou kaléidoscope », *Les Temps Modernes* n°51, Gallimard, janvier 1949.
[176] Voir Anne ROCHE , « Temps et narration dans *Le Jeu de patience* », *Dix-neuf-Vingt*, 1997.

L'image du kaléidoscope, métaphore de la réalité fuyante et changeante[177], montre qu'une forme laisse place à une autre sans qu'il soit possible d'anticiper sur ce mouvement des formes qui apparaissent et disparaissent.

Dans *Le Jeu de patience*, le narrateur à la fenêtre regarde la neige tomber. Surgissent alors les souvenirs des personnages dont il veut raconter l'histoire : les métaphores pour dire leur caractère insaisissable décrivent les difficultés que rencontre l'écriture chargée de les fixer.

> « [...] Ces fragments d'images qui bougeaient dans le fond de ma mémoire, où tout se mêlait comme dans une ronde silencieuse, dans un léger halo d'apparition ! Tout s'enchaînait et se dispersait tour à tour presque dans le même instant. [...] d'autres visages apparaissaient, de nouvelles situations se nouaient et se dénouaient le temps que la main se tourne et se retourne, tout s'en allait en fumée » (JP1, p. 150) [...] Oui, c'était comme un léger halo, comme une vapeur imperceptible traversée de brûlantes images que le froid de la neige amassée contre mes vitres faisait fondre mais qui renaissaient ailleurs. » (JP1, p. 150-151)

Une nuit de grand vent, alors qu'il est chez Kerdudo, le narrateur est presque en proie à des hallucinations et ce sont les personnages de sa chronique qui tourbillonnent autour de lui :

> « Sur les images qui se succédaient dans mon esprit je n'avais plus guère de contrôle [...]. Tout se mêlait, se bousculait, chavirait comme dans un cyclone, disparaissait, reparaissait selon une fantaisie brutale ou sournoise à laquelle je n'avais point de part (JP2, p. 131). »

Dans la tourmente de l'Occupation et des persécutions, la même image revient : « Quand je rêvais encore à ma Chronique, je voyais bien de quelle manière tout pouvait se mêler et se mêlait en fait comme dans un kaléidoscope (JP2 144). » En effet, la narration dans *Le Jeu de patience* semble pouvoir se démultiplier. Les personnages sont extrêmement nombreux et le temps de l'écriture qui correspond à 1945 se mêle aux époques de la période de l'Occupation, de l'entre-deux-guerres, d'avant 14 et de la première guerre mondiale. Anne Roche[178] a analysé cette construction savante. L'éclatement du récit n'est jamais loin. Les différents « tableaux » (JP1, p. 151) se succèdent mais aussi se fondent entre eux à la manière des images d'un kaléidoscope.

---

[177] Il arrive que dans les *Carnets*, GUILLOUX utilise également cette image, notamment à propos d'une soirée chez Florence Gould où tout lui est apparu comme un « kaléidoscope perpétuel », *Carnets 1944-1974*, Paris, Gallimard, coll. « Blanche », p. 119-120.

[178] Anne ROCHE, « Temps et narration dans *le Jeu de patience* », *op. cit.*

Mais tous les éléments disparates sont rassemblés par l'unité de lieu et la fragmentation semble en partie conjurée grâce à la petite ville. Et dans l'enchevêtrement des fils narratifs où tout se mêle, on peut suivre les différents niveaux de la narration grâce aux points de repère constitués par certains objets du décor qui confèrent son unité à un récit où se perdre est facile. Certains éléments descriptifs, feux ou neige par exemple, servent de fils conducteurs et relient entre eux des plans de narration différents. Enfin, par le retour périodique de lieux ou de personnages, parfois simplement donnés comme des listes de noms, le narrateur reprend ce qu'il a déjà raconté, nous invitant à reconsidérer ce que nous avions cru comprendre tout en évitant l'impression de diffraction totale du récit, que pourtant il a favorisée. Comme dans un kaléidoscope, on passe d'une figure à une autre, d'un temps à un autre, d'un lieu à un autre et les séparations, les sutures de la composition sont gommées. Le romancier retrouve alors dans l'écriture les aléas de la mémoire et le charme des associations qu'entraînent les souvenirs.

Le lien établi par le décor entre différentes séquences narratives se manifeste de deux façons. Soit un détail ou un élément du décor sert à rattacher des épisodes qui sont concomitants mais qui se déroulent dans des lieux différents, soit le décor permet de mettre en relation des époques éloignées dans le temps.

Dans le premier cas, la narration traite d'une même soirée dans des lieux divers avec des personnages différents. Les scènes se déroulent à la fois chez Zabelle avec Loïc et sa mère Madeleine, chez Hippolyte Chesnet où dîne Arsène Lefranc et où doit se tenir une réunion à laquelle se rend le vieux père Laisné, et enfin chez Clémence Mordelet. Alors le narrateur associe tous ces lieux hétérogènes au même élément de décor, les feux allumés dans chaque pièce : « Elle (Madame Chesnet) avait fait allumer un grand feu de bûches dans la cheminée de la salle à manger. Quant à Clémence Mordelet, elle s'était chargée elle-même de pousser un peu celui qui, de tout l'hiver, ne cessait de brûler dans la cheminée du salon où M. l'aumônier recevait ses élèves... (JP1, p. 192). » Le narrateur ajoute ce même détail chez Zabelle : « Pour en finir avec la question des feux, disons maintenant que la cousine Zabelle en avait allumé un fort beau dans la salamandre de « sa belle pièce » qu'elle appelait aussi sa « pièce coloniale... » (JP2, p. 193). Pendant vingt pages se poursuit la narration par fragments juxtaposés des différentes soirées dans plusieurs endroits. Mais un fil descriptif, extrêmement ténu, - et le narrateur par cette formule lapidaire « pour en finir avec la question des feux » souligne le procédé- a créé le lien qui évite l'atomisation du récit.

Dans le deuxième cas, le décor, tenant lieu de fil d'Ariane, permet de glisser d'une époque à une autre et assure une permanence dans la discontinuité temporelle. Ainsi, lorsque le narrateur se souvient de la visite à la caserne des réfugiés en compagnie du pasteur et de Kerhoas, se superpose un autre souvenir, celui de ses vacances d'enfant à la colonie de Ker-Avel, vacances organisées par la comtesse de Lancieux : « …que ne me rappelait pas la route même que nous parcourions ! N'était-ce pas cette même route que pendant des années nous avions franchie en carriole pour aller à la colonie que la comtesse de Lancieux avait installée dans la propriété de son beau-père, le vieux monsieur Robert » (JP1, p. 266). Suit l'évocation de ces vacances, du trajet, de l'arrivée au château et des trois vieillards du prieuré, de l'abbaye et de ses ruines. La narration du trajet avec le pasteur vers la caserne maritime reprend alors et c'est de nouveau une notation spatiale qui fait renaître la strate temporelle plus ancienne de l'enfance : « Nous bifurquâmes, quittant le chemin qui nous aurait conduits à Ker-Avel chez la comtesse, pour prendre la route du port et, au-delà, celle de la caserne maritime. Il me vint une sorte de regret puéril comme si je m'étais senti coupable d'une trahison quelconque envers un passé toujours vivant et toujours cher. Et c'est vers ce passé-là que revint encore une fois ma rêverie (JP1, p. 272). » Les bifurcations de la route entraînent les bifurcations de la mémoire, nourrissant un sentiment de culpabilité diffus : un même chemin fait naître plusieurs souvenirs liés à des époques différentes et c'est le cadre spatial, récurrent au point qu'il a à peine besoin d'être décrit, qui donne une forme d'unité à la narration.

Le procédé est le même à la fin du roman. Un soir, le narrateur écoute sonner les cloches et cela provoque le souvenir de la procession des Pestiférés : « J'écoutais sonner les cloches comme elles avaient toujours sonné à pareille date depuis si longtemps - et il me semblait que jamais elles ne l'avaient fait plus joyeusement que vingt ans plus tôt pour la première fois après qu'un grand pèlerinage s'était déroulé dans la paix (JP2, p. 301). » Ces cloches vont constituer le motif commun à différentes strates du récit, le récit du moment où le souvenir naît, après la seconde guerre mondiale, (« Je voulais rester seul à moi-même, écouter les cloches, la rumeur lointaine, me souvenir (JP2, p. 320) »), le récit de l'entrée dans le monde de Pierre Chesnet sous la houlette de Stéphane Mège ; scène pendant laquelle, Pierre, à son tour se souvient de la procession à laquelle il n'assiste pas et l'évoque devant Mège, qui l'invite, d'ailleurs, à se méfier du pittoresque : « Il voyait la rue Saint-Yves, la foule des spectateurs rangés sur les trottoirs, son grand-père assis sur un pliant, une couverture sur les genoux, les lumières, les drapeaux ; il entendait les cloches (JP2, p. 303). » Et, enfin, le récit de la soirée chez les Nédelec (JP2, p. 306, p. 322), avec le même soir, celui de la visite de Loïc à l'écurie de la rue du Tonneau : « la divine rumeur des cloches bourdonnait dans le fond de la cour comme dans un coquillage. » (JP2, p. 320) Il est commun qu'une sensation auditive soit à l'origine du souvenir. Mais l'originalité de Guilloux tient ici au fait que cette sensation concerne des époques et des personnages différents.

« C'était toujours le même... »

Comme dans un labyrinthe, la narration retourne sur les lieux déjà mentionnés si bien que leur évocation semble avoir quelque chose d'inépuisable, et que nous sommes gagnés par l'impression de « déjà lu ». Ce tissage du texte prend une ampleur particulière dans *Le Jeu de patience* où, tout particulièrement, la narration se construit autour de ce qu'on pourrait appeler le retour du même, la répétition s'accompagnant parfois de variations.

Parmi les principaux lieux créant cette impression de narration labyrinthique, la rue Saint-Yves est régulièrement citée comme l'endroit où tout se passe dans la ville, passage obligé de toutes les processions et de tous les défilés correspondant aux événements qui rythment les années. Citons également « le petit labyrinthe autour de la cathédrale », qui fonctionne comme une mise en abyme de la narration en entier, signalé par deux fois au moins (JP1, p. 124 ; JP1, p. 318). Non loin de là, se trouve la rue de la Fontaine-aux-moines, le père Desbois y possède sa boutique de maroquinerie où il travaille avec sa fille Tante Mone. Ce n'est pas très loin non plus de la rue où habite le père Laisné qui fait régulièrement le même tour qui le conduit chez sa vieille amie Florence. À l'écart du centre-ville, il y a le « sentier aux trois ombres » qui conduit au « tertre aux bluets » avec la plage Saint André un peu au-delà. Enfin, en dehors de la ville, la colonie de Ker-Avel et la caserne maritime où l'on se rend par la même route. Soit le narrateur ou l'un de ses personnages passent et repassent dans ces lieux, soit les personnages sont simplement évoqués dans le halo des souvenirs qui apparaissent et disparaissent. L'important est qu'à la deuxième ou troisième mention de ces lieux et des personnages qui y sont associés, nous avons le sentiment de relire ce que nous avons déjà lu, comme si le récit revenait sur ses pas.

L'exemple de la rue de la Fontaine-aux-Moines avec l'histoire de tante Mone et de la famille du père Desbois est particulièrement représentatif de ce fonctionnement. Au début du *Jeu de patience,* le chroniqueur emmène sa nièce Jeanine déjeuner sur la place Surcouf et lui raconte l'histoire de Tante Mone[179]. Cette histoire commence avant la première guerre mondiale et

---

[179] Alexandra VASIC voit « l'histoire de tante Mone » « du fait de sa longueur et de son autonomie relative dans *Le Jeu de patience*, [...] comme une nouvelle intercalée. Elle analyse « la description liminaire de la ville [qui] annonce l'évitement de la péripétie et l'anéantissement de toutes les virtualités romanesques du récit », *L'œuvre de Louis Guilloux, le romanesque en jeu, op.cit.,* p.56-57 et p. 67-69. Paul RECOURSÉ répertorie ce qu'il appelle les « romans courts dans ce roman long » dans « Lire *Le Jeu de patience* de Louis Guilloux »,

conduit jusqu'au moment où le narrateur parle, à savoir l'époque de l'épuration après la Libération. Raconté assez longuement, le récit prend environ trente-cinq pages : naissances, mariages, baptêmes, croissance des enfants, guerres, deuils se succèdent, ce qu'indique la petite pancarte que le père Desbois installe sur la porte de sa boutique à chaque fois qu'un événement heureux ou un malheur l'oblige à fermer. Le « fermé pour cause de... » apparaît comme un refrain dans une vie qui suit son cours et que les principaux protagonistes ne peuvent que subir. Le père Desbois a quatre enfants dont un fils Gustave, dit Tatave, qui meurt lors de la première guerre. Après cette mort, la vie n'a plus la même saveur. Parmi ses quatre enfants aux destins divers, le père Desbois a une fille sur laquelle le temps ne fait que glisser. Elle ne sait pas quoi faire, ne semble promise à aucun avenir si bien que son père décide de lui apprendre son propre métier et de la faire travailler avec lui à la boutique :

> « Le matin, le père Desbois se levait à six heures, il ouvrait sa boutique à sept. Momonne était déjà là, dans sa blouse noire, à sa machine- mais elle n'aimait pas ça, et c'était toujours le même long regard et dans ce long regard la même teinte de honte que je rencontrais quand il m'arrivait de passer par là en remontant la rue de la Fontaine-aux-Moines. » (JP1, p. 100)

Le temps passe :

> « Tante Mone avait maintenant beaucoup de cheveux blancs, mais elle n'y pensait pas. On aurait dit qu'elle ne le savait pas. Et elle piquait à la machine, coupait, collait, ouatinait, du matin au soir, sans dire un mot et elle n'aimait pas ça. » (JP1, p.104)

Après la mort du père Desbois qu'elle accompagne dans son agonie, elle continue de travailler à la boutique. Elle y travaille encore au moment où le narrateur parle, bien après la mort du père Desbois :

> « Tante Mone est entièrement blanche aujourd'hui. Elle se lève à six heures du matin, ouvre la boutique à sept... Un de ces jours, si tu le veux, nous passerons ensemble par la rue de la Fontaine-aux-Moines. Je te montrerai la boutique... Et tu la verras elle-même penchée sur sa machine, cousant du matin au soir dans sa grande blouse noire de pénitente, et les mèches blanches de ses cheveux lui tombant sur le front. » (JP1, p. 108)

À l'intérieur de cette histoire de la famille du père Desbois, les expressions - « fermé pour cause de... », « la blouse noire », « se levait à six heures, ouvrait

---

Confrontations, Bulletin de la société des amis de Louis Guilloux, n°29, décembre 2016, p. 15-27.

la boutique à sept », « le long regard de Tante Mone », « la mèche de ses cheveux »…, « elle n'aimait pas ça »- sont à l'image de l'éternel recommencement, de l'enchaînement cyclique des événements, tout en procurant le sentiment du passage inexorable du temps.

Ce paradoxe dans l'expression du temps se retrouve dans la suite du récit puisque cette même histoire de la famille Desbois est régulièrement évoquée, cette fois-ci par fragments discontinus :

> « Tout en rôdant à travers le petit labyrinthe autour de la cathédrale il me fallait passer partout où je savais que Pablo avait l'habitude de se rendre : devant le bistrot où il entrait boire le coup, jeter un regard aux fenêtres des mansardes où habitait son ami Sanchez, toucher en passant le loquet de la porte de sa maison, dans la rue de la Fontaine-aux-Moines…et à deux pas de celle des Desbois. Dans le petit magasin de maroquinerie, tante Mone était à sa machine comme toujours. » (JP1, p. 124)

Les noms sont ensuite rappelés au gré des événements heureux qui peuvent rythmer la petite ville comme la Fête sportive :

> « La Fête sportive : vélos, course à pied avec le grand champion Tatave Desbois toujours vainqueur dans le cent mètres et son ami l'autre grand champion Paul Laisné toujours vainqueur dans le lancement du disque et le saut à la perche.[…] Tous les ans, c'était la même chose depuis on ne savait combien… […] Mais personne, sauf les enfants et les vieillards, sauf peut-être le père Desbois, pendant que Momonne et ses sœurs faisaient la vaisselle, ne songeait à faire la méridienne… » (JP1, p. 281)

Puis ces mêmes noms reviennent liés à la tragédie de la guerre de 14 :

> « … Le père Desbois était depuis longtemps rentré chez lui. Il s'était remis au travail avec Momonne. On recevait des nouvelles de Tatave. Il en avait vu de rudes, mais il était sain et sauf. Paul Laisné aussi […]. » (JP1, p. 479)
>
> « Octobre était venu. La rentrée. Il n'y avait pour ainsi dire pas eu de vacances. On n'allait plus à Ker-Avel. Les enfants grandissaient : Yves Laroche, Pierre Chesnet, Loïc Nedelec. Ils avaient tous à peu près l'âge du siècle, et si la guerre durait encore longtemps, comme il était probable, ils y partiraient. On parlait déjà de l'incorporation de la classe 17. […]. Dans sa petite boutique de la rue de La Fontaine-aux-Moines, le père Desbois avait rallumé son poêle et du matin au soir, il travaillait, à côté de Momonne qui piquait à la machine. On attendait des nouvelles de Tatave. » (JP1, p. 501)

Le temps passe mais c'est un temps immobile. Rien ne change : les mêmes noms, les mêmes rues et pourtant chacun est affecté par les modifications dues au temps et aux événements historiques. Ce principe de reprise vient nourrir le sentiment tragique. En effet, chaque retour des noms rappelle que les personnages, comme dans les tragédies, n'ont pas conscience de ce que la fatalité a prévu pour eux tandis que ce qui nous en a été dit pour commencer nous a prévenus qu'ils ne pourraient échapper à leur destin et que toute promesse de bonheur était vaine.

L'activité de Tante Mone est à cet égard significative : vêtue de sa blouse noire, elle est penchée sur sa machine et elle pique, elle coud du matin au soir, nous répète-t-on. Comme une araignée, elle tisse sans cesse une toile où se lit le destin de toute une génération. Déesse sans grandeur, elle se livre à une activité qui dit, comme celle de toutes les fileuses, le triste sort des humains. Avatar moderne des Parques, prisonnière de sa machine où elle pique sans relâche, elle dit à quoi ressemble les destins qu'on ne se choisit pas.

C'est une activité à lire en miroir de celle de l'écrivain. Comme Tante Mone, avec la même persévérance ou la même obstination, celui-ci tisse son texte en reprenant les mêmes fils et en repassant aux mêmes endroits. Le texte ainsi s'élabore comme les objets de cuir cousus par Tante Mone. Les personnages « reviennent » (JP1, p. 74) : « Tante Mone était *revenue*. » Saisi par ce sentiment de retour tragique du même, pris d'assaut par les *revenants*, le chroniqueur ne peut se dérober à l'écriture :

> « Il me sembla que j'avais déjà vu ces mêmes choses des milliers et des milliers de fois, que j'étais mille et mille fois revenu en ce même lieu, et les quatre coups qui sonnèrent au clocher de la cathédrale me firent tressaillir comme je l'aurais fait sous la menace d'un danger indiscernable. Il fallait partir. Il fallait rentrer. Retraverser le désert de la place aux Ours, gagner au plus vite la rue des Tourbières et rentrer chez moi, m'occuper de mes paperasses. Oui, ma Chronique. Il fallait pourtant bien que j'en vienne à bout ! Les *personnages* étaient revenus et ils m'attendaient : Félix Marmignon, le vieux père Laisné et ses fils, Clémence Mordelet et son frère l'aumônier, l'abbé Cloarec et toute la bande des enfants - et combien d'autres !... » (JP1, p. 124)

Chaque destin mérite ainsi d'être filé et la chronique est faite de l'entrecroisement de ces différents fils.

Bien sûr, ce système de reprise affecte pratiquement tous les personnages, mais le vieux père Laisné, autre artisan, ami du père Desbois, dont le petit-fils connaît le même destin que celui de Tatave, mérite aussi une attention particulière. Il est surtout signalé pour sa promenade du soir : comme le chroniqueur lui-même ou comme le grand-père du *Pain des rêves*, il fait toujours le même tour et se repère dans le labyrinthe des rues. L'une des premières fois où il est question de ses sorties, il est rapproché du père Desbois et de Tante Mone :

> « Et pendant ce temps-là, le grand-père Laisné partait tout seul, ses cadres sous le bras. […]. Il prit par la rue aux Toiles, jetant un regard à la maison des Lancieux… […]. » (JP1, p. 195)
>
> « Il faisait toujours le même tour, prenant d'abord en sortant de chez lui, par la rue aux Toiles et passa devant la maison des Lancieux. Et comme toujours, il y lança un regard inquiet, vaguement hostile… Hum ! Après la rue aux Toiles, il prit comme toujours à gauche la rue des Tourbières, et descendit vers la place aux Ours, par la rue des Lois, entra dans le petit labyrinthe autour de la cathédrale et s'enfonça dans un couloir où brûlait un quinquet… C'était toujours le même couloir, le même escalier sonore. En haut Florence s'avança sur le transport, avec une lampe. […] C'était toujours la même Florence, […]. Et c'était toujours le même joli petit sourire de jeune fille- la même mansarde si bien tenue, la même fenêtre et le même décor de vieux toits autour de la cathédrale et de ses pigeons- de ses cloches… La même petite voix si naïve… » (JP1, p. 318)

Dans son parcours répété, le vieux Justin passe à chaque fois par la rue aux Toiles et son nom, « Laisné », renvoie à une activité de tissage : autant de signes disposés pour nous inviter à réfléchir à la trame du texte, à l'organisation des fils entre eux pour en former le tissu, autre image du labyrinthe.

Signalons, enfin, parmi ces personnages attachés à des lieux qui reviennent dans le cours du récit, ceux qui se promènent sur ce sentier que le narrateur appelle « le sentier aux trois ombres », qui passe par le tertre aux Bluets, « à deux pas de chez la cousine Zabelle » (JP2, p. 23) et qui finit par rejoindre la plage Saint André.

> « Je me promenais hier du côté du tertre aux Bluets. N'ai-je pas déjà beaucoup parlé de ce tertre que j'ai là sous mes fenêtres, et des trois ombres que j'y revois passer, celle d'Ernst Kende, jeune homme avançant à pas comptés, tout en lisant, à travers le sentier que Zabelle empruntait pour rentrer chez elle, en revenant de l'hôpital ? (JP2, p. 24) »

Là aussi, les personnages sont comme des fantômes. Ils hantent un espace qui les ressuscite sans cesse. Et l'espace sinueux et labyrinthique à l'origine de tous ces revenants se propose toujours comme un miroir de la démarche narrative de l'auteur. On ne peut jamais se perdre vraiment, on retombe toujours sur des lieux connus mais le chemin est difficile « dans son étroitesse et ses rocailles, à travers les clôtures treillagées des jardins ». (JP2, p. 24) - jusqu'à l'adjectif « treillagé » qui fait écho lui aussi à l'enchevêtrement et au tissage des fils nombreux qui composent la narration.

Tous ces éléments récurrents donnent au récit une impression de tourbillon, tourbillon des lieux, des noms, des morts qui aboutit à une espèce d'apothéose à la fin du *Jeu de patience* lors de la promenade au cimetière du narrateur un premier novembre. Le narrateur marche parmi les tombes et comme il l'a souvent fait, il énumère les noms de tous ses personnages, même s'il dit que c'est « trop facile de se promener parmi les tombes et d'en faire le recensement » (JP2, p. 357), il ne se refuse pas cette facilité parce qu'en vérité, elle reprend tout le maillage du texte.

> « La tombe du camarade Maréchal […]. Un peu plus loin, voici Monsieur Babinot. Voici Clémence Mordelet […]. Ici repose Monsieur Yves Laroche, ancien chef de bureau à la préfecture (1868-1938). « Regrets ». Mais qu'est devenue Mona Ansker ? Et qu'a-t-on fait du corps de Marion ? Oh, j'oublie, Maman Lulu ! Elle doit être par là, pas très loin… Les figures de la Chronique du Temps passé voisinaient avec celles de la Chronique du Temps présent. Tout se mêlait. Les tombes du bombardement d'avril voisinaient avec celles, toutes fraîches, de traîtres abattus par les résistants, d'aviateurs anglais tombés dans notre campagne ou ramenés par le flot, d'Allemands. Oui tout se mêlait, les époques, les races, les classes. » (JP2, p. 358)

Le verbe employé est le même que pour les papiers de la Chronique en désordre. La promenade entre les tombes se poursuit, accompagnée de la longue liste des noms des personnages. Le lien entre cette errance parmi les tombes, avec ces noms répétés pour la énième fois dans le récit, ce rappel des anonymes à qui la chronique a donné un destin, et le travail de l'écriture est clairement signifié : « Du cimetière, malgré le temps gris, je voyais fort bien les fenêtres de mon cabinet de travail. » (JP2, p. 358) La boucle se referme. Au début de la chronique, le narrateur voyait le cimetière de la fenêtre de son bureau. Entre ces deux regards se situe l'écriture d'un récit particulièrement complexe qui a sans cesse menacé de perdre celui qui l'entreprenait.

Les images du labyrinthe et du tissage qui sont métaphores de l'écriture, sont à associer au mécanisme tragique mis en place dans le roman. Clément Rosset le rappelle : « il y a (donc) deux idées essentielles et complémentaires dans le sentiment tragique : l'idée du mouvement et l'idée de l'immobilité soudain fondues en une seule intuition[180]. » Voilà précisément ce que parvient à exprimer Guilloux par ce que nous avons appelé le retour du même dans *Le Jeu de patience*. La détérioration de l'idée de temps, propre au temps tragique qui est un temps immobile, apparaît particulièrement bien à travers les histoires de Tante Mone, du père Lainé et de tous ceux sur lesquels revient un récit tortueux. La description est alors réduite au minimum : présente

---

[180] Clément ROSSET, *La Philosophie tragique*, Paris, Presses universitaires de France, 1960, collection « Quadrige », 1991, p. 8.

seulement pour rendre perceptibles les modifications opérées par le passage du temps -Tante Mone blanchit-, elle est finalement mise au service de l'expression du tragique de chaque existence.

Le personnage menacé

Enfin, la description risque d'être frappée d'inanité si l'on considère le sort réservé au personnage. À peine doté d'un nom qui lui assignerait une identité fixe, toujours sur le point de devenir un spectre, une ombre parmi les ombres, et de rejoindre toutes ces silhouettes qui tissent par leurs allées et venues le labyrinthe de la ville, le personnage arpenteur d'espace que Guilloux invente est sans cesse menacé de disparition. Son existence n'est jamais affirmée avec une telle fermeté que l'on soit assuré de sa durée. Il n'est pas simplement vaguement inconsistant, il risque aussi de disparaître pour ne plus jamais réapparaître sans que les motivations de cette sortie brutale soient exposées.

On note d'abord, les personnages qui n'ont d'existence romanesque qu'à travers leur disparition, que l'on ne connaît que « disparus ». D'autres, s'en vont sans prévenir et sont les portés disparus de la diégèse. Les premiers sont évoqués sans description. Les seconds montrent le statut paradoxal du personnage chez Guilloux.

Les grands absents

Parmi les premiers, le père de la famille Lhotellier dans *Le Pain des rêves*. Les motivations de son départ restent confuses :

> « De mon père, il n'était jamais parlé. Nous savions seulement qu'il nous avait quittés. C'était là un grand mystère, un grand trouble peuplé d'images confuses. Tout s'était fait très honnêtement, cela nous devions l'apprendre plus tard. Ce n'était point l'amour d'une autre femme qui l'avait éloigné de la sienne. Mais il ne pouvait plus continuer à vivre *ainsi*. Il lui était venu comme une espèce de tourment. » (PDR, p. 58)

On ne sait pas ce qu'il est devenu : « Pendant plus d'un an, il donna de ses nouvelles. Une fois même, il envoya un peu d'argent. Mais il ne parlait pas de revenir. Puis, plus rien ; un grand silence » (PDR, p. 59). Et jamais sa femme, la mère du narrateur, ne formule de reproches à son encontre comme si elle comprenait ce qui l'avait poussé à partir. « Ma mère ne vit que l'homme dans sa peine. Elle comprit tout » (PDR, p. 58). Son absence est matérialisée par les photos découpées dans l'album (PDR, p. 38). L'enfant, autant que sa mère, redoute que le père ne soit devenu comme l'un des vagabonds de la Bande du soleil et cette crainte montre que sa présence plane de manière diffuse sur son existence (PDR, p. 60).

À l'autre bout de l'œuvre, *La Confrontation* est une parodie de roman policier où l'inspecteur-journaliste Favier doit enquêter sur Gérard Ollivier qui a disparu de la petite ville de Laval. Dans *Coco Perdu*, Fafa est aussi portée disparue. Dès le début du soliloque de Coco, Fafa n'est plus là puisque celui-ci l'a accompagnée à la gare. Ce qui pouvait ressembler à une escapade devient, au fur et à mesure que Coco raconte, un départ sans retour. Fafa n'a pas voulu qu'il l'accompagne sur le quai, et « elle était tout le matin d'une douceur d'agneau, trouvant tout bien, tout facile, ayant même réussi à boucler sa valise toute seule, ça s'était jamais vu […] » (CP, p. 9). L'idée qu'elle est partie pour toujours gagne progressivement du terrain et d'intuition devient certitude : « Alors ? Fafa me plaque ? Eh bien bon ! Qu'elle me plaque si ça lui chante » (CP, p. 41) Coco attend que l'absente fasse signe : télégramme, téléphone, lettre, mais rien n'arrive jusqu'à ce que Coco constate que le « magot » a lui aussi disparu : « Vide, parbleu, la boîte… Vide ! » (CP, p. 119). Dans *Coco perdu*, le mystère du départ de Fafa sert de fil narratif à ce long soliloque. L'incertitude de Coco motive une espèce de suspense, dans un développement narratif qui en contient si peu : elle nourrit un vague espoir dont nous comprenons qu'il ne sera plus qu'un long ressassement et qu'une attente immobile de la mort, ce que précisément Fafa a voulu fuir.

Partis sans laisser d'adresse

D'autres personnages que l'on a suivis dans le cours du roman se volatilisent. Le premier cas est celui de Meunier dans *Le Jeu de patience* : alter ego du narrateur, fils d'ouvrier, écrivain, militant souvent désabusé, il rencontre les camarades chez Blaise ou à la Maison du peuple. Or un beau jour, Meunier disparaît. Mais le plus surprenant est que cette disparition soit mentionnée incidemment et que plus jamais par la suite il n'en soit question : au printemps 1939, une discussion animée a lieu chez Blaise à propos du mauvais usage que les hommes font de leur liberté. C'est à cette occasion que le lecteur apprend que Meunier est parti, comme s'il s'agissait de quelque chose d'accessoire.

> « …. Filé à l'anglaise. Et il n'avait pas donné de ses nouvelles. Était-il parti au soleil ? Avait-il emmené avec lui la belle Madame Roy ? Nous n'en savions rien. C'est à peine d'ailleurs si nous pensions à lui et à l'étrangeté de sa disparition. » (JP2, p. 297)

Le chapitre Meunier est clos. Le personnage n'a pas de destin, et les parcours romanesques des personnages peuvent rester inaboutis.

Si personne ne s'inquiète pour Meunier, la situation est un peu différente pour Véfa, autre personnage sujet à disparition dans *Les Batailles perdues*. Quand Nicolas la rencontre, elle se fait appeler Rachel et trouve refuge chez Chipriot, près de la Contrescarpe. « Quant à savoir qui était Rachel, et d'où elle venait, le père Chipriot était bien incapable de le dire. Et qu'avait-on besoin de le savoir ? […] … on ne demande pas aux gens qui ils sont, n'est-ce pas ? Mais de quoi ils ont besoin ? » (BP, p. 64). « Ils avaient tout de suite vu que Rachel était une personne charmante, instruite, très distinguée mais qu'elle se faisait des idées bizarres, prétendant ne pas exister […]. Elle était partie d'un moment à l'autre sans les prévenir… » (BP, p. 64). Le lecteur découvre par la suite que Rachel s'appelle Véfa et qu'elle est la fille adoptive de Lady Glarner, enfant arrachée à la misère, enfant achetée dans un mouvement qui pourrait figurer dans une nouvelle de Maupassant ou un feuilleton (BP, p. 235). Véfa fugue régulièrement, insatisfaite de l'existence dorée que sa famille adoptive lui procure, et quand elle revient, menace sans cesse de repartir : Lady Glarner lui reproche d'« être une sale petite fugueuse » (BP, p. 239) et ne parvient pas à la retenir :

> « […] Véfa était partie.
> Et cette fois, il ne s'agissait plus d'une fugue.
> Dans le mot qu'elle avait laissé, Véfa déclarait sa volonté de ne jamais revenir. Sa décision était irrévocable. Elle ne pouvait plus supporter l'humiliation, elle voulait vivre à son compte, gagner sa vie. Elle priait qu'on ne fit rien pour la rechercher… (BP, p. 460). »

Ainsi Véfa-Rachel va et vient et peut disparaître à tout moment sans laisser de traces. Les éléments d'une élaboration achevée du personnage semblent bien là : son physique est détaillé, elle se distingue par sa beauté magnifique et son caractère indépendant. Elle est élégante, instruite. Elle s'inscrit dans une histoire de roman feuilleton, et pourtant elle reste énigmatique, amputée définitivement d'une partie de son histoire- comme l'indique son prénom, Véfa, diminutif du prénom breton - Génovéfa, privé des deux premières syllabes.

La présentation qu'en propose Chipriot montre tout l'aspect paradoxal du statut du personnage chez Guilloux : incomplet, prêt à s'évanouir à tout instant, définitivement lacunaire, il peut pourtant entraîner un véritable élan de sympathie. Le personnage nous rappelle à des impératifs de fraternité : or cet élan est créé non par les éléments de roman feuilleton empruntés à une tradition révolue du roman mais par les éléments d'une construction moderne du personnage.

Cette absence de confiance, ce sentiment de rupture et d'arrachement n'est pas seulement le résultat d'une histoire personnelle comme pourrait nous le faire croire l'histoire de Véfa : cette analyse psychologique serait de celle qu'on trouve dans les mauvais feuilletons. Son histoire est emblématique d'un sentiment et d'une angoisse qui a une dimension plus universelle. Quand elle s'imagine qu'elle est juive, elle invente une origine qui exprime le sentiment d'une non-appartenance. C'est en vain que Lady Glarner essaie de restaurer une confiance, de reconstruire un lien à jamais rompu en disant : « Tu n'es pas juive : tu es au monde ! (BP, p. 239) » Véfa ne se sent pas du monde, pas plus que Meunier, pas plus que Fafa ou le père du narrateur du *Pain des rêves*, voilà pourquoi ils manifestent cette aspiration à la disparition. Leur caractère incomplet, leur inachèvement sur le plan romanesque qui confine à l'inexistence- il n'y a aucun portrait de Fafa et encore moins de Meunier- vient dire leur difficulté à être au monde. Tous rêvent d'ailleurs -rêve que Cripure partage et qu'il ne parvient pas à réaliser- et aspirent aussi à un profond désir de vivre. Même s'il ne nous est pas donné de savoir ce qu'ils trouvent -Véfa semble, quant à elle, aller d'une prison à l'autre- et qu'ils finissent par disparaître corps et biens, le motif de la disparition exprime bien le désir de ne pas rester les pieds « pris dans un nœud coulant » comme dit Coco. Les personnages qui disparaissent sans pour autant mourir semblent tous assumer un désir de liberté au bout duquel ne peuvent aller ceux qui restent et qui finissent toujours par se constituer prisonniers.

Menacés de mort

L'angoisse de mort plane au-dessus de l'existence des personnages. Ainsi Coco et Fafa devant les sénateurs du jardin public prennent-ils peur (CP, p. 110). C'est cette image de la vieillesse et de la mort que Fafa fuit, dans un mouvement d'affirmation de soi, de volonté de vivre malgré tout, qui reste pourtant sans réalisation romanesque puisque tout se concentre sur celui qui reste et qui se résigne. Dans le *Jeu de patience,* la fresque temporelle met l'accent sur ceux que l'on a connus autrefois, comme chez Kerdudo :

> « Ils étaient tous morts ou disparus. Personne ne savait ce qu'était devenue Miss Cathy (et en moi-même, je me demandais ce qu'il était advenu de l'histoire de sa vie, que Meunier n'avait pas lue). » (JP2, p. 123)

Cette menace de disparition se matérialise également dans des épisodes qui viennent rappeler que la mort peut arriver brusquement dans des lieux et des situations inattendues. On pense, bien sûr, à cette scène de *Coco Perdu* où Coco entre au restaurant et provoque les rires nerveux des serveuses quand il s'installe à la place d'un représentant de commerce mort au même endroit à l'heure du déjeuner :

« Il est venu s'asseoir là, là où vous êtes. Il avait pas déplié sa serviette que le vlà qui s'écroule comme un sac vide. On va pour le relever, il était mort. Merde ! Tout noir qu'il était devenu- d'un coup. » (CP, p. 69)

Un autre type d'épisode récurrent dans de nombreux romans exprime la même angoisse devant la possibilité d'une disparition subite ou d'une mort accidentelle : plusieurs fois, les personnages risquent de se faire écraser. Dans *Le Sang Noir*, Cripure manque de se faire renverser par la voiture de Léo : «Dans le fond de la voiture, les deux hommes se retournèrent. Cripure au milieu de la route battait des bras, la bouche ouverte, le lorgnon encore une fois perdu » (SN, p. 290). Franz dans *Les Batailles perdues* a « des distractions dangereuses, une façon de descendre du trottoir sans regarder et de se laisser frôler par les taxis ou de traverser en courant devant l'autobus qui donnait froid dans le dos » (BP, p. 139), au point que Nicolas le met en garde (BP, p. 139). Mise en garde qu'il ignore puisqu'alors qu'il se précipite à la poste pour expédier à Käte une lettre qu'il vient d'écrire -, un taxi est sur le point de le renverser : « « Nom de Dieu ! Sacré taxi ! » Franz a drôlement sauté ! Cette fois il s'en est fallu d'un cheveu ! (BP, p. 327) » Enfin, le vieil Auguste, l'ancien poilu, se fait écraser par un autocar sur une route de campagne. Un couple de vieux, témoins de la scène, racontent les circonstances de sa mort à sa fille, Maria, partie à sa recherche : « - Ah ça n'était pas beau à voir !/ L'autocar était arrivé sur l'homme, ils n'avaient entendu qu'un cri…/ - Ah, c'est pas long ». Quand Maria arrive sur les lieux de l'accident, « il n'y avait plus rien, elle n'a trouvé que ce petit morceau de bois qu'elle tient dans sa main » (BP, p. 487). « Ce petit morceau de bois » : l'adjectif démonstratif donne une présence telle à l'objet désigné qu'il semble sortir de la fiction. Auguste, par ce simple emploi, paraît accéder à une existence réelle et sa disparition soudaine devient encore plus poignante. La fin d'Auguste se situe alors dans le prolongement d'une vie broyée de bout en bout.

Objets du personnage

Le personnage engage un combat contre sa propre disparition, contre sa propre menace d'éclatement, au moyen des objets auxquels il se raccroche et qui constituent comme une assise dans le réel.

Les objets, métonymiques, participent à la description du personnage absent ou présent. Lorsque le personnage est sur le point de se perdre, de mourir, ou qu'il se trouve dans un grand désarroi physique ou moral, les objets se perdent ou s'éparpillent. Quand Cripure est renversé, les objets autour de lui représentent son propre risque de dispersion et provoquent sa panique. À chaque fois que le narrateur de *Jeu de patience* traverse une crise, il est question du désordre des papiers de la Chronique. En 1940, au moment de l'arrivée des Allemands, il jette une partie de ses papiers au feu. Dans les moments où l'Histoire s'emballe, la Chronique apparaît comme dérisoire et le regard que le narrateur porte sur ses papiers est désabusé :

> « Mes papiers restaient sur ma table, ils jaunissaient, se couvraient de poussière, se mêlaient, s'embrouillaient... Peuh ! Tout pouvait bien aller au diable. Tout resterait à l'état de ruines. Est-ce qu'il s'était d'ailleurs jamais agi d'autre chose que des ruines, de petites ruines jamais touchées d'un véritable rayon de soleil. » (JP2, p. 203)

Quand le désordre est provoqué par la perquisition sous l'Occupation et par le geste agressif et sournois du petit freluquet, l'ampleur de la crise que traverse le personnage est représentée par les pulsions de destruction qui l'animent :

> « Comment donc se faisait-il que tout fût à ce point brouillé, mêlé, que mes papiers jonchassent le sol ?
> [...] tout mêlé. Et une partie de mes papiers volés !
> Je luttais contre la frénésie qui me prenait de parachever l'ouvrage... Tout mêler encore plus... De ce qui restait du moins.
> Tout foutre en l'air une bonne fois ! Déchirer.
> En petits morceaux, qu'on ne puisse pas les recoller. Jamais.
> Après quoi, je me mettrais à sa recherche et je le tuerais sans lui dire pourquoi... » (JP1, p. 447-448)

Le rythme du texte est saccadé, haletant, brisé, pris dans un élan stylistique qui mime l'angoisse du personnage-narrateur, projetant toujours dans le rassemblement des papiers, des « paperasses » comme il dit, un rassemblement de lui-même. Quand il est obligé de s'enfuir de la petite ville, ce sont les papiers qui lui manquent : dépossédé de ses papiers, il l'est aussi de lui-même et l'exil se fait doublement sentir :

> « Moi, chroniqueur déraciné, volé j'allais à travers la pièce, comme dans mon bureau ; fouillant mes poches, j'y retrouvais des bouts de papiers, mais hélas ! Des fragments sans suite et rendus par là même presque incompréhensibles. » (JP2, p. 250)

Franz, dans *Les Batailles perdues*, conjure cette même angoisse quand il remet sa chambre en ordre. Son indépendance reconquise après sa rupture avec Miss Sylvia entraîne un sentiment de gaîté qui se matérialise par « la remise en place des choses », « l'examen et le classement des papiers ». Il se retrouve lui-même et reconquiert ainsi une existence moins compromise.

Franz[181] est associé à la fameuse serviette qu'il ne veut absolument pas lâcher. Cet objet est si important que le narrateur lui apporte des caractérisations dont il est peu coutumier : la « belle serviette » (BP, p. 139/163), « la belle serviette en cuir de Russie » (BP, p. 101-102), « la belle serviette de professeur » (BP, p. 377) et enfin « la belle serviette de professeur en cuir de Russie » (BP, p. 501). On ne parvient pas à savoir ce qu'elle contient. Nicolas demande même à Franz si c'est un pyjama qui s'y trouve et Franz, embarrassé pour répondre, dit qu'il s'agit de sa serviette de professeur et qu'elle renferme des vieux journaux (BP, p. 354). Le mystère est maintenu, mais tout laisse croire que s'y trouvent des éléments liés à son passé : « Pour être, besoin d'étai » dit Georges Perec[182]. Dans tous les moments où le personnage de Franz est fragilisé, la serviette devient un élément important. Quand une conversation est difficile, il serre la serviette contre lui dans un geste presque enfantin et ce qui menace son existence devient supportable (BP, p. 518). Et lorsque la serviette, cachée par Nicolas, disparaît momentanément, Franz est comme anéanti. L'angoisse que la situation provoque est démesurée « comme si la serviette perdue avait contenu tous les trésors des Rajahs » (BP, p. 161). La serviette, dépositaire du passé, est aussi pleine de promesses et de rêves d'avenir. Objet pour se rassurer, qu'on peut tenir, toucher, serrer contre soi, caresser, « objet transitionnel » si on reprend l'expression du psychanalyste Winnicott, elle apporte une certitude d'existence en prolongeant le corps fragilisé du personnage. C'est aussi un objet chimérique : l'indétermination de son contenu jamais décrit laisse croire à son inutilité : elle est peut-être vide et si elle ne l'est pas, c'est tout comme. Jamais le personnage n'ouvre la serviette et quoi qu'elle contienne, cela ne sert à rien.

Par contre, dans les moments où Franz est pris d'une rage féroce, c'est à la fameuse serviette qu'il s'en prend. Le personnage détourne l'agressivité dont il est victime sur les objets qui lui sont le plus proches. Par deux fois, Franz se trouve en état de rage. Dans le premier cas, il vient de se faire mettre dehors par les parents de Käte « parce que le juif n'entre pas ici ». Seul, il brise contre un arbre dans un élan de rage une petite canne, « une jolie petite canne avec une bague en argent portant [s]es initiales » (BP, p. 358) –présentée comme l'équivalent de la serviette. L'objet remplit sa fonction symbolique. Prolongation de soi, celui-ci devient victime en lieu et place du corps du personnage dépassé par sa souffrance. Le détruire évite de se détruire soi-

---

[181] Pour une étude du personnage de Franz, et une analyse de la « fameuse serviette » voir Jean-Baptiste LEGAVRE, « Entre presse, littérature et politique, les engagements des intellectuels dans l'œuvre de Louis Guilloux. Le cas des *Batailles perdues* », in Jean-Baptiste LEGAVRE (dir.), *Louis Guilloux Politique*, Rennes, Presses universitaires de Rennes, coll. « Interférences », 2016, p.195-215.
[182] Georges PEREC, *W ou le souvenir d'enfance*, chapitre X, Paris, Denoël (1975), Gallimard, « L'Imaginaire », (2005), p. 81.

même et ces moments d'agression détournée sont de véritables moments de désespoir.une autre fois, un soir de Noël, seul dans les rues de Paris, Franz réfléchit à sa vie : « Eh bien ! Eh bien ! Avec qui veux-tu vieillir ? » et soudain il est submergé par une immense colère :

> « Il allait droit devant lui dans la nuit blanche, sa belle serviette de professeur sous le bras. Il marchait de son pas ferme et bien posé, le menton levé, en regardant droit devant lui, et soudain... soudain, il empoigna sa serviette, soudain il brandit cette serviette au-dessus de sa tête, la serrant frénétiquement de ses mains crispées il allait la jeter par terre, la piétiner, la pousser dans cet égout béant... » (BP, p. 377-378)

C'est le souvenir de la petite canne qui l'arrête et il repart « en serrant les dents ». Quand le personnage souffre, détruire l'objet avec lequel il entretient une relation métonymique est une forme d'autodestruction. L'objet et les mouvements d'humeur dirigés contre lui révèlent la fragilité d'un personnage pour lequel l'existence ne va pas de soi, d'un personnage qui dans un moment de dérélection peut disparaître aussi facilement que l'objet qui le soutient et qui semblait être ce à quoi, pourtant, il avait l'air de tenir le plus.

Ce motif de la disparition vient confirmer, outre la fragilité de toute existence humaine, ce que, somme toute, le lecteur a les moyens de vérifier sans lire de romans, la fragilité de l'existence du personnage de roman. Par ces disparitions soudaines, ces départs vers un ailleurs non nommé, ces morts imprévisibles, ces possibles pulvérisations, le romancier rappelle que le personnage de roman n'existe que par sa fantaisie. Une page des *Batailles perdues* fait valoir le bon plaisir du romancier. Armelle de Kerauzern arrive par surprise à la pension. Maman Furet, Franz et Marco sont là. Comme souvent quand les personnages sont réunis dans les romans de Guilloux, ils évoquent le passé. Ce jour-là, en outre, Maman Furet fête ses cinquante ans :

> « Cinquante grandes années depuis qu'elle était venue au monde dans ce petit village près de Joigny où son vieux père était tonnelier, où ses frères, ses sœurs... Et tout le monde avait disparu ! Et Roland son fils s'en était allé aux Indes ! » (BP, p. 268)

La sonnette retentit et alors le romancier s'amuse avec la possibilité qu'il aurait de faire apparaître les absents :

> « Si c'était Françoise ? Si c'était Nicolas ? Si c'était Roland ? Si...
> Si c'était Käte qui arrivait sans prévenir ? se dit Franz. » (BP, p. 268)

Käte, d'ailleurs, n'arrivera jamais et sa dernière lettre apprend à Franz qu'elle a été arrêtée par les nazis. Mais, par ces moments d'ouverture vers les possibles du roman, le romancier revendique la totale liberté dont il dispose. En jouant avec l'illusion réaliste, il affirme que le personnage n'est pas tenu d'avoir une histoire complète : il peut ne jamais venir ou disparaître du jour au lendemain. Guilloux met en scène des fragments d'existence, des lambeaux de vies inabouties, amputées ou sans accomplissement sinon peut-être dans un ailleurs qui reste indéterminé. Le romancier dit aussi les limites de son pouvoir : la recomposition romanesque de la réalité autrement que par éclats est un leurre. Dans un épisode de *Coco Perdu* qui est un défi à tout réalisme, les « sénateurs » du jardin public apparaissent sur une bande lumineuse :

> « … en fermant les yeux, on pouvait croire voir défiler toute la chaîne des vieux sénateurs disparus comme sur une bande lumineuse qui se suivaient à la queue leu leu, debout, brinquebalant comme des mannequins sur un trottoir roulant. Où diable allaient-ils ? Qui les menait ? On n'entendait même pas le ronron du moteur qui entraînait le trottoir. Tous muets. Sur la bande lumineuse, comme les bandes publicitaires en haut de certains immeubles annoncent les dernières nouvelles, un défilé sans fin. » (CP, p. 111)

Dans cette vision de télévision du futur, dans le rêve éveillé et hallucinatoire de Coco, tout se dérègle :

> « Il y avait parfois des ombres blanches, brouillées, floues, mal retransmises, mais personne ne venait jamais offrir aux spectateurs les excuses de la Direction. La télévision céleste n'était pas encore au point. Mais vu les progrès de la science on pouvait espérer qu'elle le serait un jour et il n'y aurait plus d'images brouillées, floues, incomplètes, illisibles, celles de tous ceux qu'on n'avait fait que côtoyer ou qu'on avait connus pendant un temps, puis qui avaient disparu sans laisser de traces. Les progrès de la science permettraient bientôt de connaître la face cachée des choses, la suite et la fin des destins dont on n'avait pas pu être les témoins, à cause on ne savait pas toujours de quoi, sauf que les plombs avaient sauté. On verrait tout cela, peut-être bien en couleurs, comme on avait pu observer enfin l'autre côté de la lune. » (CP, p. 112)

S'exprime ici le rêve impossible d'une ambition totalisante du roman qui saurait donner une image nette à ce qu'on ne voit plus. L'espoir d'une amélioration par les sciences ou la technologie prête à sourire. En la matière, la modernité scientifique ne peut rien. Le rêve d'une image nette et complète, ainsi formulé par Coco, est un mirage et le brouillé, le fugitif, le disparu sont définitifs. Il n'y a personne pour remettre les plombs. Ce que le romancier traduit est non seulement le propre de notre condition et de son tragique mais aussi le propre de sa condition de romancier, condamné à des rêves de « télévision céleste » pour restituer dans sa totalité un réel à tout jamais lacunaire.

III

DÉCRIRE SANS ILLUSION : AU-DELÀ DU RÉALISME

1
Transfiguration fantastique

Les romans de Guilloux sont comme la mémoire de sœur Anne dans *Les Batailles perdues* :

> « Dans le labyrinthe des histoires de famille depuis deux ou trois générations elle se débrouillait avec une aisance de vieille fée toute rajeunie par la chaleur du souvenir, rappelant les circonstances, les événements du temps qui expliquaient les hauts et les bas des fortunes, esquissant une silhouette, un portrait, un caractère. C'était un grand tableau d'ombres vivantes, de toilettes surannées, une foule fantomatique qui se décomposait et se recomposait autour d'Eugène, et, comme à la fin le recteur complimentait sœur Anne sur sa mémoire, elle lui répondit que ce n'était pas de la mémoire, mais de la fidélité. » (BP, p. 416)

Le romancier est lui aussi fidèle à ce qui a été et, comme sœur Anne, il utilise les ressources de la description. Mais les figures dessinées menacent de n'être que des ombres aux lignes floues. Des visions fantastiques surgissent, des apparitions surnaturelles et inquiétantes, émanations d'un réel en définitive déréalisé.

Apparitions, disparitions

En dehors de tout code réaliste, les romans de Guilloux proposent parfois des scènes d'apparitions et de visions où le personnage paraît avoir perdu son enveloppe corporelle.

Parpagnacco se distingue particulièrement dans ce jeu d'apparition. Dans ce récit à la dimension fantastique incontestable, le narrateur doute de ce qu'il a vu : « Il n'y avait jamais eu de corbeaux sur les chevaux de la Basilique, jamais eu de sorcière avec son béquillon et pas de bouquetière du tout » (P, p. 154). Ou bien s'il les attend, c'est un peu comme quelque chose d'impossible, de simplement fantasmé : « Je m'attendais même à voir apparaître, dans le ciel, des corbeaux et à trouver près de moi telle vieille mendiante, s'appuyant sur son béquillon et escortée d'un grand chien loup » (P, p. 172). Enfin, quand le narrateur semble avoir renoncé à toute idée d'aventure, « Il ne s'était peut-être rien passé du reste, et il ne se passait peut-être jamais rien » (P, p. 184), la bouquetière et la sorcière resurgissent « comme une double apparition » (P, p. 185). Les objets qu'elles tiennent, « le même béquillon » et le « même panier qui, un jour d'entre les jours, avait été rempli de boutons de rose » (P, p. 185) permettent de les identifier et semblent attester d'une existence qui devient très vite inquiétante :

> « Quand je vis se tourner vers moi le regard de la bouquetière, tout en moi s'élança vers elle. Mais le regard de la vieille bouquetière était vide, non pas comme le regard de l'oubli, mais comme celui de l'ignorance, et pis encore : comme le regard, si l'on peut dire ainsi, qui rencontrerait l'invisible. » (P, p. 186)

L'effet magique est tel que le narrateur lui-même sent sa propre réalité menacée :

> « (…) à croire que je n'avais plus ni poids, ni volume, que j'étais une sorte de personnage imaginaire comme on en trouve dans les vieux contes, où le simple fait de tourner dans un sens ou dans l'autre le chaton d'une bague vous fait apparaître ou disparaître aux regards de ceux qui vous entourent. Mais si je n'apparaissais plus même comme une ombre aux yeux de la bouquetière, cela signifiait que je n'avais jamais eu d'existence que dans le bref instant de l'échange de *boccoli*. Soudain la bouquetière disparut... » (P, p. 186-187)

La perception du réel est entièrement brouillée. Le doute pèse sur ce qui semble le plus réel possible, le siège des sensations éprouvées. Le fantastique[183] est confirmé par la suite. Les apparitions deviennent diaboliques avec des éclats de rire et des sentences qui ont quelque chose de satanique, mais l'interprétation surnaturelle suggérée n'étant jamais confirmée, l'incertitude propre au fantastique persiste.

---

[183] Selon la définition qu'en donne TODOROV : « Dans un monde qui est bien le nôtre, celui que nous connaissons […], se produit un événement qui ne peut s'expliquer par les lois de ce même monde familier. Celui qui perçoit l'événement doit opter pour l'une des deux solutions possibles : ou bien il s'agit d'une illusion des sens, d'un produit de l'imagination et les lois du monde restent alors ce qu'elles sont ; ou bien l'événement a véritablement eu lieu, il est partie intégrante de la réalité, mais alors cette réalité est régie par des lois inconnues de nous. […] Le fantastique occupe le temps de cette incertitude », Tzvetan TODOROV, *Introduction à la littérature fantastique*, Paris, Seuil, coll. « Poétique », 1970, chapitre « Définition du fantastique », p. 29.

Or, Guilloux étend ce principe d'incertitude à des romans dont l'ancrage réaliste est fortement revendiqué. Les personnages ont presque tous ce don de traverser les murs ou l'espace sans contrainte. Même Madame de Villaplane est touchée par cette caractéristique : « …outre sa façon d'apparaître ou de disparaître comme à travers les murs… » (SN, p. 145), « Mais à cet instant même, la porte s'ouvrit avec fracas, et Madame de Villaplane apparut, blême de colère. Tous les visages se tournèrent vers cette apparition inattendue » (SN, p. 361). Au lycée, dans *Le Sang noir,* ce n'est pas seulement une spécialité de Nabucet qui porte des semelles de caoutchouc précisément pour surprendre les conversations (de la loge (SN, p. 78), de la bibliothèque (SN, p. 87)). C'est le cas aussi ceux qui passent par la loge : « Des surveillants entraient, jetaient un coup d'œil à leur casier et disparaissaient aussitôt » (SN, p. 78). Quand Montfort « apparaît » (SN, p. 297) dans l'antichambre du Cabinet du Proviseur, Marchandeau le contemple « comme on contemple une apparition » (SN, p. 297). Et Cripure et Marchandeau « ne sortirent qu'une fois évanouis les pas de Montfort dans l'escalier » (SN, p. 298). Dans les rues de la petite ville, la petite bossue et le maire semblent avoir le même don : celle-là « surgit dans ce désert comme l'unique survivante d'une catastrophe » (SN, p. 315), celui-ci « venait d'apparaître à l'endroit même où la maudite bossue s'était évanouie, M. Le Maire en personne, rasant les murs, marchant sur la pointe des pieds comme qui s'apprête à vous faire une bonne blague : « Coucou ! Me voilà ! » (SN, p. 317). Dans *Les Batailles perdues*, la fille de Chipriot surnommée Cendrillon « arriva sans que le moindre bruit l'eût annoncée » et « disparut toujours sans le moindre bruit comme qui passe à travers un mur ». Elle ne prononce pas un mot, répond par des signes de tête, ses yeux sont expressifs mais elle est susceptible elle aussi de s'évanouir d'un moment à un autre comme si la fragilité de tout son être lui donnait un pouvoir mystérieux et magique. Dans toute l'œuvre, ils sont nombreux à partager cette disposition, et cela ne tient ni à leur statut dans la fiction -ils peuvent être de premier plan ou au contraire secondaires comme le petit marin dans *Coco perdu* (CP, p. 72)- ni à la coloration que le romancier a voulu leur donner, ils peuvent se ranger parmi les personnages « sympathiques » ou « inquiétants ». La comtesse de Lancieux a ce privilège d'apparaître quand on ne l'attend pas, dans *Le Pain des rêves*, (PDR, p. 335), dans le *Jeu de patience,* (JP2, p. 14), comme Ernst Kende, (JP2, p. 197) ou encore Gadoué : (JP1, p. 143/ p. 145). Apparition, disparition : par ces termes, se dessine une ontologie particulière du personnage, puisqu'on nous rappelle que celui-ci peut, à tout moment être là ou s'absenter, selon son gré, mais aussi surtout selon la volonté du romancier, sans que personne n'ait à s'en étonner.

La description du personnage n'offre pas toujours la certitude de l'existence du réel. Au contraire, il arrive que la présence fuyante du personnage ne fasse qu'entretenir le soupçon sur l'instrument même par lequel il perçoit les choses, son corps même est enveloppé de doutes. Devant les allées et venues de Cripure en colère, Moka croit voir un fantôme. Dans un premier temps, c'est le corps du personnage qui lui permet d'éviter le mirage :

> « En tout cas ce ne fut pas l'air vide que rencontra la main de Moka, mais sous les poils de la peau de bique, froids et lisses comme l'écaille, quelque chose de dur et de résistant, ce corps bien réel dont Cripure était si encombré. » (SN, p. 476)

Cependant, au moment même où Moka entre en contact avec le corps bien « réel » de Cripure, où il a l'impression que le fantôme se matérialise, une restriction est émise : il s'agit peut-être d'« une nouvelle supercherie » (SN, p. 476). Qu'il n'y ait pas d'harmonie possible avec le décor, que le sentiment d'« être au monde » soit brisé, produit presque nécessairement l'idée d'un corps qui disparaîtrait non par harmonie avec ce qui l'entoure, à la fois vu et voyant, visible et invisible, mais parce que cette présence n'est peut-être qu'une illusion suspecte. La possibilité d'une appréhension du monde, donc d'une forme de connivence avec le réel grâce au corps -ce que théorise la pensée phénoménologique- ne trouve pas sa place dans l'univers romanesque de Guilloux qui fragilise le corps du personnage au point que même lorsqu'il est touché, sa réalité que l'on croyait certaine peut n'être qu'une tromperie supplémentaire, forme ultime de la rupture de l'homme avec le monde.

Le soupçon que ce jeu d'apparitions et de disparitions fait peser sur la réalité des corps sape en profondeur l'impression de réel produite par le roman. La crainte de Moka, à peine repoussée, de voir « au premier geste réel » « disparaître, rentrer dans l'ombre et dans l'obscurité d'où il était sorti » « ce grand corps d'ours » (SN, p. 476) met en avant le caractère imaginaire des corps dans le roman. Bien sûr, quand, sous les yeux étonnés de la caissière et du garçon, Cripure entreprend un dialogue à voix haute avec une de ses visions, il est sous l'effet du vin d'Anjou. N'empêche que le narrateur appelle « le personnage » (SN, p. 199) cet autre avec lequel Cripure converse : le mot est employé trois fois dans la page comme si le romancier entendait bien signifier que l'ensemble des personnages du roman n'était pas plus ni moins réel que cette apparition produite par l'imagination d'un autre personnage et qu'aucun des témoins de la scène ne voit. Le romancier peut alors faire sien ce propos de Cripure : « Les apparitions ont un heureux instinct, dit Cripure, citant Rivarol : elles ne viennent qu'à ceux qui doivent y croire (SN, p. 203). » Il invite finalement son lecteur à soupçonner toute la réalité du monde du roman comme le narrateur du *Jeu de patience*, qui vient d'échapper à une rafle et s'installe dans un train en attendant son départ :

> « Neuf heures et demie : le train peu à peu se remplissait, mais ne bougeait toujours pas. Pas un sifflet, pas un heurt de wagons, pas le moindre

appel. De temps en temps, sur le quai : des ombres. Tout semblait se passer entre la veille et le sommeil : ailleurs. Une autre angoisse me venait : j'étais peut-être en train de rêver tout cela ? » (JP2, p. 231)

Il ne peut y avoir de présentation assurée des choses : tout peut vaciller d'un instant à l'autre, rappelant que le roman n'est qu'un songe.

Visions

Le réel dont on peut douter est aussi l'occasion d'un grand nombre de visions : toutes révèlent également une appréhension particulière du monde. On peut les répartir en deux catégories : soit le personnage voit, au-delà du réel, un réel qui n'est pas encore perceptible, soit la vision déforme ce qui est vu et regardé.

Certains personnages sont dotés d'un don de voyance : dans *Le Jeu de patience*, Hubert apparaît subitement à côté du narrateur en fuite, guidé par une prémonition : « Il m'avait vu en songe parmi ceux qu'on emmenait et qui passaient sous nos yeux le long du quai. » (JP2, p. 232) Papillon, dans les *Batailles perdues,* est aussi en proie à une vision :

> « Dès que Franz eut refermé cette porte, Papillon fit un grand signe de croix. Papillon voyait des choses confuses et claires, il entendait un grand tumulte. Un jour, de la même façon, Franz entrerait dans une autre chambre ; cela se passerait dans un autre pays. Il irait chercher dans cette chambre certains papiers qu'il emporterait et il se sauverait en hâte pour échapper à un grand danger.
> Lui aussi sera traîné sur la claie. » (BP, p. 277)

Nous sommes là au cœur de la façon de faire de Guilloux. Dans les deux cas, la vision semble accorder un sort, donner un destin au personnage. Elle viendrait ainsi donner du poids à la fiction et renforcer l'illusion mimétique. Pourtant rien n'est assuré de manière stable : même si Hubert repart satisfait, en pensant le sort conjuré, son pressentiment n'a pas plus de consistance que celle des ombres sur le quai. Quant à la vision de Papillon, elle a la fonction d'une prolepse narrative. Mais il s'agit d'une prolepse qui n'adviendra pas dans la narration. Elle se réalisera peut-être dans un monde hors de la fiction, le monde des horreurs historiques du XXème siècle, dont la réalité est évoquée à travers cette prémonition.

Il est d'autres visions qui prennent un caractère véritablement halluciné. Cripure a cette aptitude à transformer ce qu'il voit. Pour celui qui se sent à l'écart, le monde semble parfois constitué « d'images sans réalité » (SN, p. 257). Lors de la réception donnée en l'honneur de Madame Faurel, il « se fit l'effet de ne plus rien voir du monde qu'au moyen d'un périscope ». Il voit les choses « comme dans un miroir » et entend « comme à travers des profondeurs d'eau » (SN, p. 256). Encore une fois, le personnage n'est pas sûr de ce qu'il perçoit. Mais c'est aussi ce qui lui donne la faculté de voir plus que d'autres et d'approcher la vérité. Dans la scène de remise de décoration, quand Cripure voit en lieu et place des médailles des parties de corps amputés, la description va au-delà du réel pour en saisir l'horreur. La satire se déploie alors dans ces images corrosives « étrangères à toute vraisemblance réaliste [184] ».

Cette tension entre « l'objectivité réaliste et l'imagination hallucinée[185] » se manifeste encore quand Cripure, après avoir longé les « murs grisâtres des rues » (SN, p. 313), arrive sur « la petite place où habitait Moka. Curieux désert. Rien. Pas même un chien. Comme les rues qu'il venait de parcourir : toujours avant ou après l'événement, jamais pendant » (SN, p. 313). Sous son œil, l'espace se transfigure. La place est un « bel exemple d'architecture bovine » et la verve satirique toute flaubertienne est bien là. L'église est comparée à un « bœuf » qui occupe le centre de la ville. Mais la vision va bien au-delà. Quand ce bœuf s'est installé au milieu de la place qui était autrefois un cimetière, il a déterré les morts qui se sont ensuite vengés en habitant les maisons tout autour de la place. Voilà l'histoire de la ville telle que Cripure l'imagine. On ne sait plus à la lecture où est le réel, où est le fantasme. Dans cet espace surnaturel et fantastique, le personnage seul, perdu au milieu du labyrinthe n'a plus lui-même qu'à attendre sa propre mise à mort qui ne peut manquer d'advenir.

> « Or sans qu'il y eut à cela la moindre ironie, cette place toute grise, de pierre, de terre, de ciel, avec ses grandes façades grises et camuses et ses grises préméditations, et sur les toits les grises fenêtres des mansardes comme des guérites, cette place était donc ce qu'on appelait le *cœur* de la ville. Bœufgorod. Cloportgorod. Mortgorod. Un cœur de pierre, un cœur de bœuf, un cœur de mort. Jamais cette vérité n'était aussi bien apparue à Cripure qu'aujourd'hui où il était obligé de se confronter avec l'animal qu'ils avaient l'audace de désigner par les noms en apparence les plus nobles et qui n'était rien d'autre, sous ces titres menteurs, qu'une volonté toujours négatrice. Non. Le bœuf disait toujours non. Le bœuf et toute sa charmante petite famille de préfectures et de casernes, de lycées et de banques, etc., le bœuf disait toujours non, jamais oui. » (SN, p. 315)

---

[184] AUDINET Claude, « L'urine de Madame Poche. Analyse d'une séquence du *Sang noir* », in Paul RENARD, (dir.) *ROMAN 20/50* n° 12, *op. cit.*, p. 75-81.
[185] RENARD Paul, « Système du corps et du vêtement dans *Le Sang noir* » in Paul RENARD (dir.) Dossier critique : *Le Sang noir* de Louis Guilloux, *ROMAN 20-50*, n°12, décembre 1991, p. 37-45, p. 44.

La bâtisse sacrilège, qui n'a pas respecté les morts du passé, a transformé tous les vivants en morts, ce qui vaut à la ville ces surnoms qui sont les seuls noms qui lui soient attribués. En son centre est tapie une force de négation et de mort qui sans cesse réclame son tribut. Par elle, la ville est devenue cimetière et l'homme est sans cesse renvoyé à l'angoisse de son néant. Les autres bâtiments de la ville ne sont là que pour préfigurer ce lieu central et semblent avoir pour fonction de rabattre un gibier qui ne pourra échapper. Tel le minotaure qui attend ses victimes, le bœuf est ce monstre qui dévore la ville et ses enfants. Quand les cloches sonnent, la métaphore est filée : c'est le Bœuf qui « hurle à la mort » (SN, p. 318) et c'est celui qui, à la mort de Cripure, « salue sa proie » (SN, p. 514). Grâce à la puissance d'une vision dont la démesure fascine, la petite ville aux contours réalistes bien dessinés s'est muée en un espace terrifiant qui contient en son centre une puissance mortifère.

Le processus de transfiguration fantastique s'épanouit avec la figure du cloporte dans *Le Sang noir*. À coup sûr, l'un des éléments les plus originaux du roman[186]. Ce qui pouvait paraître au départ comme une simple image prend une importance de plus en plus grande : double de Cripure lui-même, même si celui-ci s'en défend- insister sur la différence consiste aussi à rappeler la confusion possible et le soupçon.

> « Car enfin quoi, tout de même ! Ce n'était pas lui, Merlin-Cripure qui était le Cloporte. Le Cloporte était tout de même un personnage distinct de lui. Un autre « *pas moi* » (SN, p. 387) ».

Il est aussi le double possible de nombreux personnages. Au moment de la gifle, Cripure voit Nabucet comme un cloporte (SN, p. 309) qui le regarde d'un « œil glauque » et a « un clignement d'œil atroce » (SN, p. 310). Babinot peut subir la même transformation même si elle paraît moins dangereuse : « (la silhouette) de Babinot qui, dans son pet-de-loup, son chapeau melon et le tampon de son mouchoir sur l'œil, ressemblait assez au Cloporte, mais à un

---

[186] Anne CLANCIER y voit l'influence d' E.T.A. Hoffmann, « Psychanalyse d'un personnage, Cripure », *in* Jean-Louis JACOB (dir) *Louis Guilloux, Colloque de Cerisy*, Calligrammes, 1986, p. 151. Dans sa thèse, Alexandra VASIC suggère un lien possible entre « la trouvaille du cloporte et la division de l'humanité entre « subtils » et « crustacés » dans *Les Caves du Vatican*, placé, ironiquement, au seuil du texte sous l'autorité de Georges Palante, *Louis Guilloux, le romanesque en jeu, op.cit*, p. 259. On peut aussi penser à cette phrase de Flaubert rapportée par les Goncourt dans leur *Journal* : « Je n'ai eu que l'idée de rendre un ton, cette couleur de moisissure de l'existence des cloportes ». Cette phrase est elle-même citée par Jules Renard qui se propose de la mettre en épigraphe de son roman *Les Cloportes* (première publication en 1919, repris par les éditions de la NRF en 1933). Jules RENARD, *Journal 1887-1910,* 30 mai 1890, Paris, Robert Laffont, 1990.

Cloporte enfin prisonnier de son ennemi, un Cloporte pleurnicheur et récalcitrant qu'on reconduirait tout simplement à son cachot » (SN, p. 239). Dans un rêve de Cripure, les élèves du lycée sont eux aussi métamorphosés. Le monde, alors, est envahi par les coléoptères et la vision devient vision d'horreur dans une veine toute surréaliste : « [...] et tout autour de Babinot une trentaine de petits cloportes juchés sur des tables comme des crapauds, dont ils avaient les yeux dorés » (SN, p. 458). Et tous les cloportes chantent en chœur.

Dès que Cripure s'abandonne à une rêverie, le Cloporte surgit. Mais sa présence finit par envahir la ville de manière surnaturelle. Créature autonome[187], il rejoint alors le personnel du roman et semble pouvoir jouer un rôle propre. Ainsi Cripure pense-t-il que s'il se marie, l'un de ses témoins « ne pourrait être que le Cloporte en personne ». Jamais véritablement décrit, il ressemble à un homme et ne sort que la nuit mais le matin il « retourne à sa cave et à sa soupente, repu de ténèbres » (SN, p. 387). Ce sont des visions d'angoisse que Cripure essaie de repousser :

> « Encore ! Encore ! le Cloporte ! Encore lui ! Au diable le Cloporte et toutes les complaisantes rêvasseries à propos de ce personnage de nuit et de suie, si peu un personnage d'ailleurs et presque à coup sûr pas une personne, à peine un mauvais miroir, aussi trompeur, aussi glacé et fragile que du verre. » (SN, p. 387)

Les composantes attendues de la littérature fantastique sont réunies : la nuit, le thème du double, l'interrogation sur la réalité de la vision. Le souvenir de la lecture de Kafka n'est jamais loin avec cette image d'une forme d'humanité dépossédée d'elle-même par ses agissements mêmes, ravalée à l'état de l'animalité la plus vile, abandonnée au point de trouver refuge dans les recoins humides, et susceptible de proliférer. Et cette apparition, que Cripure voit danser devant ses fenêtres la nuit qui précède sa mort donne au roman sa tonalité particulière en ouvrant les portes vers un imaginaire dont les clefs ne sont pas à trouver seulement dans un réel authentifié et authentifiable.

Les ombres dans la ville

La plupart des personnages évoluent comme ils évolueraient dans un théâtre d'ombres. Il est question de personnages qui « errent », comme ce Trémintin, dont parle Kaminsky, ou qui rôdent comme le narrateur du *Jeu de*

---

[187] Ce glissement du « fantastique au réel » est analysé dans la perspective de la filiation avec Gogol par Cyril PIROUX, « Nicolas Gogol, lecture de Louis Guilloux », *L'Atelier de Louis Guilloux*, p. 250-265.

patience ou le grand-père du *Pain des rêves*. Quand Kaminsky l'évoque, voilà dix jours que Trémintin se promène :

> « Il vient à son bureau de temps en temps, il s'enferme et marche de long en large. Il erre en ville pendant des heures, de préférence la nuit. Il erre, il marche. Il ne sort plus qu'habillé d'une manière très solennelle, comme pour une cérémonie. […].
> Il ne parle pas à personne. Il…erre […]. » (SN, p. 345-346)

Les personnages alors se changent tous en fantômes, comme Gino Montini dans *Parpagnacco*, ou comme Cripure dans *Le Sang noir*. Devant Moka, Cripure se livre à des allées et venues comparées à une « promenade hallucinante » (SN, p. 473). Sous le regard de Moka, la réalité chancèle.

> « Le fantôme était toujours là qui marchait, marchait, on aurait pu croire depuis une éternité et pour une éternité. Selon le hasard de sa marche, la lueur de la lampe frappant le binocle de Cripure, les verres luisaient d'un reflet rapide, uniforme et rose, donnant à Moka la très pénible impression de ces têtes grotesques que les paysans s'amusent parfois à sculpter dans des betteraves qu'ils ont évidées, et à l'intérieur desquelles ils allument une bougie, deux larges entailles figurant les yeux. […] Le fantôme de Cripure devint encore plus fantôme, pris entre deux lueurs, celle de la lampe finissante et celle du jour qui naissait. » (SN, p. 474)

Les ombres deviennent des ombres mortes, puisque les personnages sont déjà morts : « Mme Babinot était assise, aussi immobile qu'une stèle, toute en noir, déjà froide et comme entourée d'un suaire […] » (SN, p. 263), « Pendant que M. le Mort allait voir à la Banque de France si la rente avait monté… comme si M. le Mort avait espéré prononcer là des discours pour recevoir une grande affluence de beaux personnages » (SN, p. 317). Marchandeau est « un homme de cire » (SN, p. 295). Le visage de Babinot n'est plus qu'« un masque en carton » (SN, p. 262) qui couvre une chair qui se décompose (SN, p. 262). Dans *La Confrontation*, le narrateur s'attarde à décrire un personnage qui n'a pratiquement aucune fonction dans la fiction. Sa présence est déjà une promesse d'absence ; là, sans être là, flottant, avec une réalité corporelle insaisissable, être mort avant la mort :

> « M. Raphaël était en effet un très vieil homme. Disons, pour mieux vous en faire le portrait, que c'était un très curieux petit bonhomme sec et droit, d'une telle maigreur qu'il semblait n'avoir ni poids ni volume, une sorte de vieille poupée comme ces figurines de boîte à musique qui exécutent des danses et des révérences quand on a remonté la mécanique qui déclenche en même temps le menuet. » (LC, p.150)

Ainsi s'organise la chorégraphie de ce que Malraux dans sa préface au *Sang noir* a appelé une « danse de mort ».

Dans *La Confrontation*, le groupe des vieilles n'est pas loin de participer aussi à une espèce de procession macabre dans ce couloir qui est comme une antichambre de la mort. Elles sont encore vivantes mais elles paraissent déjà sorties de la vie- comme entre deux mondes, celui des vivants et celui des morts. Elles constituent un groupe sans nom, deux figures seules se distinguent, dotées simplement de prénoms- des noms de fleurs, destinées à se faner ?- Mlle Violette et Mlle Florence, comme si le temps avait déjà commencé faire son office et à gommer les noms. Elles vivent encore mais leur existence est réduite. Il ne leur reste plus qu'une petite portion de vie : elles se font cuire un « petit morceau de viande de cheval » sur un réchaud à alcool (LC, p. 41), leur sommeil même est « aussi léger que celui des oiseaux » et elles font des économies d'électricité (LC, p. 170). Pourtant elles manifestent un appétit de vie terrible : elles se lèvent si tôt qu'« on dirait qu'elles ne veulent pas perdre un instant de la lumière du jour. » (LC, p. 203) Mlle Violette peut descendre et monter les cent vingt-quatre marches des escaliers quatre à cinq fois par jour. L'idée de la mort les terrifie : leur vie est faite de cauchemars, de peurs, d'angoisses comme si elles sentaient en permanence ce danger qui les guette. Encore vivantes, mais si peu, elles ressemblent à des fantômes dans leurs chemises de nuit blanches (LC, p. 74) et la nuit elles prient pour « les enfants morts » (LC, p. 170). La dernière page du roman décrit leurs bruits de prisonniers dans un mouvement qui transfigure toute donnée réaliste :

> « Un vrai vacarme. Comme serait le chahut des prisonniers dans leur prison les matins où l'on emmène l'un d'entre eux pour l'exécution capitale. Écoute ! On dirait qu'on frappe du pied et du poing contre les portes des cellules ! À qui le tour aujourd'hui ? À qui sera le tour demain ? N'entends-tu pas comme des bruits de chaînes qu'on secoue ? » (LC, p. 204)

Avec cet ensemble fantomatique de silhouettes blanches, de condamnés en attente de l'exécution capitale, d'allées et venues sans cohérence, et de bruits de chaîne, se dessine un monde composite et brouillé où l'angoisse terrible de la grande vieillesse devient immédiatement présente. Le déploiement hyperbolique de l'image s'éloigne encore une fois d'un procédé illusionniste traditionnel.

2
Transfiguration poétique

Couleurs et lumières

Quoique dans les *Carnets*, on l'a vu, les études sur la couleur dans le paysage et la recherche de précision ne parviennent pas à transformer l'écriture du romancier emporté par ses obsessions, il existe dans les romans un traitement poétique de la couleur. Guilloux le reconnaît lui-même, les couleurs sont rares. Mais quand elles existent, on peut en distinguer plusieurs traitements, qu'elles soient franches, crues voire criardes et qu'elles surprennent à chaque fois un peu, ou qu'au contraire ce soient des couleurs secondaires, des roses souvent, des couleurs plus brouillées, moins nettes et qui jouent davantage avec la lumière et ses variations.

Les premières sont les plus rares. Quand le narrateur et Yves de Lancieux sortent de la ville, ils voient se détacher du paysage : « des baraquements en planche, peints en vert, striés de bandes jaunes, qui étaient les premiers établissements du camp d'aviation. » (JP2, p. 98) Puis ils passent devant : « une guérite, peinte en rouge et noir. » (JP2, p. 98) Ces couleurs font tache, et sont comme une manifestation un peu agressive du monde extérieur, un monde sans naturel, un monde fabriqué par les hommes avec quelque chose de faux. C'est ce que manifestent les couleurs « technicolor » de *Coco Perdu*. L'enthousiasme provoqué par les stores, « des rouges, des verts, des jaunes » (CP, p. 82), et le « store bleu » du « grand Café du Commerce » (CP, p. 82), ne convainc pas vraiment et cette gaieté affichée dont semble se réjouir le personnage ne comble en rien la solitude de celui-ci. Que le monde soit en couleur ou non, cela ne doit tromper personne : le personnage reste à chaque fois légèrement à l'écart de ce qu'il voit, si bien que ces notations de couleur ne font naître aucun sentiment d'adéquation entre l'homme et le monde. Le monde est à côté du personnage qui le regarde mais n'existe pas en lui.

Les autres couleurs, toutes les couleurs brouillées ou travaillées par la lumière, sont beaucoup plus nombreuses. On les trouve dans les descriptions de paysages extérieurs, paysages marins ou scènes de rue, et quelques scènes d'intérieur.

Quand le narrateur cherche à être au plus près de la chose perçue, il multiplie les références à d'autres arts de la représentation, soit pour signaler en quoi il s'en distingue, soit pour dire que le roman ne dispose pas des mêmes moyens. La peinture, les enluminures, l'art du vitrail viennent au secours du romancier pour parfaire sa description et donner à lire tantôt le caractère inquiétant, tantôt la beauté de la scène vue. « Une plate lumière de fin de jour éclairait le tableau sans reflets, dénombrement des muets silencieux, massacre des Innocents où manquaient les piques et les glaives. Un faux Rembrandt... » (JP1, p. 60) « Parfois, la procession s'arrêtait, et ce qu'on voyait alors ressemblait à une enluminure de missel - ou dans les fumées lentes d'un feu de Bengale, comme des vapeurs d'encens, à quelque fragment de vitrail » (JP2, p. 322). Mais dans tous les cas la référence à un autre art dit les limites du roman en posant la question du réalisme et de ses moyens. En effet, l'art de l'enluminure ou celui du vitrail, pour des raisons techniques, travaillent à déformer ce qui est montré pour le faire rentrer dans les cadres imposés par le mode de représentation choisi. Ce sont des arts appelés par leur nature même à être infidèles au réel.

D'autres références à la peinture apparaissent même si elles ne sont pas toujours explicites : les descriptions, dans leur composition, leurs jeux de lumières et de couleurs ne sont pas sans évoquer quelques grands peintres. Ainsi la scène des joueurs de cartes au cap de Bonne Espérance est-elle pratiquement une scène de genre et pourrait être comparé à un tableau de Cézanne :

> « La lueur d'une lampe à pétrole suspendue aux poutres du plafond tombait d'aplomb sur quatre personnages jouant aux cartes. Au fond, de vagues formes de futaille. Dans le mur à droite, la cheminée monumentale et le fourneau encore allumé. Sur le fourneau, une cafetière verte haute comme un broc. » (JP2, p. 318)

On peut, en effet, rapprocher des ambitions impressionnistes les tentatives pour saisir au plus près les nuances de la lumière, pour décrire les brouillards, les fumées, tout ce qui vient rendre flous les contours du réel.

> « Tout brillait et scintillait dans la poussière, sous les feux blancs de l'acétylène, tout remuait, tournait, roulait, chantait, et braillait, on s'écrasait. » (JP2, p. 316)

> « [...] la longue tranchée de lumière bougeant entre les masses sombres de la foule immobile, comme un fleuve de feu dont la rumeur montait jusqu'à eux. » (JP2, p. 322)
> « Par-dessus les toits, un feu de Bengale répandit jusqu'au ciel son lumineux brouillard rose. » (JP2, p. 323)
> « [...] la lune éclairait les toits le plus romantiquement du monde, répandait partout ses teintes roses et par endroit comme neigeuses. » (JP2, p. 367)
> « Deux papillons de gaz éclairaient les murs roses de la chapelle Saint-Laurent. » (JP1, p. 50)

Ou encore :

> « Comme il y en avait des toits ! Ma petite ville était donc si grande ! Comme ils étaient nombreux, divers, des plus proches aux plus distants, allégés au fur et à mesure qu'ils s'enfonçaient dans le lointain, jusqu'à confondre le bleu pâle de leurs ardoises d'une manière presque indiscernable avec le bleu du ciel qui n'était qu'une vapeur... » (PDR, p. 300)

Les jeux de lumière sur la place Saint-Marc et l'envol des pigeons se prêtent particulièrement bien à ce genre de description : il est question de la « mer houleuse de plumes gris perle où se jouait la lumière du matin - un divertissement de kaléidoscope le plus varié qui fût » (P, p. 21). Le but alors est d'être au plus près de la perception visuelle.

Cela peut conduire à totalement transfigurer le paysage. C'est le cas lors d'un exercice de nuit des Allemands dans *Le Jeu de patience* quand les canons se mettent à tonner. Les teintes décrites font alors penser à un tableau de Dali :

> « Ébranlement des voûtes célestes, dans la furie des fusées lumineuses. Au-dessus de la mer, les fusées descendaient lentement -roses ouvertes- révélant un paysage théâtral, une mer surréaliste, tranquille mais empoisonnée, des côtes sulfureuses. » (JP1, p. 261)

La lumière brouille plutôt qu'elle n'éclaire et dans ces vapeurs, ces fumées, ces halos, l'écriture se fraye un chemin qui rapproche du réel en même temps qu'il en éloigne :

> « Hier soir, du côté de la mer, le ciel avait cet éclairage réfracté des jours de tempête. J'entendais au loin une rumeur faible mais persistante qui me rappelait celle du canon, naguère. Les blancs pignons sous les toits bleus mouillés s'éclairaient curieusement dans la lumière baissante, sous le ciel blanc-gris assombri sur la mer comme s'il allait pleuvoir. Tout changeait à vue d'œil. Le vent se levait... La nuit peu à peu détruisait le paysage comme volontairement. Des linges blancs accrochés à des fils se balançaient pareils

à des fantômes. Quelques teintes d'opale encore dans le ciel. Sur la côte, une courte lueur brilla. » (JP1, p. 461)

Le paysage sous l'effet de la lumière prend des allures spectrales. La couleur possède bien une fonction déréalisante.

Le choix des couleurs ne participe pas strictement d'un projet réaliste qui manifesterait la maîtrise du monde par le personnage, mais exprime la poésie du regard qui transfigure le monde vu et le recompose :

> « Les blanches robes des religieuses prenaient des chaudes teintes safran : le bleu, le jaune, l'or des bannières se succédant comme de merveilleux oiseaux pleins de sagesse, s'enrichissaient encore et répondaient comme par des traits aux vivantes taches rouges des robes des enfants de chœur. » (JP2, p. 322)

Les jeux de lumière font que tout devient « enchanteur », tout devient « AUTRE CHOSE » comme le dit le narrateur du *Pain des rêves* devant les reflets dans les vitres de la forge du père Roussin, un jour de neige (PDR, p. 21). Quand Zabelle, une nuit à sa fenêtre, contemple le paysage et en voit toute la beauté, elle retrouve même en le regardant le bonheur qu'il y a à vivre malgré les déchirements d'une passion impossible :

> « La nuit était froide, mais d'une limpidité absolue, le ciel presque vert, et les branches des arbres, au jardin, d'un noir de sépia- une nuit jaune, allègre, souriante, avec au fond un lointain murmure qui devait être celui de la mer. » (JP2, p. 49)

Il n'est pas étonnant que ce moment extrêmement rare d'abandon au paysage, où les adjectifs montrent que le romancier « se fait voyant », concerne Zabelle, celui de tous les personnages que l'on peut considérer dans l'ensemble de l'œuvre comme étant le plus doué pour la vie.

Pourtant, même dans l'émerveillement de ce qui est vu, les images noires qui justifient l'absence de confiance au monde reviennent. Ainsi, Blaise, de retour dans sa ville natale, regarde la procession et s'étonne. Immédiatement réapparaissent des souvenirs récents que la beauté des choses qu'il voit ne parvient pas à faire oublier. L'enchantement est vite rompu :

> « L'étrange sentiment de quiétude qui montait de cette foule le déroutait. D'autres images se formaient dans son esprit et le contraste était trop violent avec sa plus récente expérience, pour qu'il n'appelât pas à sa mémoire, malgré lui, certains souvenirs comme celui des deux pendus, sous la passerelle, dans la gare d'Odessa... Comme le vent les balançait doucement. » (JP2, p. 323)

Quand le narrateur du *Jeu de patience,* menacé par la Gestapo qui multiplie les arrestations, « rôde » en ville, l'atmosphère, les sensations qui s'en dégagent le séduisent et lui font oublier un instant la terreur qui règne :

> « Je ne savais quoi de maritime et de libre dans l'air mouillé, quel goût d'espace. Le crachin comme une légère fumée se disposait en gouttelettes scintillantes sur les fils du télégraphe, au bord des gouttières, ici et là sur les façades grises. Malgré tout, j'éprouvais un étrange bonheur à me mouvoir dans cette brume lumineuse. La cathédrale me parut immense, sous ces voiles humides. »

La description continue ainsi suivant la promenade du narrateur jusqu'à « la place Saint-Paul », donnant la même impression de sérénité inattendue dans le contexte historique donné. Mais immédiatement après, survient la triste figure de Gasdoué, que le narrateur ne reconnaît pas mais que « ses yeux blancs » permettent d'identifier, Gasdoué, sur cette place tranquille, juste après ce bonheur d'espace, Gasdoué, coupable de la fin du pasteur à Dora. Dans *Parpagnacco*, le lendemain de la mort de Patrick, son second, le narrateur est lui aussi saisi d'émerveillement devant un spectacle qu'il croise dans une rue de Venise :

> « Sous mes yeux venaient de surgir du sol d'immenses bouquets de fleurs éclatantes, d'un rouge violent, des bouquets hauts comme des hommes et touffus comme des buissons. D'un bord à l'autre, ils bouchaient l'étroit passage avec la puissance et la fraîcheur du prodige. Je restai sur place dans la plus parfaite admiration, et d'autres avec moi, tous muets. » (P, p. 214)

Mais il n'y a pas de communion possible avec la chose vue, si magnifique soit-elle : celui qui voit reste à jamais séparé de ce qu'il voit surtout si cela est beau, et il ne peut échapper à la fatalité de sa condition :

> « Les fleurs se mirent à bouger. Elles s'avançaient à notre rencontre comme pour s'unir à nous dans une étreinte de paradis terrestre, qui se fût peut-être produite si le malheur qui depuis si longtemps nous opprime et nous réunit dans une même séparation, mais qui nous rend si méfiants, ne nous eût fait reculer et prendre refuge dans des portes. » (P, p. 214)

Le narrateur rappelle ici le mouvement de recul de Guilloux face à la beauté du monde. La suite prouve en effet que cette beauté a quelque chose de mensonger. Le monde reste ce qu'il est et ne peut être ainsi transfiguré : les fleurs n'ont rien de miraculeux et n'avancent pas toutes seules : « Je pouvais me sentir rassuré. Le monde, qui un instant m'avait paru sur le point d'éclore, demeurait ce que nous savons. » (P, p. 214) Pire encore, le miracle des fleurs masque de manière bien éphémère le tragique de la mort auquel nous sommes ramenés une fois de plus, puisque le narrateur découvre qu'en réalité, il voit s'avancer un cortège funèbre qui accompagne un jeune mort à l'île rose de San Michele.

Que l'émerveillement devant le réel transfiguré menace toujours de glisser vers des images d'horreur, la description des spectateurs au moment de la Procession dans *Le Pain des rêves* le confirme :

> « Les gens, accoudés au balcon, semblaient soudain avoir changé de toilettes et revêtu des habits bleus, ou roses, ou verts, selon le cas, ce qui les faisait ressembler sans qu'ils s'en doutassent, à des personnages de mascarade. Ou plutôt et sans mascarade aucune - quelle irrévérence ! - n'étaient-ils pas la glorification de la foule d'en bas, en train de s'élever au ciel dans les fumées d'apothéose. On aurait pu le croire s'ils n'avaient tous été prisonniers, arrêtés dans leur course céleste par les grilles de leurs balcons et comme pris dans leurs rets. Image cette fois non plus d'un envol céleste mais des premiers tourments de l'enfer. Car après tout cette apothéose était peut-être aussi un jugement dernier. » (PDR, p. 160)

Les habitants pressés sur les balcons se transforment d'abord en une foule en gloire. Puis tout se déforme. Les obsessions du romancier l'emportent et imposent la vision de l'homme prisonnier en attente d'un salut impossible. Pour traduire le tragique de la condition des hommes, encore une fois le réalisme de la description est repoussé.

Une humanité poétique

Dans la prolifération de personnages à l'identité parfois mal définie, Guilloux s'attache à décrire marginaux ou exclus de la société en tout genre. Clochards, chiffonniers, hommes de théâtre ambulant, vendeurs à la sauvette, mendiants, ils font partie de cette multitude de pauvres hères qui peuplent les villes et à qui Guilloux par son regard donne droit de cité. Comme les vagabonds que l'on croise, ils ne font que passer et restent, comme leur condition le veut, parfaitement insaisissables. Menaçant sans cesse de rejoindre le cortège d'ombres qui peuplent la ville, ils ne sont rien et pourtant constituent l'humanité. En disant par leur présence parfois brouillée de quelle humanité ils sont privés, ils rappellent aussi de quelle humanité nous sommes. Leur présence est à la fois un scandale et une provocation.

Alors que ces silhouettes font partie du paysage urbain et que tous, dans la ville, semblent habitués à cette pauvreté monstrueuse, Guilloux dénonce, par la voix de Petit Doucet dans *Les Batailles perdues*, le sort qui leur est réservé. Dans deux de ses trois discours, Petit Doucet ou P'tit Doucet « dit Croquignol[188] », pointe cette pauvreté extrême des anonymes.

> « Un matin, je vis un vieux clochard et une vieille clocharde, quelles guenilles, penchés sur une poubelle, fouillant là-dedans comme des chiens. De temps en temps ils portaient à leur bouche et mangeaient ce qu'il venait de trouver. » (BP, p. 41)

Le « grand article dénonciateur » qu'il veut écrire lui est évidemment refusé par son chef au journal. Alors le Petit Doucet pousse le raisonnement de l'indifférence à l'extrême :

> « Allons ! Un peu de courage ! Noyons-les ! Brûlons-les comme des punaises ! Donnons-les à manger aux cochons ! Foutons-les à la Seine ! Soyons conséquents nom de Dieu ! » (BP, p. 41)

La même ironie réapparaît dans son deuxième discours à propos d'une anecdote qu'il raconte :

> « …sur un banc du boulevard Saint-Germain était assis un homme de ceux qu'on appelle clochards. Encore ! Encore ! Ah là là ! Comme c'est lassant ! » (BP, p.160)

Ces remarques, en rappelant à quel point cette humanité privée de tout dérange, donnent aussi la raison de sa présence dans le roman.

L'intérêt que le romancier porte à ces silhouettes errantes n'est pas seulement lié à sa sensibilité sociale. La place qu'elles prennent correspond aussi à l'idée que l'auteur se fait du roman, comme d'un réservoir d'histoires inépuisables. Dans le *Pain des rêves,* le narrateur explique le goût qu'il a pour les artistes ambulants et notamment les acrobates de cirque : « outre la joie que me donnait le spectacle même, il y avait encore pour moi ceci que chacun de ces hommes et de ces femmes qui s'exerçaient là sous mes yeux représentait une aventure. *Je les parais d'un destin romanesque dont la forme errante de leur vie était la garantie*, et dont, pour le reste, je puisais les éléments dans mes lectures et dans mes rêves » (PDR, p. 180, c'est moi qui souligne). En effet, par ces figures qui traversent le récit, le romancier déploie un éventail de possibles romanesques, de destins que nous sommes à notre tour chargés d'inventer. La réussite de Guilloux vient de ce qu'il parvient à

---

[188] Sur le personnage de Petit Doucet, voir Jean-Baptiste LEGAVRE « Entre Presse, littérature et politique. Les engagements des intellectuels dans l'œuvre de Louis Guilloux. Le cas des *Batailles perdues.* », in Jean-Baptiste LEGAVRE (dir.), *Louis Guilloux Politique* », *op.cit.,* p. 211-214.

individualiser des silhouettes, il réussit à les faire sortir de l'ombre, même si elles y retournent inexorablement. Leur existence, comme inachevée mais forte, donne l'impression d'un romanesque en lambeaux.

Ces figures de passage se rangent en deux catégories : d'une part, celles des clochards, des mendiants, tous ceux qui vivent dans la pauvreté la plus extrême et qui habitent la rue, d'autre part, celles des musiciens, des chanteurs ambulants ou des poètes, pauvres souvent, mais qui gardent en eux les traces d'une certaine élégance ou d'une beauté artiste.

Parmi les premiers, on trouve des hommes aussi bien que des femmes. On les reconnaît à leur costume fait de bouts de ficelles et de cordes, costume de celui qui n'a pas de quoi se vêtir et qui se couvre de ce que le hasard lui donne, costume aussi dont la fantaisie prend parfois une dimension poétique. Ainsi dans la longue liste des clochards de l'œuvre de Guilloux nous pouvons considérer que l'« horrible bossue » dans *Le Sang Noir*, Mimi Chiffonnette dans le *Jeu de patience*, ou Roussette dans *Coco Perdu* font partie de la même famille même si elles provoquent des degrés de sympathie différents chez ceux qui les regardent :

> « L'horrible bossue ! Que ne restait-elle dans son trou ! Elle s'approchait dans sa blouse trop vaste et serrée à la taille par un simple cordon. Drôle de costume pour une femme que cette blouse qui l'enveloppait des pieds à la tête et qu'elle avait choisie de couleur bleue comme devaient être, pensa-t-il, les blouses qu'on portait dans les hôpitaux et dans les prisons. » (SN, p. 315)

> « ... Ce fut Mimi Chiffonnette, la mendiante que je trouvai derrière la porte. J'avais oublié que le jeudi est le jour où elle vient en ville... Je la trouvai sur le seuil, coiffée de son béret vert et les cheveux épars dans le dos, son vieux caoutchouc en loques serré d'une corde autour de sa taille de gamine, les pieds nus dans des savates crevées et tenant au bout de son bras un cabas rempli de dons qu'on lui avait faits dans la matinée [...]. » (JP1, p. 39)

Quant à la Roussette, dont l'identité est passablement indéterminée, elle s'arrête devant une vitrine pour discuter avec « Pisquatte, une drôle de cloche » (CP, p. 20) et, comme les autres, se distingue par son accoutrement :

> « Qu'est-ce qu'elle a comme ça, on dirait une espèce de vieille poupée avec ses cheveux qui lui tombent sur le coin de l'œil. » (CP, p. 22)

Les autres « exemplaires de cette humanité fascinante » (PDR, p. 61) prennent une place particulièrement importante dans *Le Pain des rêves* où le narrateur observe tous les grotesques qui habitent son quartier. Le ton est sans misérabilisme et il s'agit moins de provoquer une prise de conscience sur la misère, à la façon du P'tit Doucet, que de montrer que ces clochards constituent aussi une part merveilleuse de la ville[189]. Ainsi, le récit accorde une large description à la « Bande du Soleil » (« L'été, ils formaient la Bande du Soleil. L'hiver, ils n'avaient pas de nom… » (PDR, p. 60)) composée de Chopi, Pompelune, le père Gravelotte, la Fée, Tonin Bagot., avant de leur consacrer de longs portraits afin que chacun de ces grotesques puisse être identifié et distingué des autres. Il insiste sur Pompelune et ses cocardes qui lui font un vêtement de fantaisie :

> « Il raffolait de décorations. Aussi chacun s'empressait-il de lui en apporter tous les jours de nouvelles, soit des bouts de chiffons, soit des images, des plumes de poulets, des pompons, des grelots, qu'il attachait, liait, piquait à ses vêtements parmi des décorations de la veille qui lui plaisaient encore. Car il aimait fort à en changer. » (PDR, p.62)

Enfin, il est « … très digne dans ses plumes, ses médailles, ses grelots et sa polka… » (PDR, p.63). On le différencie de Tonin Bagot :

> « Tonin Bagot parcourait la ville, chargé de nettoyer les lieux, les recoins, les encoignures, où malgré les défenses, les menaces et même les herses, des impatients et des ivrognes, s'étaient soulagés dans la nuit. Son infâme mission faisait de lui comme un excommunié.
> Tonin Bagot était toujours seul. Mal ficelé dans ses fripes et les plus minces qui se puissent voir, coiffé d'une casquette plate comme une ardoise, il avait la maigreur de l'arête. Sans rien de contrefait il semblait difforme. […] *Il avait quelque chose.* » (PDR, p. 68)

Et de la Fée :

> « Si Pompelune était dodu et relativement bien habillé sous la multiplication de ses cocardes, la Fée n'avait, pour cacher ses os, qu'une maigre robe grise qui laissait voir ses bas blancs, et un oripeau grenat, léger comme une dentelle, prise aux pointes de ses épaules. De son chapeau noir, lui tombait sur le visage une voilette, pour cacher quelle lèpre ou quel cancer ?

---

[189]Pierre SANSOT donne au clochard une place de choix dans l'imaginaire urbain ; il en fait « *un nomade si nonchalant qu'il fixe la ville* et aussi, ce qui est plus rare, la rue passante qui a tellement besoin d'être amarrée par quelques personnages comme la marchande de fleurs ou le vendeur de journaux » ; « …ils sont des êtres de la rue : ils y subsistent tant qu'ils y demeurent ; il y admettent philosophiquement les passants qu'ils considèrent un peu comme des intrus et des spectateurs possibles de leur ostentation crasseuse. Ils osent y mendier, rompre la dure loi du travail et du salaire, de l'offre et de la demande. » *Poétique de la ville*, (1996), Paris, Petite bibliothèque Payot, 2004, p.343-344.

> Tout tremblait dans sa personne, excepté ses lèvres. Rien qu'à la voir, on comprenait qu'il y avait des années qu'elle n'avait plus parlé, et qu'elle ne parlerait plus ni dans cette éternité, ni dans l'autre. Mais avec une obstination qui passait l'entendement, elle avançait, tenant de sa main libre un pot de fer où quelque bonne âme tout à l'heure, verserait un bol de soupe. Son regard de détresse ne voyait plus rien devant elle que la distance à parcourir.
>
> Voilà celle qu'on me désigna, un jour, non pas comme une fée, mais comme la Fée. Ainsi l'avait baptisée la diabolique fantaisie du monde. » (PDR, p. 67)

La description de toutes ces silhouettes « qui chavire(nt) au coin des rues » (PDR, p. 68), des « excommuniés », des lépreux,- « plus tard quand on m'eut appris ce qu'étaient les lépreux […] c'est sous les traits de Tonin Bagot que je me les représentais » - les rétablit dans la communauté des hommes.

On le voit notamment dans le passage où Tonton, un autre miséreux de la ville, rend visite au grand-père un soir d'hiver. La description de ses pauvres oripeaux fait écho à toutes les descriptions précédentes :

> « Alors apparut un merveilleux entrelacs de ficelles, d'épingles, de rubans, qui soutenaient, vaille que vaille, les pires loques que nous eussions jamais contemplées. La veste n'avait plus qu'une manche. Comme il n'avait pas de chemise le bras sans manche était tout nu. Le gilet était un ancien gilet de valet de chambre, noir et jaune, le pantalon, un pantalon de pompier, bleu à la lisière rouge, noué autour de la taille par une cravate. » (PDR, p. 127)

Mais dans cette scène, où le misérable, pour remercier le grand-père des vêtements qu'il lui donne, sort son okarina et fait de la musique, la réalité est transfigurée. Les adjectifs « merveilleux » et « féérique » sont employés (PDR, p. 128). Sous le regard bienveillant de ceux qui l'entourent, Tonton peut se déshabiller et se rhabiller, retrouver une tenue d'homme, renaître à l'humanité et entraîner par la musique qu'il donne une communion entre les individus. Par la beauté de cette scène, Guilloux suggère un des pouvoirs du roman, un pouvoir humain, auquel il ne renoncera pas.

Ces personnages errants viennent de nulle part, et vont on ne sait où. Êtres de misère et de fantaisie, ils constituent une galerie de corps flous et fugitifs. Tonin Bagot « est une silhouette qui s'en va plus volontiers qu'elle n'arrive » (PDR, p. 68). Leur vagabondage est la garantie de leur potentiel romanesque et ils prennent incontestablement une dimension poétique. Pompelune, mégalomane, est aussi métromane (PDR, p. 63).

Moins nécessiteux que les précédents, les artistes ambulants appartiennent néanmoins à la même famille : tel est le cas de l'acteur qui vient demander de l'eau au grand-père dans *Le Pain des Rêves* et qui en échange lui chante le

Temps des cerises en le gratifiant d'un solennel « salut et fraternité ». Celui qui n'est pas appelé autrement que « mon bel acteur » (PDR, p. 188-190) est à rapprocher de Monsieur Max, le violoniste des *Batailles perdues* : derrière ce nom qui n'est qu'un prénom, apparaît encore une fois une destinée mystérieuse qui ne nous est livrée que par bribes. Comme le bel acteur, on le distingue physiquement : « un homme entra, alerte, grand et mince, dans une sorte de redingote noire. Il serrait sous son bras une boîte à violon. Les belles boucles blanches de ses cheveux dépassaient sous un chapeau à larges bords (BP, p. 143). » Il vient souvent au Rapin pour voir Henriette tandis qu'une « grande et forte femme », à l'air peu amène, le cherche quand il est déjà parti. À la fin du roman, il réapparaît, et dans la rue il joue pour le bonheur de tous :

> « M. Max venait d'apparaître à la terrasse, en jaquette, sans chapeau, ses belles boucles blanches offertes à la lumière et au soleil. La tête penchée sur son violon, les yeux mi-clos, grand, maigre, les épaules un peu pointues, la mine fine, la bouche serrée, il jouait *Le Temps des Cerises*. » (BP, p. 520)

Le mystère de sa vie reste entier. Maxime d'Armor, le frère de Papillon qui loge à la pension, est un autre poète ambulant des *Batailles perdues*. Il est entouré d'illuminés comme lui, Willy et Fanfan- qui est bossu- et ils portent tous un nom qui n'en est pas un et qui garde les traces, pour le premier au moins, d'une vague grandeur bretonne. Ses apparitions sont pleines de fantaisie joyeuse. Il se présente : « -Maxime d'Armor ! Sauveur de poésie ! » (BP, p. 226). Il voyage au volant d'une vieille guimbarde qu'il malmène sans hésitation, coiffé de sa « couronne en carton » (BP, p. 244) et son départ précipité vers Paris est qualifié de « merveilleux » (BP, p. 245). La description de tous ces personnages baigne dans une imprécision un peu féerique qui donne ce léger flou si caractéristique de la manière de Guilloux.

Le bestiaire poétique du *Sang noir*

Tout un ensemble de comparaisons et de métaphores transforme également le personnel du roman en un bestiaire surprenant et poétique.

Souvent, les portraits sont déréalisés par l'accumulation de comparaison. C'est le cas du portrait charge de Madame Point :

> « Des cheveux de cendre blanchis comme de poudre, et sous le front butoir, deux fentes jaunes, les yeux, deux taches de plâtre, les pommettes dans la brique des joues. […]. Son menton lisse, dur comme un caillou de mer, ne formait qu'un bloc avec l'étai de ses mâchoires et les vastes cadenas de ses oreilles. » (SN, p. 183-184)

Le procédé est différent de celui de Balzac où l'accumulation de comparaisons autour d'une caractéristique particulière dans les portraits, montre à quel point le personnage décrit est transformé par la passion qui l'habite[190]. Dans le cas du portrait de la femme du notaire, les hyperboles, les comparaisons et les métaphores sont hétérogènes et la transforment en un objet hybride dénué de tout aspect humain

Le plus souvent le personnage se mue en animal[191]. Il faut bien entendu rapprocher ce procédé de déshumanisation de la veine satirique de l'auteur. Les métaphores ou les comparaisons animales sont souvent l'instrument d'une démolition en règle et participent à la caricature burlesque de nombreux individus. À la fin de la scène de remise de décoration, Cripure entend les invités quitter la bibliothèque « comme de gros rats » (SN, p. 275). On l'a vu, Mme Poche arbore « un nez à l'os éperonné comme un bréchet de poulet, des dents de cheval jaunes en bas, vertes en haut » (SN, p. 257), la patronne du café est aussi comparée par Cripure « à une poule sur son perchoir » (SN, p. 427)… et si la voix de Babinot est nasillarde, c'est parce qu'il n'est pas doté d'un nez mais d'une « trompe » (SN, p. 435).

Mais ces comparaisons ne sont pas toutes à imputer à cette intention satirique. Dans le *Sang noir* tout particulièrement l'ensemble des personnages comparés à divers animaux forme une espèce de ménagerie hétéroclite et poétique. Maïa a un « œil de pie » (SN, p. 499), et ses bras sont comparés à des ailerons (SN, p. 319), Babinot possède une « petite tête d'oiseau ronde comme une boule, couverte d'un poil rare autrefois roux, qui laissait voir autour du bandeau la peau blanchâtre du crâne comme un fruit pelé », Moka, « un long cou d'oiseau », (SN, p. 440) et son front est surmonté d'« une crête rousse » (SN, p. 319). Quant au maire, il se remarque par ses « gros yeux de lion mélancolique ».

Si les métaphores animales permettent de se représenter Cripure, vêtu le plus souvent de sa peau de bique, en soulignant à la fois sa stature et son aspect terrifiant, on s'aperçoit assez vite que cette fonction référentielle de la description est secondaire. En effet, il est transformé en une espèce d'« animal empaillé et ahuri » (SN, p. 496), comparé à un « sanglier géant » (SN, p. 496). « Debout, il était grotesque, non plus ours, mais singe, orang-outang paralysé et fléchissant sur des genoux trop hauts » (SN, p.165). Il a une « dégaine d'épouvantail » (SN, p. 375), « Il se dressa gigantesque plus chimpanzé que jamais, redoutable » (SN, p. 373). « Son dos immense s'agitait dans la pénombre comme la carapace d'une tortue gigantesque (SN, p. 218) », « et

---

[190] Les exemples sont nombreux : nous pouvons penser par exemple aux portraits de l'imprimeur Séchard au début des *Illusions perdues*, ou au portrait de Frenhofer au début du *Chef d'œuvre inconnu*.
[191] Voir RENARD Paul, « Système du corps et du vêtement dans *Le Sang noir* », in *ROMAN 20/50* n° 12, *op. cit.*, p. 37-45.

dans sa peau de bique Cripure fit à Moka l'effet d'un animal monstrueux qui sortirait de l'eau où une main cruelle l'aurait plongé et maintenu plus longtemps. (SN, p. 475) ». Il est aussi métamorphosé en insecte, avatar possible du cloporte : « L'œil mort derrière le lorgnon, cherchant la lumière comme un souvenir, il avait l'air d'une grosse mouche prisonnière bourdonnant contre une vitre » (SN, p. 168), « .... Finirait-il « sa carrière » dans la peau d'un cloporte ? » (SN, p. 165) Ce déferlement d'images va au-delà du réalisme. Celles-ci ont aussi pour fonction de rappeler la difficile condition de Cripure dans son propre corps, enveloppe qui l'emprisonne, second cachot dans le cachot de la ville. Leur but n'est pas de l'exclure de l'humanité, elles disent plutôt son inadaptation au monde et sa douleur indicible.

3
Théâtralisation

On sait que Guilloux a tenté son entrée dans le monde des lettres avec deux pièces de théâtre, *Échec et mat* en 1925 et *Le verre à liqueur* en 1926, voie dans laquelle son ami Edmond Lambert l'encourage. L'accueil mitigé des directeurs de théâtre le dissuade de poursuivre une carrière de dramaturge[192]. Néanmoins en 1947, à la lecture d'une de ses nouvelles intitulée *Pas moi*, Jean Grenier distingue chez lui un sens de la scène : « J'admire sans réserve *le récit* et le *dialogue. Tu devrais absolument faire du théâtre.* Penses-y avant n'importe quoi [193]. » Conseil dont Guilloux se souviendra certainement quand il adaptera *Le Sang noir* qui deviendra *Cripure* en 1962[194].

Ce goût pour le théâtre joue un rôle dans l'aptitude du romancier à dramatiser certaines situations romanesques. L'espace est traité comme un décor où se jouent les tragédies des hommes et des personnages ; pantins ou marionnettes aux voix singulières s'y croisent. Ces effets de théâtralisation sont au cœur de la tension qui existe dans l'œuvre entre réalisme et déréalisation.

---

[192] Sylvie GOLVET, *Louis Guilloux, devenir romancier, op.cit.*, p.26-27.
[193] Cité par Agnès SPIQUEL-COURDILLE , *Albert CAMUS, Louis Guilloux, Correspondance 1945-1959*, édition établie, présentée et annotée par Agnès SPIQUEL-COURDILLE, Gallimard, collection « Blanche », 2013, p.105.
[194] Sur cette adaptation du roman au théâtre, voir Jeanyves GUERIN , « Du *Sang noir* à *Cripure* », in Jean-Louis JACOB (dir.), *Colloque de Cerisy. Louis Guilloux*, Quimper, Calligrammes, 1986, p.155-178.

Théâtralisation des lieux

Un lieu unique

Guilloux applique au roman, on l'a vu, cette règle du théâtre classique qui impose à l'action de ne se dérouler que dans un seul lieu. Ce choix est l'élément premier de la théâtralisation de l'espace et renforce l'atmosphère de huis clos tragique[195] souvent soulignée pour caractériser l'œuvre de Guilloux. Que la petite ville de province serve de cadre d'un roman à l'autre donne l'impression que l'auteur écrit des pièces à jouer toutes dans le même décor. À la toute fin de son œuvre, avec *Coco perdu*, Guilloux renoue avec ce principe fondateur de son œuvre. Comme dans les romans du cycle briochin, la ville n'est pas nommée mais la place ressemble à la place Surcouf du *Jeu de patience* : on y trouve des cafés et les *Nouvelles Galeries* (CP, p.54), et s'il n'y a pas de rue Saint-Yves, la ville est tout de même traversée par une « grande rue centrale, la rue Poincaré » (CP, p.53). La ville ressemble à bien des préfectures ou des sous-préfectures de province et pourrait aussi bien être Saint-Brieuc que Laval ou Châteauroux comme dans *La Confrontation*. Elle en possède le même décor, unique, ordinaire et banal. Quand le personnage sort de sa ville pour en découvrir une autre, il découvre les mêmes lieux avec les mêmes caractéristiques. C'est déjà le cas dans *Dossier confidentiel* où en dépit de différences objectives, les lieux propres à chaque ville se superposent dans l'esprit du personnage (DC, p. 177). Dans *La Confrontation*, la parenté entre Laval et Châteauroux est rappelée plus d'une fois (C, p.52, C, p.86, C p.198) et c'est pourquoi le narrateur enquêtant sur les traces de Gérard Ollivier finit par enquêter sur lui-même tant la ressemblance des lieux montre des expériences semblables. Que Laval soit une ville palindrome souligne le jeu de miroir. Quand, dans *Le Jeu de patience*, sous l'Occupation, le narrateur en danger trouve refuge dans une autre petite ville que la sienne, il insiste sur la parenté entre les lieux :

> « Je vivais en me cachant dans une autre ville à vrai dire pas tellement différente de la mienne : une vieille petite ville, avec sa cathédrale comme chez nous, et sa grande rue Saint-Yves, ici la rue Saint-Vincent de Paul, par le souvenir d'un séjour que ce très grand homme avait fait au château. Ce château qui dominait la ville, c'était notre donjon. Les camarades non plus n'étaient pas très différents de ceux que j'avais connus ou que je venais de

---

[195] Dominique RABATÉ analyse la concentration dramatique du *Sang noir* qui tient aussi à la concentration temporelle : « Ce choix de concentration dramatique est manifestement lié à une esthétique tragique qui informe tout le roman », « Construction narrative et dramatique dans *Le Sang noir* », *Louis Guilloux, écrivain, op.cit.*, p. 197-210, p.198.

quitter. Berthier, chez qui je logeais, était un autre Barthez, à cela près qu'il n'était pas défiguré. » (JP2, p. 249)

C'est aussi dans une arrière-boutique que les copains se réunissent : « « Nous irons voir Diego un de ces jours dans l'arrière-boutique chez Muela son patron. C'est là qu'on se retrouve, avec quelques copains. »/Une arrière-boutique ! O Blaise ! » (JP2, p. 255) Dans cette deuxième petite ville habitent aussi des réfugiés espagnols, « dans une prison désaffectée » pour celle-ci, « dans les ruines d'une usine », pour celle-là (JP2, p. 255). Ressemblance des lieux, des personnes : il s'agit moins de nous permettre d'identifier un lieu en particulier que d'insister sur la « communauté d'expérience[196] » des personnages.

Ce qui a été vécu dans un lieu pourrait l'être dans un autre. Le souci d'atteindre à l'universel passe par la banalité des lieux quotidiens que rien ne vient véritablement distinguer et que chacun semble connaître. Les références à un lieu précis importent peu : les antichambres des palais raciniens se ressemblent toutes, que l'on soit à Rome ou à Trézène. Chez Racine, néanmoins, l'action vient de passions extraordinaires vécues par des êtres hors du commun, comme la fille de Minos et de Pasiphaé, le fils d'Achille, ou la femme d'Hector. L'unité de lieu sert de cadre à une tragédie vécue par des héros dont le destin implacable est écrit par des forces qui les dépassent. Or, chez Guilloux, le soin apporté à la mise en scène d'un décor unique, correspond au désir d'exprimer un tragique ordinaire. Le lieu unique de la petite ville, même quand il est décliné de roman en roman en plusieurs versions, est là pour dire le tragique d'un quotidien sans grandeur.

Plus on avance dans l'œuvre, plus disparaît la mer qui, dans les romans que nous avons appelés du cycle briochin, forme une ligne d'horizon où se situe un point de fuite possible. Lucien Bourcier dans *Le Sang noir*, Yves de Lancieux dans *Le Jeu de patience* s'échappent par voie de mer. Blaise devient marin. Cripure même possède une petite villa sur la côte. En copiant Roland Barthes, on pourrait dire que l'habitat des personnages de Guilloux ne connaît qu'« un seul rêve de fuite : la mer[197] ». La disparition de cet élément du paysage notamment dans *Labyrinthe, La Confrontation,* et *Coco perdu*, augmente considérablement l'impression d'enfermement tragique que donnait déjà le sentiment de se retrouver toujours dans le même cadre.

---

[196] « J'étais frappé, à l'entendre (Berthier), de notre communauté d'expérience. Les choses qui s'étaient passées chez moi depuis une dizaine d'années s'étaient de même passées ici. » (JP2 255)
[197] BARTHES Roland, *Sur Racine*, Paris, Éditions du Seuil, 1963, p. 15.

Décors de théâtre

Très souvent alors qu'une description est amorcée, une comparaison avec un décor de théâtre coupe court à son développement. Quand la Place aux Ours observée d'en haut par le narrateur du *Pain des rêves* suggère un « décor ancien et comme théâtral » (PDR, p. 299), la magie des lieux est ainsi rapidement résumée, mais les gens tout petits se transforment en « poupées ou marionnettes » (PDR, p. 299). Le soir de la procession des Pestiférés à la fin de la guerre, la Place aux Ours est encore vue comme un décor de théâtre : « Des fils tendus à travers la Place aux Ours portaient des lampions multicolores. Elle était si petite, la place, qu'on l'aurait prise pour une scène de théâtre » (JP2, p. 301). C'est aussi un soir de procession que l'oncle Paul et Loïc à la recherche de Béa parcourent la ville :

> « Quelle nuit douce ! Trop de lune. Toujours la même impression de décor. » (JP2, p. 366)
> « Il faisait si doux, ils étaient si las, qu'après quelques instants de marche ils s'assirent sur le bord du trottoir. Quelle nuit splendide. La lune éclairait les toits le plus romantiquement du monde, répandait partout ses teintes roses et par endroits comme neigeuses, découpait, comme au théâtre, des pans de murs, des coins de vieilles demeures qui semblaient dessinés au fusain. L'oncle soupira : y a des foutus moments dans l'existence, mon petit vieux ! » (JP2, p. 368)

L'oncle Paul est dans une situation conjugale sinistre et le décor est posé à côté de lui, soulignant par contraste le désastre de son existence. Mais dans ce décor décalé, la comparaison avec le théâtre augmente l'impression d'irréalité. La réplique désabusée de l'oncle résonne dans un décor en toc. Quand Pierre Chesnet arrive à Paris et qu'il est reçu dans la petite société où règne Stéphane Mège, il est, dans sa grande naïveté, émerveillé par tout :

> « Pierre se croyait au théâtre. Il en reconnaissait le charme, l'odeur, l'atmosphère chaude. La disposition des lieux, la haute verrière de l'atelier, l'escalier intérieur sur les degrés duquel de nombreux invités étaient assis, et parmi eux Henriette Pons, tout lui faisait l'effet d'un décor. Quel bonheur ! » (JP2, p. 329)

Voilà le personnage fasciné alors qu'il devrait être alarmé : le monde artiste dans lequel pénètre Pierre Chesnet est surtout un monde tout en apparence et la référence au théâtre en dénonce le caractère superficiel, ce que le personnage dans son ingénuité est incapable d'appréhender complètement. Que ces comparaisons avec le théâtre soient ou non frappées d'un coefficient positif, elles remplissent à coup sûr une fonction métaleptique qui invite à mettre à distance les procédés d'illusion mimétique.

Il existe également des décors qui sans être explicitement perçus comme des décors de théâtre en ont les caractéristiques. Lors de la cérémonie de remise de décoration de Madame Faurel dans *Le Sang noir,* Cripure et Moka s'esquivent et « Moka poussa Cripure dans une antichambre sombre qui puait le renfermé comme une cave » avec une « statue en plâtre de la République », des « rideaux poussiéreux et déchirés » et « dans le fond » un « canapé éventré » (SN, p. 264). Ce lieu où Moka et Cripure trouvent à s'échapper n'est pas vraiment un lieu. Remise, grenier, « cave », « tombeau », ce hors-lieu contient les éléments d'un décor ancien mis au rebut. À l'intérieur du lycée mais sans rapport direct avec lui, c'est une pièce sans nom et sans fonction. Hors du temps, elle garde vaguement les traces d'un faste plus ancien- rideaux, canapé, tentures- désormais inutile. Ces coulisses inattendues de la scène principale existent en dehors de tout souci réaliste. Les deux hommes qui refusent de participer complètement à la comédie sociale qui vient de se jouer y trouvent un refuge où chacun pourra dire ou penser ses obsessions et sa difficulté à vivre parmi les autres. L'espace, coupé en partie du réel, comme l'espace du théâtre, autorise une parole de vérité sur soi et les autres, un débordement de cette parole que le réel même ne tolèrerait pas.

Enfin, le décor est théâtral quand tout dans la description va dans le sens de la simplification la plus extrême, l'épure du décor venant souligner le drame que vivent les personnages. Quand Cripure, hors de lui, entre dans le cabinet du proviseur, bien décidé à se plaindre des menaces de mort qu'il sent autour de lui, il s'arrête saisi par la théâtralité de ce qu'il voit :

> « Un vestibule sombre. Au fond de ce vestibule, une porte ouverte et dans le cabinet provisoral, M. Marchandeau et sa femme.
> Ils ne l'avaient pas entendu. Cripure aurait pu se croire transporté dans une loge de théâtre. Il retint son souffle, n'osa plus avancer : panique. À présent il aurait voulu fuir. »

Le professeur de philosophie se méprend d'abord sur ce qu'il voit : il s'imagine une « de ces petites cérémonies bourgeoises » (SN, p. 294). Il est bien comme au théâtre mais ce n'est pas à un drame bourgeois qu'il assiste mais à une véritable tragédie puisque Monsieur et Madame Marchandeau viennent d'apprendre que leur fils Pierre est condamné à mort. La tragédie est rendue plus sensible encore par la réduction du décor à l'essentiel. Seul un objet tinte quand Cripure se déplace, « objet de verre », « une des lampes mal accrochées du piano » ou « objet de fer », « un coupe-papier sur le bois lisse du bureau ». La corbeille à papier, le poêle qui fume des lettres qu'on vient d'y jeter : tout est là et uniquement là pour souligner la tension dramatique de la scène. Tous les éléments du décor disparaissent complètement dès que la douleur de Marchandeau a envahi les lieux. Ne restent plus que la corbeille à papier vide, signe de son impuissance à écrire, et le tiroir autour duquel il s'affaire en de fébriles et inutiles préparatifs.

Dans la grande scène chez les Bourcier, le narrateur dispose quelques éléments de décor comme un dramaturge des didascalies décrivant les positions des personnages. C'est par effraction, comme dans la scène précédente, que nous entrons chez le censeur. Nabucet entend une dispute et colle son oreille à la porte. Au chapitre suivant, le lecteur est transporté sans transition dans la chambre de Lucien Boursier, chambre que celui-ci s'apprête à quitter définitivement. Les éléments du décor précisés sont les seuls nécessaires à la compréhension de la dispute. La mère de Lucien a « posé l'uniforme sur le lit bien soigneusement » (SN, p. 96). Elle veut que son fils porte cet uniforme pour se rendre à la cérémonie de décoration de Madame Faurel, cérémonie à laquelle il n'a pas la moindre intention d'aller. Le rideau s'ouvre : on voit un lit, une table où Lucien se trouve car « il achevait de classer des papiers » (SN, p. 97), un fauteuil où Madame Bourcier se laisse tomber « comme n'en pouvant plus » (SN, p. 101) et derrière lequel le père et la sœur, Marthe, vont se tenir en signe de solidarité : « À eux trois, ils formaient un groupe parfait pour la photographie ». La pièce doit être assez grande pour que le père puisse la parcourir (SN, p. 98). On voit bien ce que toutes ces indications spatiales ont de théâtral, d'autant que certaines de ces précisions portent sur le ton des personnages, comme « la voix mécanique, sans l'ombre d'un geste » (SN, p.103) de Madame Bourcier. Dans cette querelle de famille, chacun joue son rôle. Comme au théâtre, tout est réglé d'avance. La simplification du décor laisse la place libre au contraste entre les caractères, à l'opposition entre les réactions parfaitement prévisibles, celles de Madame Bourcier -Lucien attend « la crise de nerfs, fin attendue de cette scène » (SN, p. 102)- et la décision inébranlable, longuement mûrie, de son fils. Rien ne vient se mettre entre les forces en présence qui s'affrontent d'autant plus violemment que tout dans le décor vient durcir les chocs.

On assiste également à une dramatisation des émotions par la description chez les Marchandeau quand le proviseur, exténué rentre de la gare sans avoir pu faire quoi que ce soit pour sauver son fils Pierre du peloton d'exécution. Tous les bruits extérieurs du lycée perçus depuis la chambre des Marchandeau sont très précisément décrits avant le silence de la nuit :

> « La cloche que tirait le concierge, les sabots des internes qui se rendaient au réfectoire, le tintamarre des assiettes de faïence sur les tables de marbre, puis la rentrée à l'étude, puis de nouveau les sabots à la montée au dortoir,

puis rien, rien que le silence avec le ressac du vent dans la nuit, rien que la lumière de la lampe électrique qui faisait étinceler dans un coin un cadre doré, rien que l'attente qu'il faudrait pourtant bien demain dissimuler. » (SN, p. 420)

Les bruits constituent le fond sonore de la souffrance présente et à venir. Les bruits et la lumière sont décrits avec l'application que Claire met à les percevoir, contenant par cette application même les vagues de douleur qui l'assaillent. L'espace extérieur va finir par s'évanouir et les gestes, efficaces, de Claire dans l'appartement sont rapportés. On pourrait constater cette même concentration du drame dans nombreuses autres scènes de romans de Guilloux. Pensons, par exemple, à l'interrogatoire de Gautier au début du *Jeu de patience* et à l'entrée en scène du personnage (JP1, p. 29-30). Le décor, d'abord vaguement précisé- les barreaux, la lumière, la disposition des chaises et des interlocuteurs- finit par s'estomper et le dialogue domine le texte.

Décor et action

La description épurée, réduite au strict nécessaire pour planter le décor et permettre la concentration sur les drames humains qui s'y jouent, peut même aller jusqu'à disparaître complètement et comme au théâtre, le monde finit par naître non de la description mais de l'action. Ce sont les allées et venues dans la cuisine qui créent l'espace comme un acteur crée le lieu où il bouge : « Maïa retourna à son ménage. Cripure l'entendit aller et venir, pousser le balai, piétiner devant l'évier » (SN, p. 11) ou « Restée seule, Maïa remit un peu d'ordre dans sa cuisine, refit le lit, puis elle passa dans le bureau de Cripure ». Les gestes de Maïa suggèrent un décor qui pourtant n'est pas décrit : « Maïa rinçait les verres » (SN, p. 230), « Maïa mettait le couvert » (SN, p. 370), « Elle entreprit la vaisselle » (SN, p. 393). Le décor s'installe alors autour du personnage. Dans *Coco perdu*, la petite ville se dessine grâce aux déplacements de Coco : « Je venais de m'apercevoir que je n'avais plus de tabac, et à l'heure qu'il était, faudrait monter jusqu'à la gare m'acheter un paquet chez la marchande de journaux si c'était encore ouvert. Autrement faudrait que je descende jusqu'à la place de la Cathédrale » (CP, p. 74). Les verbes de mouvement organisent l'espace et la description n'est pas nécessaire : « J'ai tourné à droite, et au bout j'ai vu les lumières de la place de la Gare. Je suis passé devant la caserne, y avait un type de garde mais pas devant une guérite […]. » (CP, p. 76).

Le décor surgi des déplacements finit par figurer la fatalité qui pèse sur la destinée des personnages. Dans *Coco perdu*, tout laisse penser que si Fafa avait vécu ailleurs, elle ne serait pas partie abandonnant Coco à ses allers et retours entre la villa, le centre-ville et la gare. L'ennui qui semble venir des décors- de la ville, de la petite villa- ne peut que provoquer l'envie de fuir ou entraîner cette façon si particulière que pratiquement tous les personnages de Guilloux ont d'aller et venir. Le décor, qui se forme grâce aux faits et gestes des personnages, est partie prenante de la tragédie qu'ils vivent : la petite ville est non seulement le théâtre mais aussi l'origine de leur impuissance.

Théâtralisation des corps

Le soin apporté par Guilloux pour caractériser les démarches et les voix contribue également à cet effet de théâtralisation déréalisant.

Démarches et déplacements

Dans le décor de la petite ville, les personnages, masques ou marionnettes, sautillent, trottinent, ou plus simplement vont et viennent. Les verbes ont valeur de didascalies. Au début du *Sang noir*, Nabucet et Plaire se rendent en ville et les trottoirs peu praticables donnent « à leur marche un caractère sautillant et fuyard dont Nabucet trouvait le moyen de tirer mille effets d'élégance » (SN, p. 61). Monsieur le Maire parcourt la ville avec ses avis de décès de sa « démarche sautillante » (SN, p. 511). Madame Point, la femme du notaire est « un personnage mince et trottinant, mécanique, un peu voûté… » (SN, p. 183-184). La petite bossue, quant à elle, va « sautillant dans ce désert, comme l'unique survivante d'une catastrophe. Elle sautillait clop clop, et se tournait et se penchait vers le cabot hagard qui renâclait au bout de sa laisse. (…) et toujours sautillante, elle reprenait son interminable course en fredonnant ses airs d'opérette » (SN, p. 315). Dans la cour du lycée, « le petit vieillard avaleur de sabres trottinait à travers la cour en serrant son trophée sous le coude ». Dans *Le Sang noir*, Madame de Villaplane a un air d'automate et elle peut ressembler à un « jouet dont le ressort serait arrivé à bout de course » (SN, p. 145). Les déplacements des professeurs à la récréation sont réglés comme un « quadrille » (SN, p. 124) : « Les groupes se liaient, se déliaient, quadrilles dans un certain sens féériques » (SN, p. 256). Pour décrire ces pas mécaniques, le narrateur, ironique, emploie le terme d'« horlogerie » (SN, p. 512). Dans *Labyrinthe*, c'est le juge Renaud qui sautille, ce qui est si inattendu que le narrateur s'y reprend à plusieurs fois pour le dire : « Après avoir fermé la fenêtre, il était revenu dirai-je en sautillant ? J'hésite : cela sonnera peut-être un peu faux, et pourtant, la vérité est qu'il y avait pour le moins un air de sautillement dans sa démarche » (L, p. 88). Les corps deviennent légers, vides ou creux comme ceux de poupées inconsistantes. Ces démarches sans naturel, inadéquates au réel, sont aussi révélatrices de l'attitude de ceux qui traversent le monde sans intériorité. Et si dans

Parpagnacco, le narrateur a accroché amoureusement les *burattini*, les petites marionnettes, dans sa cabine et s'il peut entretenir avec elles des conversations, c'est paradoxalement parce qu'elles sont les seules à sembler vivantes, dans un monde dont la réalité vacille.

L'autre forme d'indication scénique concerne moins la démarche qu'une figure du déplacement, celle du va-et-vient. Les personnages vont et viennent, semblant mettre toute l'énergie de leur corps dans ce déplacement sans but et réitéré sans cesse, à l'intérieur des maisons, et dans la ville. À l'annonce de la mobilisation, le père de *La Maison du peuple* « marchait, marchait sans dire un mot » (MP, p. 159). Dans sa boutique, Gisèle, espionnée par le narrateur, « allait et venait » (PDR, p. 353). Maïa, elle, cantonnée à l'intérieur, va et vient dans sa cuisine. Le narrateur du *Jeu de patience* va et vient à travers son bureau « en rêvant à (s)es paperasses » (JP1, p. 115) et cette situation se répète (JP1, p. 49/JP2, p. 197). Dans le camp, les prisonniers « allaient et venaient » (JP1, p. 471). Dans *Labyrinthe*, Grégoire Cantin va et vient « à travers son gourbi » (L p.167/ L p.139). Quand en ville, on va et vient, ce que font Cripure, Coco, le narrateur de *La Confrontation*, celui de *Parpagnacco*, et celui du *Jeu de patience*, on finit par « rôder », autre terme qui figure le déplacement incessant et sans but : « Et je me suis remis à rôder. Je ne savais pas où aller. Je passais et je continuais à rôder, sans savoir où aller, à attendre sans savoir ce que j'attendais » (JP1, p. 142). Loïc, à son tour, comme Pierre Chesnet « rôde » (JP1, p. 293). Et la dernière phrase du roman poursuit ce même mouvement : « Ensuite, j'irai faire un tour en ville. » (JP2, p. 378) Chez Chipriot, dans *Les Batailles perdues,* « le vieux allait et venait en méditant » (BP, p. 151), dans sa masure « Maria allait et venait, préparait le bois pour la soirée » (BP, p. 229). Ce déplacement est celui du corps emprisonné. C'est ce que suggère le narrateur de *Labyrinthe* : « Il (Grégoire Cantin) devait passer bien des heures allant et venant à petits pas, entre ses quatre murs de paille, comme j'avais fait moi-même pendant une année entre les quatre murs de ciment de ma cellule » (L p.139). Comme on se cogne aux murs d'une pièce, on se cogne aux rues de la ville et ces allées et venues suggèrent l'image du cachot dans lequel on erre ou on « rôde » à la recherche de quelque chose que l'on ne trouve pas. Comme le dit Coco, « Voilà des années que je vais, que je viens, qu'est-ce que je cherche, qu'est-ce que j'attends, qu'est-ce qu'il faut faire ? » (CP, p. 41). C'est ce même Coco qui exprime l'idée qu'il y aurait quelque chose à faire, que la vie pourrait être mieux employée et peut-être changée : « … il me venait si souvent l'idée qu'il y avait, malgré tout, quelque chose à faire ? Quoi ? C'est ça le hic ». […] Quand je regarde ma journée, je me dis : qu'est-ce que t'as oublié ? T'avais quelque chose à faire, et tu l'as pas fait ? Qu'est-ce que c'était ? » (CP, p. 43) Le verbe faire n'a jamais de complément et s'ouvre sur une béance qui est celle que les personnages comblent par leur va-et-vient immobile.

Ce mouvement de va-et-vient figure spatialement la fêlure du personnage. On ne peut exactement parler de « fêlure héréditaire » comme dans le célèbre texte de *La Bête humaine* de Zola, avec la définition qu'en donne Deleuze, « ce que la fêlure désigne, ou plutôt ce qu'elle est, ce vide c'est la mort ou plutôt l'Instinct de mort »[198]. Ce n'est pas ici l'Instinct de mort conduisant au meurtre, et que nourrissent les autres instincts. Mais on peut considérer qu'à sa façon Guilloux décline ce « thème repris sous d'autres formes et par d'autres moyens par la littérature moderne[199] », même s'il n'y a pas de « rapport privilégié avec l'alcoolisme », qui ne constitue pas un thème en tant que tel dans les romans et même si certains personnages boivent beaucoup (Cripure ou Lady Glarner, qui a toujours un verre de whisky à la main, par exemple). Quelque chose chez le personnage est toujours prêt à s'ouvrir sur ce vide dont parle si souvent Lady Glarner (BP, p. 530), et que Cantoni a découvert à quatorze ans (BP, p. 387). L'obsession de la mort laisse en chacun des personnages comme une cicatrice toujours prête à s'ouvrir. Le personnage est un homme « meurtri » (JP1, p. 349), empêché de vivre, parce que cette conscience aigüe de la mort le sépare des autres, et implique qu'il résonne d'une manière particulière, comme une cloche fêlée. Cette fêlure existentielle qui l'habite se traduit par ces incessants va-et-vient : la répétition conjure le déroulement du temps et le mouvement repousse l'immobilité. « Coincé » (JP1, p. 349) par son obsession de la mort et guetté par le vide, le personnage, traversé par cette fêlure, dit, comme les clochards de Beckett qui vont et viennent sur scène, la douleur et le désir de vivre.

Corps grotesques

La place faite au corps grotesque ou carnavalesque joue également un rôle dans la théâtralisation des personnages. Le grotesque n'est pas toujours le résultat d'une intention satirique et l'exagération qui est un signe du grotesque procède aussi d'un excès joyeux[200]. C'est surtout dans *Le Sang noir* que les corps des personnages prennent cet aspect burlesque. Cripure est doté d'un corps de géant, c'est aussi un corps de clown au point qu'un directeur de cirque s'intéresse à ses chaussures de « gugusse ». « Le capitaine Plaire n'avait jamais rien vu de pareil. C'était à la fois comique et atroce » (SN, p. 433). Dans un univers habité par l'idée de la mort, la présence du corps carnavalesque permet de supporter une angoisse qui serait parfois

---

[198] Gille DELEUZE, *Logique du sens*, « Zola et la fêlure », Paris, Editions de Minuit, 1969, repris en préface de *La Bête humaine* de ZOLA, Gallimard, coll. « Folio classique », p 14.
[199] *Ibid*, p. 7.
[200] Mikhaïl BAKHTINE, *L'œuvre de François Rabelais et la culture populaire au Moyen-âge et sous la Renaissance,* chapitre V, « L'image grotesque du corps chez Rabelais et ses sources », Paris, Gallimard, coll. « Tel », 1970.

insoutenable sans elle. Le regard que Maïa porte sur Cripure, souligné par toute la verdeur de son langage, fait sourire : « Mais il était comme ça, tout drôle. Un pet au cul, l'autre à l'oreille » (SN, p. 493). Les corps de Moka et de Maïa, en « grosse dondon » sont clownesques même dans les moments les plus graves : quand Maïa s'habille pour aller gifler Nabucet, son corps est un corps de farce. Elle est comme déguisée. Les hyperboles sont nombreuses, garantes de l'efficacité comique du portrait :

> « Un énorme chapeau à plumes, antique et défraichi, masquait cette trogne violente où il faisait l'effet d'un joug démesuré sur le plus opaque des fronts. Une robe blanche. Un corsage blanc, outrageusement décolleté et sans manches serrait comme un carcan cette poitrine diluvienne, laissait voir la peau rugueuse comme une râpe et pleine comme un œuf. » (SN, p. 379)

La description de Moka regardant Cripure et Maïa prêts à se battre le transforme aussi en personnage de cirque :

> « Dans son visage farineux, Moka écarquillait des yeux vastes comme des soucoupes, les yeux de qui ne croit pas ce qu'il voit, et sa bouche s'ouvrait prête à hurler, eût-on dit. » (SN, p. 469)

Les scènes où Cripure et Maïa se battent, ou sont prêts à le faire, soit seuls, soit devant Moka, mettent en jeu des corps lourds et difformes (SN, p. 378/380). La gifle manquée sous le regard hébété de Cripure ne manque pas son effet :

> « La main de Maïa tomba -mais dans le vide.
> Il avait esquivé le coup, glissant soudain comme un danseur habile, tandis que Maïa, emportée par l'élan, manquait de piquer une tête par terre, comme qui trébuche dans sa course.
> - Salaud ! » (SN, p. 470)

Il faut dire que dans *Le Sang noir*, bien des gifles sont distribuées : la « gifle monumentale » donnée à Nabucet, la gifle administrée par le Capitaine Plaire au même. Quand elles atteignent leur but, elles apportent au roman cette libération que procure le rire de la farce. Les personnages eux-mêmes ont parfois conscience de ce corps burlesque : quand Cripure se met en garde et qu'il chante sur l'air de *Carmen* : « Cripurador en ga..a..a..ar..de, /Cripurador ! /Cripurador... » en faisant le geste de brandir une épée, et en ressemblant à « un gros ours dansant », il fait preuve d'un sens de l'autodérision dont la drôlerie doit être soulignée même si, comme chez les grands acteurs comiques, cruauté et douleur ne sont pas très éloignées. Mais cette transformation des personnages en figures de cirque pouvant sortir « théâtralement » dès qu'elles ont « joué leur rôle » comme le dit Moka (SN, p. 487), évite aussi toute mièvrerie compatissante. Le grossissement burlesque augmente la force subversive du roman parce qu'il fait souffler sur les personnages ce vent de liberté qui les arrache définitivement aux conventions du réel.

La théâtralisation du personnage est à son comble quand le personnage finit par s'occuper de théâtre au sens propre. La tante Zabelle, flanquée d'un mari et d'un amant, capables l'un et l'autre d'obéir à la force de ses désirs et de ses colères, est dotée d'un corps qui exprime un puissant désir de vivre. À cet égard, elle constitue une exception, même si dans la dernière partie de sa vie elle finit par rejoindre le cortège des impotents que l'oeuvre contient. Le corps de Zabelle a toujours quelque chose de théâtral : son costume est détaillé, ainsi que sa coiffure, on entend sa voix, le geste large accompagne souvent un verbe haut. À la fin du *Pain des rêves*, elle fait une apparition entourée de Michel, et Toussaint le Moco : tous trois sont déguisés, comme un jour de « carnaval » (PDR, p. 473). Ils deviennent les acteurs d'une « troupe de comédiens qui porte le nom du « Tréteau des Joyeux vivants » » (PDR, p. 475). Le roman se termine dans un délire de théâtre et un éclat de rire gigantesque qui semble tout emporter sur son passage : « Ici s'achève ce livre. Qu'importe ce que fut la suite de ce confondant spectacle, et que la cousine Zabelle, oubliant brusquement son rôle, se soit tapée sur les cuisses au beau milieu d'une des plus grandes scènes, en s'écriant : « Ah merde, alors ! » » Dans cette scène burlesque s'il en est, le statut du personnage de roman est rappelé. Toute illusion est fragile, et le sentiment de l'existence du personnage peut se dissiper à tout moment. Mais sont proclamés le plaisir tiré de l'illusion et le plaisir plus grand encore peut-être de sa mise à distance par le pouvoir de la farce.

Voix

Comme sur une scène où il va et vient, le personnage parle, s'adresse à soi-même ou aux autres, conquiert son existence grâce à sa voix. Dans la multiplicité des voix qui s'élèvent, et dans les choix faits pour les faire entendre, se lit « l'intérêt passionné [201] » de l'auteur pour la parole humaine. L'attention portée à la voix avidement captée correspond au désir de saisir l'authenticité du locuteur. L'auteur traque une vérité, quelque chose qui ne se dirait pas mais qu'on pourrait, malgré tout, entendre. Il s'agit aussi d'être au plus près du réel, les conversations semblent parfois transcrites « telles quelles », comme saisies sur le vif et dans les derniers romans, s'élèvent ces voix dont le discours se substitue à une narration plus traditionnelle, et qui

---

[201] GODARD Henri, « Histoires de Brigands et le Lecteur écrit », *Louis Guilloux, écrivain*, *op.cit.*, p.177.

font la part la plus moderne de l'écriture de Guilloux. Mais le soin porté à la restitution de la voix des personnages n'est pas seulement imputable au désir de réalisme. Il s'agit aussi de faire apparaître cette fêlure qui brise la voix de bon nombre d'entre eux.

La voix est saisie dans ses nuances. Alors que nous ne savons pas toujours ce que disent au juste les personnages, le timbre de la voix, sa chaleur, un défaut de prononciation, ses variations, son accent sont presque systématiquement décrits. La voix ressemble alors à ces masques de *commedia dell'arte* qui permettent d'identifier celui qui le porte. Dans le *Sang noir*, la voix de Babinot est nasillarde (SN, p. 164, p. 325) : « Bian, bian » (SN, p. 332), « Que me racantez-vous là ! » (SN, p. 336). « Il fit ronfler sa trompe et répéta », « Il pérorait encore, d'une voix, il est vrai pâteuse et plus que jamais nasillarde » (SN, p. 448) ». Comme toujours le grossissement burlesque n'est pas loin et perturbe le réalisme : grâce à ce nez transformé en trompe et à l'envahissement du discours par les voyelles nasales, Babinot devient un personnage de farce. Quand Zabelle est fatiguée de tous les discours, le narrateur énumère toutes ces voix qui l'ennuient : « Le chuintement de la comtesse de Lancieux, la voix aigre de Clémence Mordelet, l'accent méridional de Bacchiochi lui portaient sur les nerfs autant que les choses mêmes qu'ils disaient. » (JP2, p. 167)

Mais au-delà de cette caractérisation mimétique, se manifeste aussi le désir de saisir ce que chaque être a de particulier et que l'on ne voit pas. La voix révèle quelque chose des profondeurs, possède une intériorité qui s'ouvre sur des abîmes que seuls les grands acteurs nous font entrevoir. Le goût manifesté par le romancier pour la polyphonie des voix se rapproche aussi de « cette écriture à haute voix » dont parle Barthes : « ce qu'elle cherche (…) ce sont les incidents pulsionnels, c'est le langage tapissé de peau, un texte où on puisse entendre le grain du gosier, la patine des consonnes, la volupté des voyelles, toute une stéréophonie de la chair profonde : l'articulation du corps, de la langue, non celle du sens, du langage [202]. » La caractérisation des voix utilise donc une large palette de couleurs. Arsène Lefranc commence à parler de « sa voix lente et un peu mouillée, un peu doctrinale mais agréable » (JP1, p. 210). La voix de la comtesse de Lancieux peut changer : « …et d'une voix violente, jaillie, claire -depuis qu'elle était devenue une avare, elle ne chuintait presque plus. » (JP1, p. 273) Grégoire Cantin a « une voix douce malgré l'affreux raclement que produisait sa respiration » (L, p. 162) et de la voix de Mimi Chiffonnette, le narrateur du *Jeu de patience* dit : « la voix de Mimi Chiffonnette est la plus frêle que je connaisse, la plus grelottante et la plus ténue… » (JP, p. 39). Les accents sont transcrits phonétiquement, ainsi l'accent du père Thys (JP1, p. 367) ou celui, toulonnais de Zabelle : « Vieng,

---

[202] Roland BARTHES, *Le Plaisir du texte*, Paris, Seuil, coll. « Points », 1973, p.105.

ma Belle Saucisse, vieng nous asseoir toutes les deux au coin du feu » (JP1, p. 469), ou l'accent du témoin de Jehovah alsacien dans *Coco perdu*, comme le « patouais » (JP1, p. 367) de Pierre Stephan, petit paysan breton qui vient de la « caoute » et qui refuse de parler français. Le grain de la voix fait partie de son corps comme du corps de l'acteur mais ne donne aucune nuance psychologique. La voix ne traduit pas des émotions : elle est le personnage. Elle n'est pas nécessairement sa part sociale. Elle n'est que sa part humaine, et d'une humanité toujours un peu décalée qui ne correspond à aucune norme psychologique ou sociale. Une nomenclature des voix est impossible. La voix caractérise mais ne permet pas de classer. La faire entendre en la décrivant et en la restituant, c'est faire entendre la part de souffrance et d'humanité qui la constitue. Quand le narrateur du *Jeu de patience* revoit Ernst Kende après seize ans de séparation, il s'attache à décrire très précisément sa voix : « Sa voix était peu changée, et pourtant il y avait quelque part une secrète fêlure- mais c'était toujours la même diction, un peu lente, appliquée, la même correction grammaticale. Un peu une diction d'acteur. » (JP1, p. 490) Toutes ces précisions, cette recherche de la nuance, sont du ressort du romancier réaliste traditionnel et pourtant elles contribuent à entamer l'illusion mimétique. Le personnage a un corps mais, dans ce corps, quelque chose ne sonne pas de manière habituelle. Ancré dans le réel, il est en même temps légèrement en dehors du réel comme un comédien. La comparaison de Kende avec un acteur est particulièrement apte à exprimer cette idée d'une présence corporelle puissante et d'un creux, d'une absence où siègent les angoisses qui expliquent la fêlure, que l'origine de cette fêlure soit à chercher dans l'Histoire, les conditions sociales ou dans le malaise existentiel propre à chacun. La voix se situe exactement à l'intersection des deux aspects : elle exhibe la présence et l'absence, le corps et la fêlure.

Cet intérêt pour la voix humaine se manifeste aussi dans le désir de faire exister dans l'espace de la fiction des langages divers. Le breton en tant que tel n'est pas retranscrit, même s'il arrive à Lady Glarner de parler breton dans les *Batailles perdues* avec Abgrall, le militant nationaliste. Mais des éléments de la langue régionale, le gallo, sont utilisés notamment dans *Angelina* surtout et un peu dans *Le Sang noir*. Selon Nicole Ledimna, il disparaît pratiquement de la production de Guilloux à partir du *Pain des rêves*[203]. « Guilloux ne désire pas exploiter le registre « régional » mais il utilise le gallo en tant que forme populaire[204] ». On en trouve des traces dans le dialogue – « C'est gandilleux » (A, p. 230) mais aussi dans le tissu narratif, avec l'emploi du style indirect libre : il va peut-être falloir « droguer une heure de temps à la prison » (A, p.

---

[203] Nicole LEDIMNA, *Langue régionale et stratégies littéraires, Effets de métissage chez Féval, Châteaubriant, Guilloux*, chapitre 3 « Gallo et populisme chez Louis Guilloux », Edizioni scientifiche Italiane, 1997.
[204] *Ibid*, p. 83.

198). Cette langue n'est pas montrée comme étrangère au narrateur qui parfois la prend en charge comme si elle était bel et bien sienne : « Henri souriait comme un bobiat. » (À, p. 200) « L'utilisation du gallo est [...] un indice de positivité et de sympathie comme c'est les cas pour tous les personnages qui parlent sous des formes et à des degrés différents cette langue implicitement authentique [205] ». Mais la crainte de paraître « misérabiliste [206] » ou par trop populiste fait que « l'emploi du gallo se tarit même lorsque l'écrivain attribue à certains personnages un parler populaire ou familier[207] ». Cela prouve que l'apparition d'un langage populaire n'est pas seulement liée au souci d'authenticité- qui contribuerait à « accréditer un Guilloux écrivain naturaliste [208] »- mais participe de ce désir d'octroyer au personnage une langue qui lui soit propre.

Après les premiers romans, les personnages dont le langage populaire est retranscrit sont Maïa et Amédée dans *Le Sang noir*, l'oncle Paul, et la tante Zabelle dans le *Pain des rêves* et *Le Jeu de patience*, auxquels il faut ajouter l'argot parisien de la tante Béa, et celui d'Eugène et Eve dans *Les Batailles perdues*. Dans le dernier texte de Guilloux, *Coco perdu*, Coco parle une langue orale marquée par ses origines populaires et son manque d'instruction (CP, p. 43). Dans tous les cas, il s'agit d'une langue spontanée, directe et sonore dont le caractère populaire apparaît dans la syntaxe - par exemple, le « ne » de la négation est supprimé systématiquement - et le vocabulaire argotique - « pardingue » pour pardessus ou « morlingue » pour portefeuille. Dans tous les romans, avec la transcription d'une langue orale se font entendre les incorrections au regard d'une grammaire ou d'une langue normative, la déformation de certains mots ou de tournures syntaxiques, la prononciation altérée d'un son ou d'un mot, une forme verbale parfois fautive, un mot amputé d'une de ses syllabes, les insultes ou les jurons: « Faut-il que le patelin y soye arriéré tout de même !» dit l'oncle Paul (PDR, p. 221), « cor » pour encore (SN, p. 10) (PDR, p. 230), « qué » pour « quoi », (SN, p. 371), « pisque » pour « puisque » (SN, p. 24), « ousque » « qui provient de la syncope de « où c'est que [209] », « quéqu'tas » pour « qu'est-ce que tu as », « çui » pour « celui », sont certaines des caractéristiques de la langue de Maïa qu'on entend quand on lit ses paroles. Par cette langue, on a le corps de Maïa dans l'oreille comme Barthes dit qu'au cinéma, par la voix, il peut avoir le

---

[205] *Ibid*, p. 91.
[206] Voir l'accusation de Jean Schlumberger, Louis GUILLOUX, *Carnets 21-44* p. 145. L'article de Schlumberger, « Misérabilisme » est paru à la *NRF,* en février 1937.
[207] *Ibid*, p. 81.
[208] Catherine VIGNEAU-ROUAYRENC, « Le langage populaire : Figure de l'échec chez Louis. Guilloux » *Colloque de Cerisy, op.cit.*, p.70.
[209] Pour l'analyse détaillée de la langue populaire chez Guilloux voir l'article de Catherine VIGNEAU-ROUAYRENC, *Ibid,* p.55-78.

« corps anonyme de l'acteur dans (s)on oreille[210] ». Certes la volonté est de « donner la parole au peuple[211] », mais l'authenticité de la langue qui donne le sentiment d'une existence bien réelle du personnage contribue aussi à le transformer en un personnage de théâtre : l'auteur lui donne un texte à dire, une langue à prononcer, une voix à faire entendre. Quand Maman Furet ne parle plus dans *Les Batailles perdues,* le narrateur la compare à une figurante (BP, p. 582), c'est un personnage sans texte. Enfin, que la langue employée par certains soit une langue populaire apporte une dimension farcesque, chaleureuse et toujours pleine d'humanité. Maïa ne recule pas devant les insultes : « Tu m'as l'air faraud. Tu trembles du maigre des fesses et tu voudrais jouer au p'tit soldat. J'voudrais qu'il te verrait ton Nabucet, il rigolerait bien. Sacré vieux con ! » (SN, p. 372). Malgré le tragique de la situation, la transgression des codes de la langue écrite habituelle conserve son caractère carnavalesque. Et comme la langue et la voix viennent de ce qu'il y a de plus profond en chacun de nous, celui qui assume sa langue, comme Maïa qui n'a pas envie de singer les manières de Nabucet, ou de ceux du milieu de Cripure, -ou comme le petit Pierre Stephan qui ne veut pas parler français -, affirme avec force une part inaltérable d'une son identité.

Le narrateur du *Jeu de patience* par sa position privilégiée de témoin devient le dépositaire des voix qu'il a entendues. Dans *Les Batailles perdues,* le narrateur, quoiqu'extradiégétique, a finalement une position similaire : l'un et l'autre sont des capteurs de voix, l'ensemble de ces voix finissant par constituer le tissu de ces deux grands romans polyphoniques. Dans *Labyrinthe,* la narration à la première personne est une narration rétrospective. Le narrateur raconte son évasion et remonte plus loin encore pour rapporter les événements qui l'ont conduit en prison (L, p. 46). On ne sait pas à qui il s'adresse, et il n'explique pas ce qui le pousse à écrire. Il prend plaisir comme tous les narrateurs des romans de Guilloux à retranscrire les paroles des autres.

La démarche est différente dans les deux derniers textes de Guilloux : *La Confrontation* et *Coco perdu* ne sont plus des récits : il n'y a plus de narrateur, mais des locuteurs, dont les discours, parfois décousus, sont émaillés de marques d'oralité. Dans ces deux textes, la voix particulière qui s'élève a plusieurs caractéristiques : d'abord elle est adressée, ensuite elle résonne de toutes les autres voix qu'elle a entendues et qu'elle restitue. Malgré cette présence des autres, elle s'élève dans une solitude irrémédiable. Dans *La Confrontation*, Boutier-Favien s'adresse à Ollivier-Forestier : son discours est une réponse à la requête formulée quelques jours auparavant par ce dernier. Dès leur première rencontre, le locuteur avait pris l'habitude de s'adresser à l'homme sur lequel il était chargé d'enquêter en utilisant le pronom « tu ». La

---

[210] Roland BARTHES, *Le Plaisir du texte, op. cit.,* p. 105.
[211] Sylvie GOLVET, *Louis Guilloux, devenir romancier, op. cit.,* p.172-177.

souplesse des pronoms personnels et les vertiges identitaires du roman font que ce « tu » peut représenter le commanditaire de l'enquête, comme il peut aussi désigner le locuteur lui-même, ce qui vient souligner la parenté qui existe entre lui et l'homme sur lequel il enquête. Cette voix parle sans jamais avoir de réponse. La voix qui s'élève est une voix tragique, consciente de l'autre, mais définitivement séparée.

Dans *Coco perdu*, Coco donne parfois l'impression de soliloquer. Dans cet « essai de voix » comme l'indique le sous-titre, la voix particulière de Coco, avec son peu d'instruction et son parler populaire, s'adresse à un interlocuteur dont elle met en scène l'existence silencieuse sous la forme du pronom « vous » : « je *vous* parle pas du hall de la gare routière[212] » (CP, p.7), « mais *vous savez*, moi, question politique, c'est fini depuis longtemps » (CP, p.8) ; « genre moco, *voyez c'que je veux dire* ? » (CP, p. 9), « *Vous* avez entendu le coup de tonnerre ? » (CP, p.10), « *Vous savez*, moi, j'y retourne jamais à Paris » (CP, p.17), « Qu'est-ce que je veux, moi, hein ? *Voulez-vous me le dire* ? Voilà des années que je vais, que je viens, qu'est-ce que je cherche, qu'est-ce que j'attends, qu'est-ce qu'il faut faire » (CP, p. 41), « Monsieur Trinquart le bon vivant- comment ! *Vous avez déjà oublié* Monsieur Trinquart ? le gros marchand de meubles... » (CP, p. 111). Qui ce « vous » peut-il être ? Il est possible que ce soit quelqu'un de la ville qui ait la même expérience que Coco, qui se souvienne du coup de tonnerre de la veille et du marchand de meubles, et qu'il soit par conséquent un double possible de Coco dans un monde où les figures se ressemblent toutes. Mais ce « vous » manque de consistance et c'est aussi cette présence ténue de l'interlocuteur qui fait l'originalité de ce texte. Ce « vous » inscrit aussi la place du lecteur qui, comme l'auteur et comme le locuteur, doit être à l'écoute de la voix des autres.

Cette voix, en effet, est nourrie de toutes les autres voix qu'elle a entendues. Coco saisit la conversation entre Pisquatte et La Roussette, cette dernière rapporte à son tour sa propre conversation avec sa fille (CP, p. 25-29). Ainsi, les discours s'emboîtent comme des poupées russes[213]. Ils disent toujours la difficulté à vivre et sonnent tous en écho les uns aux autres. Le texte prend alors une réelle dimension théâtrale : les modulations de la voix et les pauses d'un acteur auraient le pouvoir de démêler cet entrelacs des discours, de faire entendre Pisquatte quand il parle tout seul par exemple ou avec la Roussette (CP, p. 20-25). La voix de Coco, pleine de celle des autres, le transforme en un personnage capable d'aller vers l'autre, d'entendre ses manques, ses faiblesses, ses failles, et aussi ses espoirs. À ce titre, il peut sembler redoubler la position du lecteur dans le texte, lecteur qui est à son tour

---

[212] C'est moi qui souligne, pour toutes les citations qui suivent également.
[213] Pour l'analyse de cet enchâssement des voix, voir Catherine ROUAYRENC, « Les voix de Coco perdu », *Louis Guilloux écrivain*, *op.cit.*, p. 223-240.

le dépositaire de toutes les voix entendues. Cependant, Coco n'échappe pas à cette solitude que l'absence de réponse à son discours signifie. Il attend qu'une voix réponde, il attend au moins une lettre et il ne reçoit que le terrible « - Zéro la barre ! » du facteur Charlot, « ...il a même ajouté que comme ça, j'aurais pas la peine de répondre » (CP, p. 118). Que Coco puisse faire semblant d'en rire accentue d'autant la tragédie du personnage. Quand il est arrivé qu'un acteur[214] donne sa voix à Coco, il rend sensible la théâtralité de cette parole, la fois grotesque et tragique, et derrière laquelle Guilloux se retranche comme derrière un « créneau de l'espoir » (L, p.174).

Le modèle théâtral permet de comprendre que le personnage qui s'incarne dans un corps qui bouge et qui parle pourrait être joué par un acteur qui l'interpréterait non d'un point de vue psychologique, mais simplement en respectant ses déplacements et les paroles qu'il prononce, sans rien ajouter. Alors, les romans de Guilloux ressembleraient aux pièces de Tchékhov où on bouge et on parle, toujours entre comédie et tragédie, pour supporter l'existence et sa douleur. Quoique souvent déréalisé, le personnage résiste grâce à ses déplacements, même s'il s'agit de va-et-vient dans un espace clos, grâce à sa voix, même si elle ne produit que des discours sans réponse et le romancier lui porte un intérêt constitutif de celui qu'il porte à l'humanité en entier.

---

[214] *Coco perdu* a déjà été représenté et joué au Théâtre de Poche Montparnasse. Grégoire LEMÉNAGER rend compte de ce spectacle avec un enthousiasme modéré dans *Confrontations n°18,* mars 2005, p.28-30. Par contre la mise en scène de Gilles KNEUZÉ en 2014 au théâtre du Lucernaire a remporté un vif succès.

IV

DÉCRIRE POUR RÉSISTER : DU RÉALISME COMME MODALITÉ DU TEXTE À LA TRAGÉDIE COMME VISION DU MONDE

1
Lieux tragiques

Qu'il observe le monde, souvent avec un regard satirique, qu'il le transfigure, qu'il lui fasse subir cette opération de transmutation pour transformer les choses en signes, Guilloux traduit toujours en définitive une forme de difficulté à participer au monde. Que la difficulté à vivre, que le sentiment de séparation tiennent aux circonstances historiques, à la condition sociale, à des raisons existentielles ou métaphysiques, les lieux, les corps sont frappés du sceau de ce tragique dont le romancier témoigne et qu'il ne cesse d'interroger.

De nombreux lieux qui constituent des motifs d'un roman à l'autre, donnant à l'œuvre sa grande unité- hôpitaux, gares, prisons ou camps- situés comme des pôles dans la géographie de la ville, concentrent en eux les drames de l'existence et apparaissent comme les hauts lieux tragiques du récit.

Hôpitaux

Dès *La Maison du Peuple,* l'hôpital est important. La mère du narrateur, victime de la fièvre typhoïde est hospitalisée. Les visites motivent la description des lieux (MP, p. 101). L'hôpital bien plus encore que le lieu de la maladie, est le lieu de la mort. La voisine de chambre de la mère est gravement touchée et l'enfant suit les douloureuses étapes de son agonie. Quand Kernevel, dans *Compagnons* est emmené à l'hôpital, il ne se trompe pas en disant « je vas à mon tombeau » (C, p. 216). Dans *Le Jeu de patience,* Zabelle va mourir à l'hôpital de Nantes afin de n'être une charge pour personne. C'est une expérience de la mort propre à une condition sociale. Ce sont les pauvres, ceux qui sont « délaissés » (MP, p. 105) qui meurent à l'hôpital. La mort de Zabelle est « une mort d'hôpital, pauvre et banale » (JP2, p. 268). Et Pablo est « un beau mort d'hôpital. Mais après tout, puisqu'il n'était pas mort sur un champ de bataille, ni dans une prison, ni dans un camp, n'était-il pas naturel qu'il mourût à l'hôpital étant pauvre ? » (JP1, p. 115). Ce sont, pour des hôpitaux différents, les mêmes notations dans la description des lieux. Les lits sont « de fer » (MP, p. 101/ JDP 1, p. 113-114). La couleur blanche domine à chaque fois (MP, p. 101/ JP1, p. 113-114) jusque dans *La Confrontation* où le narrateur rend visite à sa vieille marraine qui attend « une mort qu'elle sait prochaine » (C, p. 195) dans « un grand lit blanc dans une grande chambre blanche » (C, p. 193). Enfin les trajets pour rendre visite à la malade (MP, p. 101) ou au mort sont minutieusement décrits et paraissent interminables. Le parcours que le narrateur du *Jeu de patience* effectue pour aller se recueillir sur la dépouille de son ami Pablo est difficile :

> « « Non, me dit la sœur portière, quand j'arrivai à l'hôpital, ce n'est pas ici que vous devez vous adresser, mais un peu plus bas, en redescendant la rue, à ce grand portail sur lequel il est écrit : « défense d'entrer » après avoir passé la chapelle. »
>
> Comment l'avais-je oublié ! Je revins sur mes pas. Ayant sonné au portail un battant s'ouvrit et je vis une profonde allée de jardin, à gauche de laquelle, près d'une fenêtre, dans une maisonnette en briques roses, une bonne sœur à cornette blanche tricotait. À droite contre le mur de la chapelle étaient accotés des bâtiments sur un terre-plein auquel on accédait par des marches de pierre.
>
> « Il est là, me dit la bonne sœur... Il est dans les chambres... »
>
> D'un geste – ou plutôt d'un regard- elle me désignait les bâtiments près de la chapelle
>
> Je montai.
>
> Une porte était ouverte, et c'est par là que j'entrai dans les chambres ; mais à mon avis, le terme n'était pas bien choisi. Les « chambres » étaient d'étroits et hauts alvéoles blancs, pareils à des cellules de prisons, que j'aperçus après avoir traversé un couloir blanc. Dans chaque alvéole, exposé sur un lit de fer aux draps blancs comme dans une sorte d'affreux musée : un mort, ou une morte... » (JP1, p. 113-114)

Trouver la morgue se transforme donc en véritable parcours initiatique. Comme celui qui descend aux Enfers, le narrateur doit franchir des étapes pour atteindre ce lieu interdit aux vivants qu'il ne parvient pas à nommer. La « maisonnette en briques roses » et « la bonne sœur à cornette blanche » sont, comme dans les contes, des leurres qui feignent d'adoucir en surface la découverte de cet espace de transition entre les vivants et les morts, dernière prison réservée aux morts avant leurs funérailles. La description du chemin emprunté pour se rendre à la chambre mortuaire et des espaces réservés aux morts est un de ces moments où se décline le sentiment tragique. Le narrateur aborde des territoires inconnus et anticipe alors l'expérience de sa propre fin.

L'hôpital est aussi un lieu tragique parce qu'il est associé à la guerre et ses blessés. Le narrateur du *Jeu de patience*, à plusieurs reprises, rend visite à des miliciens espagnols blessés et c'est ainsi que nous suivons les opérations successives (JP2, p. 277) et la convalescence de José Lahilla (JP2, p. 273-280-281). Mais l'expérience fondatrice pour Guilloux est celle de la guerre de 14 et du lycée transformé en hôpital. Trois romans du cycle briochin de 1930 à 1949 en rendent compte : *Dossier Confidentiel*, *Le Sang noir* et *Le Jeu de patience*. Dans ces deux derniers romans, l'aménagement d'une partie du lycée en hôpital est indiqué comme si cela entrait dans l'ordre des choses : « la moitié du lycée servait d'hôpital » (SN, p. 77) et « la salle des fêtes [a] été transformée en salle d'hôpital » (SN, p. 86). Dans *Dossier confidentiel*, au contraire, les lycéens qui regardent les blessés arriver sont bouleversés (DC, p. 23-25). L'étendue de la description, où toutes les sensations sont convoquées, reflète le traumatisme subi par celui qui regarde. Dans le décor du lycée converti en hôpital un soir d'hiver, la tragédie de l'Histoire fait irruption et provoque un sentiment irréversible chez celui qui l'observe. La description en garde la trace et le roman porte témoignage de « ce défilé sans fin » (DC, p. 25) des blessés de guerre qui viendra pour toujours occulter toute approche optimiste de l'Histoire et les rêves d'avenir lumineux. Dans *Le Jeu de patience*, la rentrée scolaire de l'année 1914 est ainsi évoquée :

> « À la rentrée d'octobre, le proviseur avait harangué les élèves. Ils devaient prendre conscience de la situation, ne pas oublier que les dortoirs étaient transformés en salle d'hôpital et que par conséquent on ne devait pas faire de bruit, pour ne pas gêner les blessés. Parfois des blessés passaient dans les cours, le bras en écharpe, ou en marchant avec des béquilles. D'autres fois on assistait à des arrivées : les voitures arrêtées devant le lycée, les blessés sur la paille. On les transportait sur des brancards. Ils avaient des mines jaunes, vertes, des corps rigides sous la couverture marron… Les infirmiers étaient en blanc… » (JP2, p. 479)

Dans cette page, l'écrivain de la maturité propose une description qui adopte un ton neutre, objectif, qui n'a pas besoin d'effet pour exprimer le choc que cette situation représente pour des adolescents.

Gares

La gare dans la petite ville des romans de Guilloux constitue l'un des pôles de la narration : les trajets du personnage le conduisent toujours à un moment ou à un autre vers la gare et son importance est attestée par la place stratégique qu'elle tient dans la structure du récit. Dans *La Maison du peuple*, au dernier chapitre, la veille du départ du père, celui-ci, sous le poids des événements entraîne sa famille à la gare où la nouvelle de l'assassinat de Jaurès leur parvient (MP, p. 160). La scène à la gare, centrale dans *Le Sang noir* (SN, p. 300-312), est à l'origine du tournant dans le récit que constitue la gifle administrée à Nabucet. *Coco perdu* s'ouvre sur deux scènes qui se sont déroulées à la gare avec un « arabe bourré » qui tient des propos de révolte et un « type enchaîné » (CP, p. 8). Coco dit : « J'aime pas la gare et j'y viens tout le temps » (CP, p. 8). C'est une façon de dire tout le paradoxe de ce lieu, qui nourrit les espoirs et les aspirations au départ de nombreux personnages – ceux de Blaise qui « était venu si souvent y rêver avant de s'embarquer pour Liverpool » (JP2, p. 87) ou de Pierre Chenet qui se rend à la gare pour rêver et « contempler l'espace » (JP2, p. 232-233) - tout en étant le lieu concret des tragédies historiques ou individuelles.

Ce lieu si important n'échappe pas à l'uniformisation qui frappe les décors extérieurs chez Guilloux. Horloge, salle d'attente, quais, sont les éléments qui la composent. Il y a même une passerelle comme à la gare d'Odessa (JP2, p. 80). Quand Blaise rentre dans sa ville natale, il ne retrouve pas « la vieille gare, noire et flétrie de son enfance » mais « une gare comme tant d'autres, toute neuve, étrangère et froide » (JP2, p. 87). Il se souvient avec nostalgie de la gare d'autrefois parce qu'elle a nourri ses rêves de départ. Toutes les descriptions qui la prennent pour objet la placent du côté de la mort. Quand Marchandeau y revient seul après l'émeute, l'atmosphère est lugubre :

> « Tout était silencieux ; la cour paraissait agrandie dans la nuit. Des lueurs de gaz tremblaient dans les ténèbres, autour de la cour, mais la gare elle-même n'offrait pas une lueur, pas même la lueur habituelle de l'horloge. Les arbres du square émergeaient de la nuit comme de gros tisons noyés dans les cendres. » (SN, p. 412)

Il se réchauffe dans la salle d'attente « déserte » où un poêle « ronflait, bourré jusqu'à la gueule » (SN, p. 412), sans « personne pour profiter de cette chaleur ».

La gare est associée à l'Histoire, telle qu'elle se vit collectivement et telle qu'elle est subie. Les trains qui arrivent et qui partent, ou qui ne partent pas, figurent le destin de ces foules qui doivent les attraper. Les salles d'attente des gares, elles aussi, sont significatives de ces moments où le destin des hommes est comme en suspens avant de s'emballer le plus souvent vers la mort. Trois événements majeurs du siècle traversent la gare de la petite ville : la guerre de 1914, la guerre d'Espagne (JP2, p. 259 -261, JP2, p. 299-300) et la seconde guerre mondiale. La gare vers laquelle se rendent les appelés est le théâtre d'une émeute dans *Le Sang noir* (SN, p. 300-312). De ces émeutes de 1917, l'un des personnages du *Jeu de patience* se souvient. L'Histoire a de nouveau conduit le narrateur et son ami Yves de Lancieux à la gare : le départ de nombreux jeunes gens réquisitionnés pour le STO est l'occasion d'« évoquer d'autres scènes tragiques, dont cette même gare avait été le théâtre vingt-cinq plus tôt aux cris de « A bas la guerre ! » « À mort Poincaré ! » « Vive la Russie ! » » (JP2, p. 93). Les exclamations sont celles-là mêmes du *Sang noir* (SN, p. 307). Quand les scènes de gare ne sont pas violentes ni placées sous le signe de la révolte, la guerre et l'horizon de la mort suffisent à les rendre tragiques. Ainsi Lucien Bourcier dans *Le Sang noir* se souvient-il de sa dernière rencontre avec Louis Babinot :

> « Dans une gare régulatrice. Il revoyait très bien le décor,
> À travers des lampes à bureaux, luisaient des lampes à pétrole, et, sur le quai, de rares réverbères éclairaient les détachements et les groupes d'isolés qui attendaient pour prendre le train. [...]
> Le train avait du retard. Lucien et Louis étaient entrés dans une salle d'attente, une baraque profonde, avec, au centre, un brasero éteint, et, sur le côté, une litière de paille où une vingtaine d'hommes étaient allongés. Les sacs, les fusils, les casques, tout était empilé pêle-mêle. Les hommes étaient tristes : ils rejoignaient. Le train de ravitaillement devait les débarquer le lendemain sur le front. Des quinquets à l'huile clignotaient dans cette salle à travers la fumée des pipes. Dehors, toutes les dix minutes, des trains de troupe passaient, retardant de plus en plus le train de voyageurs que les artilleurs espéraient prendre. Des convois interminables de quarante fourgons et plus se succédaient. Sur les wagons plats, défilaient des canons, des cuisines roulantes, des fourgons régimentaires, des ambulances et aux portières des rares wagons apparaissaient des têtes embroussaillées. Tout cela remontait « là-haut » [...]. Tout cela était dans son souvenir comme une chose entrevue dans une caverne, comme des images d'un monde où tout se passe et où rien n'arrive. » (SN, p. 137)

Tout dit dans cette description l'écrasement des hommes par l'événement. Le défilé des trains suggère quelque chose de terrifiant que l'euphémisme « là-haut » ne fait qu'augmenter. La construction absolue du verbe dans l'expression empruntée à la langue des soldats « ils rejoignaient », en laissant imaginer ce que les hommes rejoignent - leur unité, le front, la mort, et évidemment tout cela à la fois - exprime parfaitement, dans l'inachèvement de sa construction, cette atmosphère de temps suspendu qui règne dans la gare comme un lieu entre la vie et la mort.

Là s'impose la vision d'un homme empêché. L'homme y est prisonnier au sens propre comme le montre la file « d'hommes enchaînés », arrêtés par la Gestapo dans *Le Jeu de patience* (JP2, p. 231-232) ou le « type » entre deux gendarmes au début de *Coco perdu* ; empêché par la société et par les circonstances historiques, mais aussi par tout ce qui compose une vie et ses échecs, ses désillusions et ses départs manqués. Cripure a un jour pris son billet pour Marseille, il s'est rendu à la gare et en est revenu sans être monté dans le train. La description du visage de la cousine Zabelle regardant ses neveux le jour de son départ pour Nantes est terrible alors qu'elle est assise en face de son grand amour Ernst Kende qui part rejoindre les Brigades Internationales et qu'elle ne reconnaît pas.

> « La cousine ne semblait rien voir de ce qu'il faisait à côté d'elle. Le regard fixé sur Pélo, Blaise et le petit Marcel, elle avait pris une expression de surprise et d'épouvante comme qui se réveille en pleine catastrophe et demeure paralysé, la bouche ouverte, mais sans qu'il en sorte le moindre cri. Les gens qui tombent à l'eau doivent avoir cette figure-là, me dis-je » (JP2, p. 211).

Lieu d'une séparation irréversible, la gare contient en elle, comme tous les lieux essentiels chez Guilloux, la marque de la mort. Le visage d'effroi de la cousine au moment des adieux est déjà son masque mortuaire. Enfin, ce face à face inattendu et évidemment trop romanesque - entre ces deux personnages -dont l'un a tellement aimé l'autre et qui ne se reconnaissent pas- semble rappeler qu'une vie est aussi faite d'occasions manquées[215].

Prisons, camps et tribunaux

Tous les lieux institutionnels d'enfermement des hommes sont déclinés. Certains témoignent de réalités historiques ou sociologiques particulières, comme les camps de prisonniers ou de réfugiés dans la ville et comme la prison pour jeunes filles déviantes, Saint-Blême dans les romans. D'autres de ces lieux évoqués et parfois décrits comme la prison de la ville, les tribunaux, diverses salles d'interrogatoire et palais de justice sont l'occasion par leur mention d'une interrogation toujours renouvelée sur le mal dans l'homme et la société et portent en eux les questions tragiques de la faute et de la culpabilité[216].

Les camps de prisonniers civils dans *Le Sang noir* et *Le Jeu de patience*[217], les camps de réfugiés espagnols sont ces prisons à ciel ouvert qui enferment des hommes qui ne sont pas coupables. La situation de ces prisonniers sans procès est tragique : déportation, exil et misère sont leur lot mais dans leur enfermement s'expriment aussi liberté et espoir. La description des lieux et de ceux qui les occupent tend à montrer que ces prisonniers sont peut-être plus

---

[215] Il faut noter que le seul titre de film mentionné dans *Le Jeu de patience* est *Brève rencontre* de David LEAN, dont l'essentiel de l'action a pour cadre une gare.
[216] Sylvie GOLVET rappelle que Guilloux, « lecteur passionné de Dostoïevski », est préoccupé d'un bout à l'autre de son œuvre par le thème du procès. *Louis Guilloux, devenir romancier, op.cit.*, p. 137.
[217] *L'Indésirable*, nouvelle de Guilloux écrite en 1923, s'ouvre sur une description d'un camp de prisonniers. Je remercie Sylvie GOLVET de m'avoir envoyé la transcription de ce texte.

libres et presque moins malheureux que les autres. Zabelle ne s'y trompe pas qui regarde le camp des Mines installé dans une usine abandonnée près d'une rivière.

> « C'était cela le camp ! Quelques promeneurs innocents, quelques travailleurs joyeux, une dizaine de baraques en planches, sous les dorures de l'automne, dans le silence attentif des terres, sous le ciel humide. On pouvait vivre là aussi bien qu'ailleurs. Quelle paix ! pas une sentinelle. Un certain nombre de prisonniers pêchaient au bord de la rivière. Ils mangeraient même de la truite !... » (JP2, p. 229)

C'est à ce moment que Zabelle voit pour la première fois Ernst Kende rire « à gorge déployée, d'un grand rire épandu » (JP2, p. 230). Le camp de prisonniers finit par représenter dans la ville un espoir d'Ailleurs. C'est bien ce qui fascine Loïc auquel le proviseur reproche de « se compromettre avec ces indésirables » (JP2, p. 22). Grâce au camp, le monde entier entre dans la ville et le chant des prisonniers russes que Cripure écoute, bouleversé, dit la souffrance universelle des hommes à laquelle chacun peut s'identifier.

> « Sans doute ils ne savaient rien de lui, ils chantaient pour eux-mêmes. Mais croire cela c'était encore une idée basse. Ils chantaient pour tous, et bien qu'ils chantassent aussi sa mort et son enterrement, ils chantaient la vie. » (SN, p. 391)

Les réfugiés espagnols, sont d'abord hébergés dans les ruines de la même usine abandonnée[218], et plus tard dans une caserne maritime[219]. Le narrateur du *Jeu de patience*, comme Guilloux le fut, est responsable du *Secours rouge*. L'installation de la première vague de réfugiés en juin et juillet 1937 donne l'occasion d'une description extrêmement circonstanciée des lieux : la peinture de l'usine abandonnée « au fond d'une vallée, le long d'un ruisseau » s'étend sur plus de deux pages (JP2, p. 256-257). Elle procède méthodiquement, depuis la situation du bâtiment jusqu'à son intérieur en passant par le « grand portail rongé » pour conclure sur cette impression d'ensemble : « tout était misérable, sale et froid [...] ». Sans nul doute, le réalisme de la description est à mettre au compte de sa valeur de témoignage. La caserne maritime sur la route de Ker-Avel fait elle aussi l'objet d'une description précise. Le narrateur accompagné du pasteur et de Kerhoas s'y rend « un jour de l'automne 1937 ». Il y avait déjà beau temps que Pablo et ses compagnons étaient repartis se battre en Espagne (JP1, p. 265) ».

---

[218] Le camp du Gouédic dans la réalité.
[219] Du Plounez, (voir les lettres conservées dans les archives de Saint-Brieuc écrites par Guilloux à la municipalité le 30 décembre 1938).

Néanmoins, la description de l'ancienne caserne maritime va bien au-delà du document historique et prend une portée symbolique :

> « Cette ancienne caserne maritime bâtie en granit dominant la vaste embouchure d'une rivière, prenait dans cette solitude et sous la grise lumière d'automne des airs de fortin. L'architecture en était épaisse, sévère- on aurait dit quelque poste avancé en pays dissident. L'épaisseur des murs, l'étroitesse des fenêtres, la grande clôture qui l'entourait de toute part, tout semblait avoir été prévu pour la défense. L'isolement au cœur d'un grand pays silencieux contribuait encore à entretenir cette idée guerrière, à provoquer dans l'esprit des tableaux d'attaque et de surprise, de siège, de prison. » (JP1, p. 271)

Le bâtiment est décrit pour lui-même, pour sa force, pour ce qu'il incarne et non pas seulement pour témoigner du sort fait aux réfugiés. Sa puissance mise en valeur est à l'image de la force de résistance que représentent les Espagnols et leur combat. Par la description, le lieu qui semble avoir traversé les âges élève le combat des Espagnols au rang de mythe qui pourrait comme la bâtisse elle-même transcender l'Histoire.

Enfin les descriptions des réfugiés eux-mêmes, en dépit de la situation de dénuement tragique que le narrateur ne manque pas de rappeler, soulignent toujours la capacité de résistance, de cette « population en guenilles, harassée mais fière » (JP2, p. 291). Quand l'auteur choisit de peindre la réalité telle que nous n'avons pas de doute qu'elle se soit présentée à lui de cette façon dans des circonstances équivalentes, le but recherché est de relater la manière dont les hommes peuvent affronter un de ces drames que leur impose l'Histoire, la manière aussi dont ils peuvent conjurer le tragique par la dignité et la solidarité. Ce sont des pages, rares chez Guilloux, où le tragique n'empêche pas une forme d'espoir.

Par contre le pénitencier pour jeunes filles, Saint-Blème, que l'on retrouve dans *Le Sang noir*, *Le Jeu de patience* et qui est mentionné dans *Les Batailles perdues* à propos de Maria Kerfant (BP, p. 489) témoigne sans espoir de l'enfermement subi par les enfants. Il s'agit d'une maison de correction dirigée par des sœurs pour redresser les petites filles déviantes. Son apparition dans *Les Batailles perdues*, crée un lien inattendu entre ce roman qui se déroule à Paris et en Bretagne et les romans que nous avons appelés du cycle briochin. Dans le *Sang noir*, c'est Nabucet qui explique à Plaire ce qu'est Saint-Blème :

> « ...et ils passèrent devant des maisons aux façades rabotées, avec, aux fenêtres, des grilles hargneuses. Un murmure leur parvint, une sorte de bourdonnement psalmodié, traînant, une plainte poignante. [...] Ceci est une dépendance du couvent, un asile, une maison de correction.

> [...] c'est la maison mère, Saint-Blème est une maison de correction où l'on recueille les... tu sais ce que je veux dire... les petites filles vicieuses, acheva-t-il rapidement. » (SN, p. 65)

On sait que l'intérêt que porte Nabucet à cette maison correspond à son propre goût pour les très jeunes filles. Dans *Le Jeu de patience*, c'est Dominique Albret, âgée de quinze ans, qui est enfermée à Saint-Blème. Son arrestation après une violente dispute avec sa mère est minutieusement racontée[220]. Le pénitencier tel qu'il est décrit a toutes les caractéristiques des lieux angoissants dans les romans de Guilloux. C'est une mécanique implacable qui se referme sur le personnage et qui l'emmure vivant.

> « Dans la porte, un judas grillagé en cuivre. Ils sonnèrent. Quelqu'un, derrière la porte, mit le nez au judas. L'un des messieurs dit quelque chose que Dominique ne comprit pas ; la porte s'ouvrit. Ils entrèrent dans un petit parloir où se trouvait une bonne sœur. Elle prit des papiers qu'un des messieurs lui tendait, y jeta un coup d'œil, puis tira sur une corde. Trois coups de cloche. On attendit. Dans le fond du parloir une grille. Derrière la grille un volet. Après quelques instants, le volet s'ouvrit, et, derrière la grille apparurent deux bonnes sœurs, une jeune et une vieille [...]. Une porte s'ouvrit, près de la grille, la sœur réceptionnaire poussa Dominique par cette porte, les deux messieurs partirent, et la porte se referma. » (JP1, p. 369)

Judas, portes, grilles, volets : tout l'arsenal de la prison est là et la répétition du mot grilles donne un caractère mécanique à une procédure d'enfermement qui rend toute tentative d'évasion impossible. L'accueil de Dominique se poursuit et l'espace immense est là pour écraser le personnage. Rien dans la description ne permet de particulariser le lieu. L'architecture décrite vaut universellement pour tous ces lieux qui renferment le malheur des hommes : les couloirs nombreux sont « grands » « silencieux et froids » (JP1, p. 369). Les murs sont blancs et nus. Il y a une « grande pièce vide », un réfectoire, une grande salle « aux murs blancs » (JP1, p. 369-370). Un chemin de croix et des inscriptions donnent sa tonalité religieuse au lieu. Mais la spiritualité est absente de cet endroit dirigé par des sœurs, où on punit, où on réprime, où on blesse l'homme plutôt qu'on ne l'améliore. On apprend incidemment à la fin du roman que Dominique y a passé cinq ans de sa vie (JP2, p. 327) et nous comprenons que ce sont des années perdues. Pour le lecteur de notre époque, la valeur de témoignage de la description est bien réelle mais se double d'une

---

[220] Il faut signaler le contraste saisissant entre le sort réservé aux pères qui frappent leurs enfants (le père Clinche et sa fille Germaine) en toute impunité -scène racontée aux pages 297-298 du *Jeu de patience*, dans un passage qui n'est pas sans rappeler certaines scènes de *L'Enfant* de VALLÈS- et les condamnations expéditives dont sont victimes les enfants.

intention morale. Chargé de corriger le mal dans l'homme, le lieu enferme des innocents tandis que le mal persiste à l'extérieur.

La description des lieux où l'homme est emprisonné et jugé met en scène la question essentielle du mal d'où l'importance accordée au bâtiment chargé de traiter le mal dans la ville, la prison : « Notre prison est toute récente, voilà trente ans à peine qu'on l'a bâtie : fer et ciment. Dans son genre c'est une sorte de prison modèle, qu'on a eu le bon goût d'éloigner dans un faubourg […]. » (JP1, p. 32) L'adjectif possessif peut surprendre, comme si chacun portait en soi la responsabilité du mal, comme si la communauté de la petite ville était aussi une communauté du mal. Et avoir relégué « la verrue hideuse » (JP1, p. 32) dans la périphérie de la ville ne suffit pas à faire disparaitre sa raison d'exister. Le narrateur et son ami Yves de Lancieux, la cherchent du regard depuis la fenêtre du bureau du narrateur :

> « « On ne doit pas la voir d'ici », fit-il, d'une voix presque basse, en relevant ses lunettes sur son front.
> « Quoi ?
> - La prison... »
> Mais si : on en voyait quelque chose, très au loin sur la gauche, dans des verdures éteintes sous le ciel gris. Un morceau de toit en zinc qui dans la lumière de janvier paraissait en plomb. Ma main se tendit de ce côté. […] Nous restâmes là un instant à regarder. Sous le pâle soleil d'hiver, la ville était tranquille, innocente, pas dans le coup... » (JP1, p. 41)

La ville est-elle si innocente ? Avoir déplacé la prison permet de s'arranger à bon compte mais il n'est pas certain que le mal ne soit pas tapi ailleurs ni même que l'institution judiciaire ne recèle pas en son sein de véritables coupables.

Pénétrer dans l'enceinte d'un tribunal, dans une salle d'interrogatoire, dans une prison éclaire rarement sur la nature profonde du coupable. Reviennent les mêmes notations de lumière pâle et grise pour dire le tragique de ces lieux qui enferment avant tout le mystère du mal.

> « […] bien que le temps fût sec et beau pour la saison, la lumière qui à travers les barreaux pénétrait dans cette grande pièce paraissait grise et sans éclat. » (JP1, p. 29)
> « […] j'ignorais moi-même comment appeler cette grande pièce sombre derrière le bureau du gardien-chef. Un parloir ? C'était une grande pièce aux murs blanchis à la chaux avec une seule fenêtre pourvue de solides barreaux. […] Mais Gautier était pour ainsi dire sorti de l'ombre. […] la mauvaise lumière qui venait de la fenêtre tombait droit sur cette silhouette silencieuse. » (JP1, p. 42)

Les lieux portent la marque de la faute comme s'ils étaient coupables eux-mêmes.

Les décrire devient l'occasion de rappeler la présence paradoxale du mal. Une salle de la Maison du peuple dans *Le Jeu de patience* est transformée en salle de tribunal pour juger un certain Trolin, accusé d'avoir dénoncé des camarades et d'avoir joué les provocateurs (JP1, p. 191). Le narrateur raconte la scène à Jeanine et décrit la salle. Dans ce cas, la culpabilité de Trolin n'est pas avérée et tout son procès s'apparente à une vaste mascarade[221]. Tout l'espace baigne alors dans la culpabilité qui est aussi celle de ceux qui s'érigent en juges d'un autre homme.

> « Et justement, une fois dans cette salle Albert Thomas, ce dimanche-là, ce n'était plus du tout le printemps... [...] On se serait cru dans une cave. Plus de ciel du tout. C'était triste, mais d'une tristesse médiocre et même... coupable. » (JP2, p. 192)

La culpabilité diffuse émanant des lieux est toujours susceptible d'éclabousser le plus innocent des hommes. Tout l'espace judiciaire et carcéral dans *Labyrinthe*[222] le confirme. Ce que nous pouvons lire de cette œuvre inachevée montre combien les préoccupations morales, existentielles du romancier se traduisent en termes d'espace.

Le récit s'ouvre sur une scène d'évasion. Le personnage qui est aussi le narrateur est en prison depuis cinq ans et parvient à s'évader la nuit de Noël, après avoir assommé le gardien-chef et lui avoir pris ses chaussures (L, p.10). De nombreux retours en arrière permettent de comprendre les raisons de l'emprisonnement du personnage et d'apprendre son innocence. Celui qui purge une peine est condamné à tort pour un crime qu'il n'a pas commis tandis que ce sont ceux qui emprisonnent, qui jugent, qui surveillent, bref, tous ceux qui sont chargés de mettre le mal à l'écart de la cité qui sont les vrais coupables. Le juge Renaud qui a instruit le procès du personnage se pend dans la forêt où il emmenait les petites filles après avoir appris que ses « passions déshonnêtes » ont été découvertes (L, p. 133). Quant au gardien de prison, il occupait cette fonction pendant la guerre et quand sa fille avait été arrêtée en 43 pour avoir aidé de jeunes résistants, « il avait laissé faire » :

---

[221] Jean-Charles AMBROISE voit dans le procès de Trollin le « support d'un retour critique sur le communisme et l'occasion d'une démarche introspective sur l'incertitude qui fut vraisemblablement celle de l'auteur », « Un roman du désengagement. Les fins du militantisme dans *Le Jeu de patience* », in Jean-Baptiste LEGAVRE (dir.), *Louis Guilloux Politique, op.cit.*, p. 83-107, p. 99.
[222] *Labyrinthe* a paru en plusieurs livraisons dans *La Table Ronde* (n° 58 d'octobre 1952, n° 59 de novembre 1952, n° 60 de décembre 1952 et n° 61 de janvier 1953). Ce roman est le produit d'un projet plus vaste qui devait s'appeler *La Délivrance* et dont le personnage principal sort également de prison. Guilloux en fait état dans les pages 143-159 des *Carnets 1944-1979* puis n'en dit plus rien.

> « Pendant plus d'un mois, il avait été le gardien de sa propre fille qu'il avait vue passer combien de fois devant lui, en sang, au retour des interrogatoires à la Gestapo et il n'avait pas ouvert la porte de sa cellule, ni celle de la prison. Il avait laissé emmener Germaine en déportation. » (L, p. 15-16)

Le Palais de justice comme la prison abritent donc des coupables qui ne sont pas parmi les criminels mais parmi les représentants de l'institution judiciaire et policière.

Quand on est innocent, entrer dans un Palais de Justice, c'est pénétrer dans un piège d'où il semble difficile d'échapper. Être dans le cabinet du juge, même si on n'a rien à se reprocher, pousse à se conduire comme un coupable. Les oppositions de lumière encore une fois disent les sentiments d'innocence et de faute.

> « Avec empressement, il s'était levé à notre arrivée, pour venir nous serrer la main, puis tout en parlant, tout en nous priant de nous asseoir, il était allé fermer la fenêtre, étroite et haute, pourvue de grilles solides, qui donnait sur un jardin. La matinée était d'une telle splendeur, la lumière si claire et si belle, et ce qu'on avait pu apercevoir du jardin sous forme de frondaisons, de fleurs, et de soleil si éclatant, que le geste scandaleux de fermer la fenêtre sur tant d'innocence avait besoin d'une excuse. M. Renaud en trouva une dans le bruit que menaient les enfants qui venaient jouer dans le jardin » (L, p.87-88).

Le personnage accusé, ainsi coupé de l'innocence du monde, omet des détails d'importance dans sa déposition. Le sentiment du mal le contamine, ce qu'exprime une remarque sur la lumière de la pièce : « Malgré le beau temps qu'il faisait dehors, la lumière y était basse comme celle d'une cave. » (L, p.89) Interrogé par le juge Renaud, victime des lieux, il laisse son destin lui échapper. L'espace entier du palais de justice menace véritablement d'engloutir le personnage et de le réduire à néant.

> « En sortant du cabinet de M. Renaud, j'entrai dans un profond dédale de galeries comme des galeries de mines forées à mille mètres sous terre, lieux glacés, suintants, peuplés de menaces tranquilles, d'embûches silencieuses et d'application. Oui : c'est bien d'application que je veux dire, et je fus pris d'une sorte de panique, ne me retrouvant plus dans ce labyrinthe de termites et doutant un instant de jamais plus retrouver la lumière du jour que j'avais pourtant vue si belle. Dans quel piège étais-je tombé ? » (L, p. 93-94)

La parenté est évidente entre le lieu et son objet : être aux prises avec la justice, c'est parcourir un chemin obscur et menaçant. Très concrètement le palais de justice se mue en un labyrinthe et cela ne semble pas seulement une déformation née de l'angoisse du personnage. Le danger de mort vient de l'espace lui-même et, comme dans un labyrinthe dont on croit avoir enfin découvert la sortie, on a toutes les chances de se retrouver face à un danger plus grand que celui auquel on vient d'échapper. Les lieux disent la fatalité qui pèse sur le personnage :

> « À force d'errer dans les couloirs, j'étais enfin parvenu jusqu'à une porte vitrée, qui au bout d'un obscur boyau faisait une tache laiteuse comme un hublot par temps de brume. Cette porte une fois poussée, je sortis enfin à la lumière comme un rescapé, pour me trouver dans le hall du Palais, au pied de l'escalier monumental menant aux salles d'audience, et notamment à la salle des Assises. » (L, p. 94)

Le chemin est tout tracé, et l'innocence à jamais perdue. Le contact avec le Palais de justice a suffi pour qu'opère le sentiment de divorce avec monde : entrer dans ce lieu c'est pénétrer dans un monde que des forces obscures gouvernent, le sentiment tragique de la faute y est si fort que désormais tout bonheur d'espace semble interdit :

> « Avec quel bonheur je redécouvris le jardin et la lumière ! Mais avec quelle tristesse aussi ! C'était comme si j'avais trahi. Il me venait un étrange sentiment, comme celui d'une séparation dans la présence, d'une incrédulité dans l'évidence. Plus vive que jamais, la conscience de la beauté des choses et de leur prix inestimable, me poignait, le sentiment du bonheur qu'elles donnent - et j'en étais séparé, mais pourquoi ? J'avais envie de secouer la tête, de me frotter les yeux pour en chasser le voile qui me brouillait la vue. » (L, p. 95).

Ce qui est à l'origine de l'inculpation- le combat, plutôt loyal, mené contre le capitaine Marny- n'est pour rien dans le sentiment de culpabilité qui sépare le personnage du monde. Le contact avec un de ces lieux qui incarnent les méfaits commis par les hommes a suffi à faire disparaître en lui toute plénitude d'être. L'espace labyrinthique et le sentiment de la faute rapprochent incontestablement l'univers de Guilloux de celui de Kafka[223].

Enfermement tragique

Dès *la Maison du peuple,* le thème de l'enfermement tragique du personnage apparaît et le narrateur dit de son père qu' « il étouffait dans la petite ville » (MP, p. 30). L'enfermement est d'abord lié à la condition sociale.

---

[223] Notons que le personnage de Grégoire Cantin, qui vit dans un gourbi enterré, porte le même prénom que Grégor Samsa dans *La Métamorphose* et que Kafka a écrit une nouvelle qui a pour titre *Le Terrier.*

Le pauvre est enfermé dans la ville et plus encore dans son quartier. « Et changer de niche, cela se pouvait encore, mais non de quartier. Nous étions prisonniers dans le nôtre comme le « juif » dans son ghetto » (PDR, p. 18). Comme les animaux, les pauvres sont enchaînés. Dans l'ancienne écurie où a habité le narrateur sont encore « scellés au mur […] des anneaux en fer auxquels autrefois se nouait le licou des bêtes ».

L'enfermement peut également dépendre de conditions historiques. Dans *Le Sang noir,* c'est la guerre qui a transformé la ville en prison. Le proviseur Marchandeau se heurte à un barrage devant la gare et on lui explique qu'il n'y a pas de train pour les civils. Si certains sont autorisés à sortir de la ville - exception faite de Lucien Boursier dont le départ s'apparente clairement à une évasion- ce sont des soldats qui refusent de partir. Quand des nouvelles arrivent de l'extérieur, ce ne sont plus que des nouvelles de guerre et de mort. Les deux lettres, importantes dans l'économie du récit, reçues par Cripure et Marchandeau, sont porteuses de nouvelles funestes. Elles informent aussi que toute tentative de sortie est vaine puisque, lorsqu'elles parviennent à leur destinataire, l'irréparable s'est déjà produit. Quand Marchandeau s'imagine pouvoir encore intervenir, Pierre a certainement déjà été exécuté et Cripure lit la lettre bien après la mort de Toinette. La présence de la mort encercle la ville lui imposant, comme le ferait une épidémie, une quarantaine.

L'enfermement est aussi un état que rien ne vient expliquer. L'homme n'est pas seulement prisonnier de sa condition sociale et du contexte historique. Il est simplement retenu par une ville que tout définit comme une prison. Le narrateur du *Jeu de patience* rapporte ses promenades, accompagné de son alter ego, Meunier :

> « Dans la belle saison nous « poussions » parfois jusqu'au port et parfois même jusqu'à la petite plage Saint-Hervé, mais habituellement nous ne quittions guère la ville comme si une obscure interdiction, une lassitude, peut-être nous y eût retenus, un peu comme des prisonniers sur parole. » (JP1, p. 162)

Poursuivant cette idée, il ajoute que les pierres de l'ancienne prison ont été dispersées à travers la ville et servent aux bordures des trottoirs. On les reconnaît « à l'alignement des trous qui les divisaient en leur milieu dans lesquels s'étaient autrefois encastrés les barreaux ». Les rues, comme dans *Le Sang noir*, participent à la sensation d'enfermement du personnage : « L'herbe y poussait à l'aise comme sur les ruines ou dans les cours des prisons. » (SN, p. 117) Elles sont comparées à « un étau » (SN, p. 120). L'angoisse éprouvée par le personnage est à prendre dans son sens étymologique. Les façades sont « aveugles » (SN, p. 117) ou « rabotées » et les grilles « hargneuses » (SN, p. 63). Cripure longe « les murs grisâtres des rues, si semblables à des murs de prison (c'en était) » (SN, p. 313). Les rideaux de fer et les grilles y sont nombreux, aux bâtiments publics, à la préfecture ou au lycée, mais aussi aux maisons qui sont appelées « boîtes », y compris par Nabucet. Dans le bureau de Cripure, les volets sont toujours fermés. Les conditions climatiques accentuent la sensation : le ciel est « opaque », « bouché » (SN, p. 64), la pluie est « oblique et grise » (SN, p. 304) ou encore « oblique et brève » (SN, p. 265), elle bat les vitres, si bien qu'à l'intérieur le personnage n'éprouve aucun soulagement tel Etienne Couturier en visite chez son professeur :

> « Étrange de se retrouver seul avec cet homme entre ces quatre murs noircis d'humidité où il faisait de plus en plus sombre depuis que la pluie s'était mise à tomber avec autour de la maison un petit bruit de rongeur comme si une armée de rats en avaient entrepris le siège. Étrange et oppressant. » (SN, p. 41)

L'obscurité est un élément supplémentaire à l'origine de la sensation. Dans *Le Pain des rêves* ce sont des « ruelles de ténèbres » (PDR, p. 495) qui entourent la place aux Ours. De *La Maison du peuple* à *Coco perdu*, les mêmes éléments se déclinent : « la ville était grise et sans ouverture » (MP, p. 25), « Tout l'hiver le ciel était bas et humide », « la rue était noire et humide » (MP, p. 50). Dans *Coco Perdu*, Coco ne peut sortir de la gare : « La flotte faisait comme un vrai rideau devant la porte et c'était plein de brouillasse dehors » (CP, p. 11). Même quand il réussit à s'échapper de la ville, comme Pierre Chesnet qui, dans *Le Jeu de patience*, arrive à Paris, le personnage est de nouveau confronté au risque d'emprisonnement : « Trois heures de l'après-midi. Pas de ciel. Un brouillard jaunâtre jusqu'au ras des toits. Gros brouillard de soufre » (JP2, p. 234). Pierre Chesnet poursuit son chemin et la rue, éclairée dans ce brouillard fantasmagorique, devient une nouvelle prison : « Les feux des lampadaires se doraient par endroits, coulaient dans le brouillard des reflets diffus, y suspendaient de vastes réseaux comme des toiles d'araignée d'une orfèvrerie délicate » (JP2, p. 234). Dans l'un des derniers romans de Guilloux, *La Confrontation,* la description du réveil des « petites vieilles » comparé à « un chahut de prisonnier » (C, p. 204) développe ce même motif. Quel que soit l'endroit où ils habitent, les personnages sont toujours prisonniers. La prison est avant tout existentielle et métaphysique, ce qu'exprime l'ensemble de ces images baudelairiennes de l'enfermement.

Aucune activité, pas même celle d'écrire ne constitue une libération ; rien ne permet de rompre sa chaîne. Le chroniqueur du *Jeu de patience*, souffre aussi de l'isolement du prisonnier :

> « Depuis que Meunier n'était plus là, depuis que Pierre Chesnet était mort, personne ne m'avait répondu. Tout s'était passé en somme, comme si j'avais écrit sur les murs de ma chambre comme font les prisonniers sur les murs de leur cellule ».

Dans l'univers de Guilloux, vivre c'est être dans un cachot et « la mort coïncide avec la levée d'écrou » (SN, p. 117).

La ville-labyrinthe figure l'enfermement tragique. On l'a vu, la métaphore du « petit labyrinthe autour de la cathédrale » est récurrente (JP1, p. 318-JP1, p. 124). Il faut être un vieil habitué comme Cripure pour ne pas s'y perdre. Dans *Le Sang noir*, en voiture, la nuit, le Capitaine Plaire ne se repère pas (SN, p. 452). Et Marchandeau recherche en vain l'endroit où se dressait le barrage qui l'a refoulé (SN, p. 412).). Dans *Parpagnacco*, le « dédale » (P 24) des rues vénitiennes donne au narrateur l'occasion de s'égarer, « comme on se perd dans les rêves, comme de [s]a vie, jamais il ne [lui] était arrivé de [s]e perdre, même dans une ville chinoise » (P 23). Dans *Coco Perdu*, le personnage qui pourtant connaît bien sa ville se perd aussi :

> « J'ai descendu la rue Poincaré, et là je m'suis arrêté. Je ne savais plus si je prendrai à gauche ou à droite. Mais c'est partout pareil. Alors ? J'ai pris à droite. Et voilà que je me suis retrouvé à la gare. Comment j'avais fait mon compte ? Ça. » (CP, p. 34)

Dans les villes, tout est semblable. Les rues se succèdent sans signes distinctifs : « Elles (les maisons) étaient toutes de même apparence, du même modèle, toutes bâties de la même manière. » (SN, p. 317) Tout y est toujours gris, désert ou vide : « cette place toute grise, grande façade grise, grise préméditation, ces grises fenêtres. » (SN, p. 314) Dès *Hyménée*, la ville est « déserte » (H. p. 267). Le vide des rues est souligné jusqu'à l'obsession (JP1, p. 133-142-275-72-124-22-155- JP2, p. 54), celles de la petite ville comme celles de Toulouse où Blaise se trouve un temps (JP2, p. 83-84, 88). La gare est « noire et déserte », « la gare semblait morte », celle de la petite ville (JP2, p. 230), celle de la gare de Compiègne (JP1, p. 253), celle aussi de la gare d'Odessa, et dans la cour de la caserne qui accueille les réfugiés espagnols, « c'est toujours le même silence et le même désert » (JP1, p. 275). Dans *Coco perdu*, « Les rues étaient bien vides. Autant ça grouillait ce matin, dans le centre autant c'était mort à présent. » (CP, p. 33), « Tout était vide. [...]. Tout va rester vide comme ça jusque vers trois heures. On entend rien, mais rien. » (CP, p. 97), « Ailleurs c'était vide partout. » (CP, p. 82).

Le personnage déambule dans un monde sans repère. Il se cogne au désert ou au vide comme on se cogne aux parois d'un labyrinthe. « Vivre, dit Perec, c'est passer d'un espace à l'autre en essayant le plus possible de ne pas se cogner [224] » et on voit, en effet, Cripure avoir bien du mal à ne pas se cogner, toujours menacé d'être bousculé ou renversé. Au mieux, il rencontre sa propre image comme Marchandeau : « derrière lui sur un rideau de fer luisant comme

---

[224] Georges PEREC, *Espèces d'espaces*, Paris, Galilée, coll. «L'Espace critique », 1974, p. 14.

une glace, son ombre grotesque répéta le geste. » (SN, p. 414) Dans le *Sang noir,* l'image du taupier (SN, p. 313) redouble celle du labyrinthe dans lequel le personnage avance à l'aveugle. Dans ce réseau de galeries, sombres et étroites, impossibles à identifier, la plupart des personnages sont condamnés à errer sans trouver la sortie. Parfois, comme dans *le Sang noir,* ils croisent d'autres grotesques, comme la bossue ou le Maire, qui, eux aussi, indéfiniment, répètent les mêmes trajets.

Les espaces intérieurs sont tout aussi labyrinthiques, tel le lycée du *Sang noir.* Certes, on en sort et on y rentre comme on veut. Malgré les grilles, les personnages n'y sont pas enfermés mais on note que Cripure descend l'escalier « avec la hâte d'un homme traqué » (SN, p. 293) et sortir du lycée apparaît comme une libération. Comme pour la ville, on repère assez bien quels sont les lieux importants du lycée : la loge des concierges, les appartements du Proviseur et du Censeur, la bibliothèque, la cour d'honneur et le grand escalier. Mais la disposition reste assez floue. Les lieux n'obéissent pas à une logique d'ensemble précise. On a l'impression que tout correspond avec tout : la bibliothèque où se déroule la réception en l'honneur de Madame Faurel jouxte l'appartement du Censeur qui a donc proposé que l'on se serve d'une de ses pièces inutilisées pour installer le buffet. Communiquent alors un lieu public et un lieu privé, ce qui concourt à brouiller les repères et ce qui permet à Nabucet d'écouter aux portes et d'espionner la scène qui se déroule chez les Bourcier, entre la mère et le fils, avant le départ d'Etienne. D'une fenêtre de la bibliothèque encore, Cripure voit ce qui se passe dans une salle de classe, « dans une classe toute proche. Il en était séparé à peine par deux mètres » (SN, p. 253). Deux éléments d'architecture attirent particulièrement l'attention : la cour d'honneur et l'escalier. Mais quand ils sont décrits, ils ne permettent pas vraiment d'avoir une vision claire de l'organisation de l'espace. Au contraire, ils lui confèrent cet aspect étrange et fantomatique qui le rapproche du labyrinthe.

> « Il l'entraîna dans la cour d'honneur, vaste carré pour le moment vide et gris, serré dans la quadruple armature de piliers qui supportaient les voûtes en plein cintre des galeries. » (SN, p. 83)

Quant à l'escalier, un certain nombre d'éléments permettent de l'assimiler au labyrinthe humide de la ville dont il apparaît comme un prolongement. Que Cripure le descende ou le monte, l'impression est la même. D'abord, le vieux professeur sort de l'antichambre où il a bu avec Moka :

> « Ayant refermé derrière lui cette porte, avec des précautions et un sourire d'évadé, il éprouva un vertige, comme un coup et portant la main à son front appuya son épaule contre le chambranle avec un regard d'homme traqué.

Il resta ainsi longtemps, puis il regarda devant lui, fasciné, comme qui aperçoit des monstres. Rien pourtant que le vide spacieux d'une cage d'escalier, un mur vert et pourri, une lucarne où la pluie battait. Odeurs elles aussi familières de l'encaustique et de la moisissure, silence connu : rien d'anormal. » (SN, p. 275)

Ensuite, persuadé qu'on veut le tuer, il fait le chemin en sens inverse (SN, p. 293-294), franchit de nouveau les grilles, remonte l'escalier et pénètre dans le Cabinet du Proviseur. Il semble impossible d'échapper à ces lieux qui multiplient les signes de parenté avec les *Prisons* de Piranèse. Ils sont vastes, vides, mal éclairés et l'escalier débouche soudain sur une porte sans palier. Un danger qui n'est jamais montré guette l'homme qui s'y aventure. La mort rôde, et on ne sait de quel côté elle risque de surgir.

C'est une des caractéristiques du labyrinthe : il contient en son centre une pièce où on rencontre la mort. Cripure est bien celui qui au cœur du labyrinthe craint de rencontrer le monstre qui le dévorera. La mort est partout dans ce monde qui sacrifie ses enfants : de la fenêtre de la bibliothèque, Cripure voit un petit vieillard qui montre à ses élèves le sabre de son fils mort (SN, p. 253). L'antichambre où Moka et le philosophe se réfugient ressemble à un tombeau (SN, p. 265). Le bureau de Monsieur Marchandeau est tout entier envahi par la mort de son fils. Tous les hommes adultes, tous les pères, Cripure, le Censeur, Marchandeau, Babinot, le petit vieillard au sabre qui traversent ce labyrinthe ont envoyé leur propre fils à la mort. La représentation de l'espace où les personnages se déplacent symbolise cette emprise de la mort sur le monde. Dans le labyrinthe du lycée, les jeunes gens qui sont en bonne santé peuvent se faire dévorer d'un instant à l'autre : n'est-ce pas ce qu'apprend à ses dépens le jeune cuisinier alsacien Werner qui croise malencontreusement le général dans l'escalier ? Nous assistons bel et bien à cet endroit à une scène de mise à mort. Le jeune homme ne s'y trompe pas : « « Foutu », pensa Werner. » (SN, p. 244)

Quand Cripure se rend chez Moka, sous l'effet de son hallucination fantastique, la place devient le centre mortifère du labyrinthe : le Minotaure terrifiant ne laisse aucun espoir d'échappatoire et l'espace de la ville obéit à un ordre labyrinthique qui condamne les hommes à errer avant de mourir.

L'espace tragique du labyrinthe est aussi celui de la faute. Tout y renvoie l'homme à sa mort et à sa culpabilité. En effet, il apparaît que cet espace est le lieu d'une expiation. Si l'on reprend les catégories avancées par Henri Ronse[225], on voit que le labyrinthe mis en place par Guilloux dans ses romans, et plus particulièrement dans *Le Sang noir*, ressemble au labyrinthe punitif,

---

[225] RONSE Henri, « Le labyrinthe, espace significatif ». *Cahiers internationaux du symbolisme n°9-10*, 1965-1966.

espace de la faute qui se rapproche ainsi de ceux de Kafka et de Joyce[226]. De quoi chez Guilloux l'homme doit-il être puni ? Quelle est la faute qui pèse sur lui ? Le poids tragique est de deux natures : il est évidemment et presque comme toujours chez Guilloux historique. La culpabilité est aussi de nature plus existentielle : l'homme a des comptes à rendre de sa simple présence au monde.

Dans *Le Sang noir*, les hommes qui errent sont tous plus ou moins complices de la guerre. Ceux qui ne se perdent pas dans le labyrinthe et qui peuvent en sortir sont des hommes encore jeunes. Kaminsky et Lucien qu'on ne voit jamais arpenter la ville dans tous les sens la quittent en condamnant avec lucidité des aînés qui ont envoyé leurs enfants à la mort. Les pères, complices de la mise à mort de leur fils, errent tous. Ils étaient « installés dans la vie comme au théâtre », l'expression est de Marchandeau, ils ont manqué de clairvoyance et ils ont pris le réel pour une illusion. On les voit alors perdus dans un espace qui devient celui de leur punition. D'ailleurs comme le rappelle Montfort dans un de ses poèmes, tous ces hommes-là portent « binocles ». Ce détail permet d'identifier les coupables et signale matériellement leur aveuglement. Ces hommes qui n'ont pas su voir la réalité de l'Histoire et qui, à des degrés différents, l'ont cautionnée sont condamnés à se perdre dans le labyrinthe de leurs fautes. Celui-ci leur rappelle l'impossibilité qu'il y a pour quiconque à « trouver un sens » à cette tragédie. Corbin le dit quand il doit choisir une direction pour ramener les témoins du duel qui finalement n'aura pas lieu : « Tourner la bouillie dans un sens ou dans un autre, pour moi c'est pareil. » (SN, p. 412) Ni direction claire, ni signification, l'espace est bien le miroir de cette tragédie du sens que représente la guerre pour Guilloux.

Cet espace labyrinthique est aussi l'espace de la faute parce que d'une façon plus générale il est l'espace de la chute. L'homme puni est simplement puni du mal attaché à sa nature. Comment comprendre autrement cette scène de coït triste et burlesque qui inaugure *Le Sang noir* ? L'acte ne compte que pour autant qu'il renvoie à l'idée d'un homme condamné dès l'origine. L'entrée de Cripure dans le roman par cette scène rappelle sa condition tragique.

---

[226] « L'approche de la rêverie du labyrinthe dans l'œuvre de Kafka et dans celle de Joyce dessine la texture punitive du labyrinthe : le labyrinthe de la faute, le labyrinthe de la chute, le labyrinthe de la culpabilité. C'est un espace sans issue, concentrationnaire, qui étrangle l'homme. », *Ibid*, p. 35.

2
Tragique des corps : corps empêchés et corps souffrants

Pas plus qu'il n'est de véritable abandon au paysage, il n'existe de véritable abandon au corps. Les corps sont rarement beaux et les moments heureux qu'ils procurent sont pratiquement inexistants : quand ils sont beaux, leur beauté garde presque toujours un caractère inquiétant ou fragile. Ils sont le plus souvent abimés, déformés, torturés par les souffrances que la pauvreté ou la misère, que l'Histoire collective ou personnelle, ou que la vieillesse, la maladie ou la mort leur infligent. Les difficultés de l'existence s'inscrivent dans la chair du personnage : son corps blessé porte les stigmates de toutes les raisons qui peuvent empêcher de vivre. Le personnage semble toujours entravé. Le romancier, tout en utilisant en grande partie les ressorts de l'écriture réaliste pour donner du corps à ses personnages, s'emploie dans le même temps à montrer à quel point ces corps, habités par la mort ou la séparation, sont déjà absents à eux-mêmes. L'illusion de la vie est créée mais le corps montre qu'il s'agit d'une vie amputée, mutilée, qui ne peut conjurer le sentiment tragique du vide.

Bonheur des corps ?

Le bonheur du corps, le sentiment de plénitude que donne ce bonheur qui vient de la beauté et de la jeunesse, peut apparaître mais au moment même où il est exprimé, son caractère éphémère et déjà révolu est noté. Dans *La Maison du Peuple*, le père connaît ce sentiment de possession de soi quand il va se baigner avec son camarade André :

> « Comme le bain le rendait agile et dispos ! Il ne sentait plus dans les reins cette courbature qui lui venait d'être sans cesse penché sur le veilloir, mais une légèreté qui le faisait chanter. Il se sentait jeune dans son corps musclé. » (MP, p. 31)

C'est dans le même élan de consentement, à son corps et à l'espace, que le personnage accepte la ville « pleine du mouvement et de la lumière de ses vingt ans » (MP, p. 31). Pourtant l'homme fait ne se reconnaît plus dans le jeune homme qu'il a été : son corps est toujours alerte mais il porte dans son regard une colère venue de l'expérience ou de la lucidité :

> « [...] ses yeux bleus n'avaient plus leur regard d'autrefois, mais un regard plus dur, et à certains moments on les sentait dévorés de violence [...]
> Ce qu'il n'avait pas pu voir plus jeune lui brûlait les yeux : la domination entière de la ville par les commerçants et les nobles. » (MP, p. 31-32)

L'homme qui a vu ne peut plus consentir, pas plus au paysage, qu'à son propre corps : il vit désormais habité par un sentiment de révolte qui le maintient non seulement séparé du monde mais aussi d'une part de lui-même.

Dans les différents romans, à chaque fois que le bonheur du corps est évoqué, il est rapidement fauché. Les deux héros sportifs de la petite ville du *Jeu de patience,* Tatave Desbois et Paul Laisné, les deux champions de la Fête sportive, lauréats dans plusieurs disciplines, sont l'un et l'autre tués dans la fleur de leur jeunesse au début de la première guerre mondiale (JP1, p. 508). Maurice dans *Hyménée* est lui aussi un sportif accompli et pourtant « A quoi lui avait-il servi jusqu'à présent d'être un des joueurs de football les plus connus du stade ? [...] Il avait continué à redouter les rires des filles et leurs moqueries » (H, p.24). D'autres personnages connaissent à un moment donné de leur vie cette satisfaction du corps : Blaise et Zabelle dans *Le Jeu de patience* par exemple, et même Cripure avec Toinette dans *Le Sang noir* : « Dans l'ivresse de la lune de miel, Cripure s'était senti l'égal de tous. Bonheur éphémère. » (SN, p. 195) Blaise, à Toulouse après ses années de prison, rencontre en Marinette « une maîtresse parfaite ».

> « Cette nuit-là, ils avaient fait l'amour comme jamais encore... Et Blaise n'avait pas été loin de se dire que tout, enfin était compensé : la misère ancienne, l'histoire d'Odessa, les coups reçus de la femme rousse, les années de prison » (JP2, p. 71).

Après le départ de Marinette, il comprend que « la jeunesse était finie, celle qui peut tout » (JP2, p. 86). La tante Zabelle est l'un des personnages dont nous suivons les évolutions du corps le plus précisément. Son allure générale de belle femme est régulièrement rappelée. Ses toilettes, ses coiffures sont presque toujours décrites, et on la voit maigrir, reprendre de l'embonpoint, s'épaissir, presque année après année. Chaque étape de sa vie correspond à un état de son corps dont les transformations sont minutieusement notées. Le personnage est avant tout un corps qui ne dédaigne aucun des plaisirs qu'il procure : elle aime manger et faire l'amour. Sa vie est organisée pour que son corps soit comblé et elle vit avec son mari « le pauvre Michel » et son amant, Toussaint le Moco. Il ne faut pas la déranger à l'heure de ses siestes sur la plage avec le Moco (JP1, p. 288) et des photos attestent de ce bonheur des corps (JP1, p. 339). « Bonheur éphémère », « images fugaces », « jeunesse finie » : la plénitude des corps est fragile, heureux sont ceux qui la connaissent mais presque systématiquement les personnages finissent séparés de ces corps qu'ils ont tant aimés. Quelques belles femmes « faites pour l'amour » traversent l'œuvre mais ce sont des figures lointaines qui se signalent par leur caractère singulier : les Espagnols Mercado et la belle Paquita forment « un vrai couple » (JP2, p. 64) et Paca est « une beauté accomplie » (JP2, p. 102). La mention de la beauté revient aussi pour certains hommes : Pablo a un « beau visage d'Arabe » et Ernst Kende possède une beauté si rare qu'elle subjugue tous ceux et toutes celles (Zabelle, Marion) qui le croisent. Tous ceux dont la beauté est ainsi soulignée et presque exaltée sont des étrangers et ce signe particulier vient en quelque sorte la redoubler et renforcer son caractère toujours un peu inattendu dans l'œuvre.

Il faut, en effet, dire que la beauté et la séduction qu'elle exerce, à l'exception des exemples que nous venons de citer, est toujours suspecte ou inquiétante et que « l'identité du beau et du bien, par ce qu'elle a de trop immédiat, demande à être pervertie[227] ». Ainsi la beauté de Maritik est-elle une beauté diabolique qui inquiète Monsieur le curé qui voit comme les garçons la regardent.

> « En haut de la plus grande meule, était Maritik, une bien belle fille. Trop belle. M. le Curé la tenait à l'œil. Depuis qu'elle était toute gosse et qu'il lui enseignait le catéchisme, il avait perdu son temps avec elle. Le mal, le vice, elle avait ça dans la peau, quoi. Ça se voyait. Et on le savait […] » (JP1, p. 323).

Bien sûr le regard du curé présenté à travers le discours indirect libre n'est pas celui du narrateur, et encore moins celui de l'auteur que l'on voit mal juger ses personnages à l'aune d'une morale chrétienne traditionnelle. Mais le curé ici n'est pas Clémence Mordelet, il ne porte pas sur ses paroissiens le regard malsain de la vieille demoiselle qui voit le mal partout. Maritik, personnage de passage, apparaît dans toute la splendeur de sa beauté comme une figure dont il faut se méfier et Kerdudo est rappelé à l'ordre. Est ainsi rappelé l'interdit chrétien qui pèse sur le plaisir des corps, interdit à l'origine de tous les corps « empêchés » de l'œuvre.

Dans *Le Pain des rêves*, quand le narrateur, à l'âge de l'adolescence, découvre les premiers tourments de l'amour en la personne de Gisèle, il est

---

[227] Francis BERTHELOT, *Le Corps du héros, Pour une sémiotique de l'incarnation romanesque*, Paris, Nathan, coll. « Le texte à l'œuvre », 1997, p. 91.

vite habité, malgré la beauté de celle-ci, du sentiment d'une désillusion possible. La fille de Madame Vandeuil, la buraliste de la rue du Héron, fait l'objet d'une description qui la dote de tous les attributs de la beauté. Si l'on reprend les catégories de Francis Berthelot, les « données de base [228] » du personnage sont présentées assez précisément : « données d'appartenance », une jeune vendeuse d'une « boutique modeste » de la rue du Héron (PDR, p. 353), la composition de sa famille (PDR, p. 362), et « données physiques », « la fine apparence de Gisèle allant et venant avec la légèreté des danseurs de corde » (PDR, p. 354), « taille fluette ». La précision est la même pour « les parties du corps » : main, visage, yeux, cheveux, cou, nez, narine, bouche. Le vêtement aussi est détaillé avec des toilettes révélant « simplicité et repos » (PDR, p. 354). Tous les traits physiques indiquent légèreté, douceur, transparence, pureté et une certaine fragilité. Derrière le portrait de Gisèle, saturé de superlatifs, transparaît le regard de l'enfant que le narrateur adulte identifie lui-même au chevalier des anciens contes :

> « [...] j'étais enfin parvenu à la quasi certitude que Gisèle avait les yeux bleus, et les cheveux châtains, qu'il n'y avait pas au monde une ligne de joue qui exprimât plus de douceur ni un cou plus blanc et plus rond, de petit nez plus parfait et plus droit, avec ses deux coquilles de nacre rose et transparent des narines, de bouche plus vivante, et qui ne fût capable d'un tel sourire. » (PDR, p. 352)

Mais le portrait de cette perfection incarnée n'est finalement qu'un portrait fantasmé, reconstitué, élaboré après de longues heures passées derrière une vitrine où « des masques étaient pendus à des fils et formaient comme un rideau féroce ou moqueur » (PDR, p. 354), masques qui comme les *burratini* de *Parpagnacco* invitent à s'interroger sur l'apparence et la réalité. L'enfant croit encore aux apparences et à la beauté des apparences : il n'est pas encore « un roi en exil », ni « un grand prince déchu » (PDR, p. 358). Devenu lucide ou clairvoyant, l'adulte analyse l'enchantement de l'enfance : « Dans nos royaumes d'autrefois nos jeux n'étaient point faussés et la monnaie que nous échangions était toujours de bon aloi » (PDR, p. 358). Déjà dans l'enfance, cependant, se fissure le bonheur de la beauté et du corps qui permet de saisir naïvement l'autre dans sa transparence supposée. Un jour que le narrateur enfant passe devant la boutique, il découvre une autre Gisèle puisque celle-ci est remplacée par sa sœur et il est envahi par le sentiment d'une tromperie : « Il y avait là quelque chose de sournois, tout un abîme de questions infinies auxquelles je ne trouvais de réponses que dans les grimaces des masques suspendus à leurs ficelles » (PDR, p. 365). C'est encore un désenchantement quand il entend Gisèle rire au théâtre (PDR, p. 495). On pense à Blaise quand

---

[228] *Ibid*, p. 11.

celui-ci entend parler Marinette la première fois (JP2, p. 67). La déception, soulignant une certaine inadéquation des êtres à eux-mêmes, ouvre sur la possibilité de la trahison tant redoutée (PDR, p. 358).

Il est dans l'œuvre d'autres corps beaux et désirables mais tous ceux-là risquent d'être soumis aux pouvoirs de l'argent. La beauté alors s'expose à être vendue ou achetée et peut éloigner du bonheur celui qui la reçoit en don. Le conte de fées encore une fois se brouille. Ainsi Zabelle a-t-elle chez elle de « nombreuses petites filles qui fréquentaient la maison ». Le narrateur s'attache particulièrement au portrait de l'une d'elles qui fait plus que ses « douze ans » et qui « ne ressemblait pas aux autres » (PDR, p. 411). L'accent est mis sur ses proportions et sa beauté : « Elle vaquait dans la maison d'un pas souple qui se retenait de bondir, sur ses hautes jambes fermes si parfaitement taillées, d'un jet si pur » (PDR, p. 412). Elle connaît prématurément l'art de s'embellir, de se maquiller, de s'habiller et tire le meilleur profit possible des conseils de la cousine Zabelle (PDR, p. 414). Or tout annonce que la beauté si rare de cette enfant la destine à la prostitution (PDR, p. 413). Le corps et le visage ainsi célébrés de Marcelle sont ternis par cette perspective et cette beauté exceptionnelle fait naître une certaine méfiance.

Dans *Les Batailles perdues,* le thème de la jeune femme belle parcourt le roman : trois personnages de femme, Lady Glarner, Véfa et Eve, existent dans le texte en partie grâce à cette « donnée formelle [229] », lieu commun de la littérature populaire, celui de la jeune fille qui grâce à sa beauté parvient à se hisser dans les milieux les plus riches et à sortir de manière définitive de sa condition. Lady Glarner ou Maria devient le personnage du roman de Cardinal qui raconte par un effet de mise en abyme comment la petite paysanne, inculte et mal dégrossie mais magnifiquement belle, épouse un richissime lord anglais pour vivre définitivement à l'abri de la misère. Quand Maria arrive à Paris, une de ses collègues vendeuses propose de lui faire rencontrer une certaine Madame Carmen susceptible de lui présenter des relations. Ce n'est pas la voie qu'elle choisit mais la beauté, encore une fois rapprochée de la prostitution, est une arme certaine pour échapper à la misère. L'histoire de Lady Glarner se trouve presque redoublée par celle d'Eve, la maîtresse d'Eugène, à ceci près que Eve est une jeune parisienne, une « Mimi Pinson » et non une petite paysanne bretonne. Quand elle abandonne Eugène, à la fin du roman, elle est devenue mannequin, et évolue dans les milieux les plus en vue. Sans se prostituer, Eve gagne de l'argent grâce à la beauté de son corps et si cela ne pervertit pas la beauté de la jeune femme, cela du moins vient ternir la pureté de ses relations avec le jeune romancier. La beauté peut se monnayer et, à ce titre, dans l'univers de Guilloux, elle représente une

---

[229] *Ibid,* p.11.

inquiétude. Ainsi, par sa beauté, Véfa a pu échapper à la misère que lui promettait sa naissance, et l'argent de Lady Glarner a réussi à la soustraire à son milieu d'origine. Sa beauté est soulignée à chacune de ses apparitions. Il s'agit d'une beauté exceptionnelle, d'une beauté parfaite, un « chef-d'œuvre » (BP, p. 235). Pourtant cette œuvre d'art vivante, qui semble toujours prête à figurer dans un tableau, a été par sa beauté même séparée d'elle-même puisqu'elle a été vendue et achetée : Véfa est obsédée par les enfants abandonnés et une « douleur », une « révolte » (BP, p. 252) l'habite, l'inquiète et nuit évidemment à sa capacité de bonheur. Comme dans les contes de fées ou dans les petits romans populaires, la beauté est un don reçu à la naissance mais dans les romans de Guilloux, ce don se retourne contre celle qui l'a reçu et le corps devenu un corps marchandé devient un corps suspect.

Chez Guilloux, ceux qui s'aiment semblent destinés à vivre sous le régime de la séparation. Les mères sont séparées de leur enfant : dans la famille Lhotellier du *Pain des rêves*, le fils aîné est parti s'engager comme marin et donne de ses nouvelles de loin en loin ; Maman Furet qui dirige la pension des *Batailles perdues* n'a guère de nouvelles de son fils Roland, missionnaire aux Indes ; Lady Glarner a perdu un fils lors de la première guerre et Madame Marchandeau doit affronter dans le regard du député Faurel la mort de son fils Pierre. Ce thème se décline particulièrement dans *Les Batailles perdues* où le motif de l'enfant abandonné, autre cliché de la littérature populaire, donne son unité à un texte composé de nombreux fils narratifs. Lucienne et Nicolas abandonnent aux soins de Françoise, la sœur de Lucienne, le petit Claude, l'enfant qu'ils ont eu ensemble. Avant leur séparation, l'enfant était en nourrice à Pontoise. Franz a laissé sa femme et leur fils Walter en Autriche et quand Käte est arrêtée à la fin du roman, on ne sait pas ce qui arrive au petit Walter, âgé de onze ans. Enfin, Véfa, achetée par Lady Glarner, est obsédée par le sort des enfants abandonnés qu'à juste titre elle fait sien, et, à son tour, abandonne régulièrement sa mère adoptive en fuguant. Ainsi la violence de la séparation des corps est-elle inscrite dans la relation parent-enfant, à l'origine même de toutes les relations humaines.

Quant à la relation amoureuse, notamment quand certains détails laissent deviner que la passion a existé, elle semble, elle aussi, condamnée. On pense bien sûr à Cripure et Toinette, mais aussi à Blaise et Marinette. Dans les *Batailles perdues* : Marco déplore sans cesse l'absence de Gina (BP, p. 264-345-446) qui n'a pas voulu le suivre dans son exil. L'avocat Cantoni est abandonné par sa maîtresse Bella et il en meurt et quand Eugène, trahi par Eve, fait son apparition à la pension à la toute fin du roman, ce n'est plus le même Eugène (BP, p. 609). Dans *Labyrinthe*, le narrateur, avant d'être emprisonné, attend une lettre d'une certaine Thérèse. Quand la lettre arrive, c'est une lettre de rupture. Dans *La Confrontation*, Boutier-Favien garde comme une blessure le souvenir d'une Valérie partie pour ne plus revenir. Enfin, dans la liste des personnages de Guilloux, Coco est le dernier à être abandonné à son tour. À la fin des *Batailles perdues*, la figure pathétique de Max le violoniste séparé par la foule d'Henriette, elle-même subjuguée par un orateur de rue, propose une image du naufrage auquel la relation amoureuse semble vouée :

> « Monsieur Max ouvrait la bouche et criait. Il appelait Henriette, il tendait vers elle sa main délicate. Henriette, toujours en extase devant Gustave Gordès, ne voyait pas, n'entendait pas M. Max. […] M. Max avait disparu comme avalé par le remous d'un fleuve. » (BP, p. 600)

Pas de véritable exaltation des corps donc, ni du bonheur qu'ils peuvent accorder. Au contraire, ils semblent soumis à une forme de malédiction. Le narrateur de *Labyrinthe* exprime cette idée quand il fait sa toilette dans le petit cagibi mis à sa disposition par le vieil égoutier. Ce moment de reconquête de soi, reprenant le *topos* du personnage devant la glace, est rapidement entaché du sentiment de la faute qui empêche toute description :

> « J'apercevais mon visage dans la glace, mais je n'osais guère y arrêter mon regard. C'était là une chose que j'avais déjà aussi éprouvée l'autre fois. De quoi avais-je peur ? Quelle faute ? Les signes de quelle faute y trouvais-je ? Est-ce que tout en somme n'était pas de ma faute ? Avais-je toujours vécu comme j'avais toujours su que j'aurais dû le faire puisque j'aboutissais à ce visage-là que je n'osais pas regarder et auquel je savais bien que j'allais très vite m'habituer ? » (L, p. 125)

Le corps, lieu de toutes les malédictions

Malédiction sociale

Quand Guilloux décrit les corps maltraités par la condition sociale, il s'agit moins des corps d'ouvriers, que de tous ceux que la misère dévore et qui subissent dans leur corps une situation qu'ils n'ont pas choisie comme le petit valet de l'Assistance battu comme plâtre par la fermière qui l'emploie dans *Le Jeu de patience* (JP2, p. 109), ou la petite Maria qui aide son père Auguste à semer les pommes de terre dans *Les Batailles perdues*. « À la fin du jour, le corps de Maria restait tordu comme celui d'une vieille » (BP, p. 240). Comme cela a été souvent noté, le ton est celui du « constat pur et simple[230] », il

---

[230] Madeleine FRÉDÉRIC, « La description dans *La Maison du peuple*: du thétique à l'éthique », *L'Atelier de Louis Guilloux, op. cit.*, p.118.

« montre sans commenter[231] ». La misère attaque les corps violemment : la maigreur de Louis Pinçon accable tous les camarades réunis chez Blaise et préfigure sa mort prochaine. La description de la foule des chômeurs dans *Le Jeu de patience* témoigne sans complaisance.

> « Tout ce que la ville comptait de plus misérable était réuni là ; on aurait dit qu'on avait vidé dans cette grande salle le ban et l'arrière-ban de la rue du Tonneau et de tous nos bas quartiers autour de la cathédrale, qu'on avait pris comme dans un grand coup de filet ceux d'entre nous que certains vieux textes chrétiens, ainsi que me le chuchota Meunier à l'oreille, appellent « nos seigneurs les pauvres. » (JP1, p. 423)

L'expression « ceux d'entre nous » affirme le refus de l'exclusion. Le regard est un regard porté de l'intérieur et n'est pas ethnologique. Et pourtant, la description qui suit est si dure que le narrateur délègue la forme de rejet qu'elle contient à Meunier :

> « Et, selon lui, le spectacle était *hideux*. Il n'y avait pas que la pauvreté des habits -et encore pour ce grand jour, ils avaient tous fait de leur mieux- il y avait aussi, et surtout, la dureté, le désespoir, l'ignominie, la maladie des visages, les joues creuses, les lèvres pâles, les trop grands yeux des gosses, les morsures de la vermine sur la maigreur des cous, et malgré tout, vu la circonstance, ce qu'on pouvait appeler un air de fête : des grands sourires, un air d'attente, et de rigolade. » (JP1, p. 423-424)

La description dit la tragédie de la misère. On passe de la laideur au presque grotesque dans ces visages prêts à rire, à profiter un peu. La misère repoussante finit par éloigner d'elle toute compassion. Meunier commente mais le narrateur utilise le style indirect libre si bien que l'on peut malgré tout se demander si ce n'est pas aussi à lui que revient ce discours :

> « Oui, la pauvreté était ignoble. L'odeur, l'aspect de la pauvreté vous soulevait le cœur. L'haleine en était fétide, la température basse. [...] La pauvreté ! Quelle saloperie ! Elle moisissait dans le froid, dans le manque, ou dans les travaux forcés [...]. » (JP1, p. 426)

On est bien loin ici de l'idéalisation du corps de l'ouvrier : la violence faite au corps par la misère est si grande qu'elle n'entraîne qu'une violence supplémentaire qu'illustre le rejet de Meunier motivant en partie, sa disparition soudaine de la petite ville et sa désertion d'un militantisme vain.

---

[231] Sylvie GOLVET, « L'art romanesque de Louis Guilloux et le tournant des années 30 », *L'Atelier de Louis Guilloux, op. cit.*, p.111.

Malédiction historique

Les corps sont maltraités par les conditions de vie. Ils le sont aussi par les circonstances historiques. Ils portent les plaies des guerres, reçoivent les coups que les luttes entraînent, et succombent aux drames d'une Histoire qu'ils subissent de plein fouet.

La folie destructrice de la première guerre mondiale marque les corps et rares sont les personnages masculins qui ne l'ont pas éprouvée. Ce cortège de corps malades, blessés, mutilés est en tout point éloigné de l'exhibition d'un corps dont les blessures attesteraient de qualités héroïques[232].

Sans raconter directement la guerre et le front, Guilloux témoigne du retour de ces hommes marqués à vie dans leurs corps et leur esprit :

> « Oui, on a marché comme des cons […] et si Jean Kernevel est en train de crever à c'te heure, tu peux bien dire que c'est de leur faute. V'là un homme qu'était sain de corps autant que moi avant la guerre… Je te dis moi que c'est d'leur faute, bande de criminels…La nuit, il rêvait du front. Il se dressait sur son lit en criant. »

déclare Fortuné Le Brix dans *Compagnons* (C, p. 206). Tous les personnages masculins qui sont revenus portent les stigmates d'un sacrifice inutile : « le corps renvoie à l'Histoire mais à une histoire gratuite, absurde, porteuse de mal[233] ». Tous les cas de figure sont présentés dans ces corps historicisés avec les différents degrés de traces que la guerre peut laisser. Ainsi dans *Le Jeu de patience,* voici la présentation laconique du militant Maréchal : « Maréchal : la quarantaine. Ancien combattant. Blessé. On disait qu'il n'était pas très bien portant mais qu'il ne s'écoutait pas. » On ne sait pas non plus grand-chose de Kerhoas dans *Le Jeu de patience* « sauf qu'il avait fait la guerre et qu'il en était revenu malade jusqu'à la fin de ses jours » (JP1, p. 265). Fortuné le Brix, l'un des maçons de *Compagnons* est en bonne santé mais son visage est marqué : « une balle qu'il avait reçue pendant la Somme, lui avait laissé sur la tempe gauche une longue cicatrice, et son œil tirait un peu de ce côté, ce qui lui donnait l'air de loucher » (C, p.168). Dans *Coco perdu,* l'un des premiers personnages croisés par Coco à la gare, François, est un ancien blessé : « Toute la guerre de 14 dans les tranchées et en 43 au maquis. Blessé à une jambe, c'est pour

---

[232] Quand héroïsme il y a, celui-ci est à deviner comme lorsque Yves de Lancieux raconte un épisode du front où Gautier a sauvé Meunier blessé. Aucune visée glorieuse dans ce récit qui cherche à nuancer le portrait de Gautier condamné pour faits de collaboration. Yves de Lancieux omet même de mentionner qu'il est lui-même le deuxième homme qui aide Gautier dans son opération de sauvetage et le narrateur l'apprendra par Meunier.
[233] Micheline BESNARD, « D'un innommable l'autre, *Féerie pour une autre fois* », *Littérature* n°60, *Corps empêchés, corps énoncés*, décembre 1985.

ça qu'il boite » (CP, p. 10). S'ajoute la description des « gueules cassées », ainsi Barthez – « un ancien combattant, « une gueule cassée ». Les coutures, bourrelets, boursouflures dont son visage était couvert faisaient paraître encore plus grands et plus beaux ses yeux bleus de vieux garçon sentimental » (JP1, p. 343) ou Matrod, « le fils d'un de ses locataires » que Cripure rencontre devant la gare au moment de la révolte des conscrits :

> « L'homme tourna la tête : il était entièrement défiguré.
> Tout le bas du visage, arraché et recousu, ne formait plus qu'un bourrelet de chair rosâtre et granuleuse. On aurait dit une éponge. » (SN, p. 304)

Mais la compassion est refusée, et Matrod, renvoyé pour la cinquième fois au front après avoir été blessé, se révolte contre cette pitié qui le déshumanise une seconde fois :

> « Empoignant Cripure par le col de sa peau de bique, comme prêt à le secouer, il le regarda droit dans les yeux : -je me fous de votre pitié, vous entendez.
> Et, se taillant un chemin dans la foule à coups d'épaule, Matrod disparut en hurlant : "On n'est plus des hommes ! On n'a plus le droit de rien". » (SN, p. 304-305)

La liste serait encore longue de ceux que l'Histoire a définitivement mutilés : le fils du concierge dans *Le Sang noir* est condamné au fauteuil roulant à vie tandis qu'Hippolyte Chesnet dans *Le Jeu de patience*, rendu à sa femme « gazé et les deux jambes en moins », connaît le sort d'un « mari cul-de-jatte », poussé dans une petite voiture (JP2, p. 202). Dans l'exposition de ces corps sacrifiés, aucune complaisance morbide. Quand Barthez, dans *Le Jeu de patience,* raconte « ses souvenirs de guerre » et parle du choix qu'il devait faire parmi les blessés des hommes qu'on pouvait soigner, (« Les yeux des types, vous comprenez, quand on ne les avait pas choisis, les supplications. Il y en avait qui se traînaient. » (JP2, p. 40)), il ne se complaît pas dans l'horreur. Quand ceux qui sont revenus de la guerre en parlent, c'est toujours avec l'espoir que ce qu'ils ont vécu ne se reproduise plus et dans le triste constat que le pire, malgré tout, recommence. Le narrateur ponctue la conversation de la liste des guerres qui se sont déroulées depuis leur enfance. Chaque époque, chaque guerre inflige ses mutilations, et les corps blessés apparaissent ainsi dans une ronde tourbillonnante. En 1939, c'est « l'immense troupeau des prisonniers, des fusillés » (JP2, p. 284) de la Guerre d'Espagne. « Sur la fin de février arriva un contingent d'une centaine de miliciens blessés, certains grièvement » (JP2, p. 284). La narration suit assez précisément l'évolution de l'état de José Lahilla qui a eu la jambe déchiquetée par un éclat d'obus (JP2, p. 263, 267, 277, 278, 280). L'espoir de la victoire de la vie malgré tout, même d'une vie amputée, s'incarne à travers l'histoire du personnage et va de pair avec l'espoir de la victoire de la paix contre le fascisme. (JP2, p. 280). Pourtant toute la construction romanesque du *Jeu de patience* montre à quel point ces espoirs sont vains puisqu'au moment où ils s'expriment, ils sont annulés par ce qui a été raconté précédemment : nous savons déjà comment les Allemands ont traité une jeune résistante : « Sais-tu ce qui est arrivé à Denise ? Hein ? Battue, torturée, promenée nue ? » (JP1, p. 12) Pendant l'Occupation, c'est Blaise qui se fait violemment tabasser par la brigade anticommuniste (JP2, p. 135-136). Ajoutons le sort réservé aux femmes tondues à la Libération : dans *Labyrinthe*, une scène de ce genre est longuement décrite (L, p. 50-51) et les rires de la foule devant « la vieille suppliciée » laissent entrevoir les ressources dont disposent les hommes dans l'ordre du mal.

Enfin, dans la grande chronique du *Jeu de patience*, le supplice imposé aux corps dans les camps de concentration s'inscrit dans la longue liste des corps torturés par l'Histoire. Pour les décrire, le narrateur « retranché derrière sa qualité de témoin, ou même de simple collecteur de témoignages[234] » recueille trois récits en rapport avec l'expérience de la déportation[235] : celui de Marcel Nedelec, fils de Pelo et neveu de Blaise, l'un des lycéens déportés après le meurtre d'un soldat allemand, celui de la femme du pasteur Briand, et celui d'un compagnon de déportation de l'abbé Clair. Le jeu fictionnel se manifeste dans les changements de noms. Le jeune lycéen a été déporté à Mauthausen, Guilloux l'a rencontré et il rapporte longuement son témoignage en anglais dans les *Carnets*[236]. Le romancier dit aussi que derrière les traits de l'abbé Clair se cache la figure de l'abbé Vallée, et que le nom de Briand est celui qu'il a donné au pasteur Crespin, le pasteur et l'abbé étant deux figures de la résistance briochine, le premier mort à Dora, et le second à Mauthausen. Dans les trois cas, la nécessité du témoignage s'impose mais comment mettre en scène humainement ces corps humiliés ? Comment faire pour que l'exposition de ces corps ne redouble pas le travail de déshumanisation entrepris par la barbarie nazie, sans pour autant tomber dans les effets de la fiction ? Pour chaque situation, l'auteur utilise trois démarches différentes. Pour le jeune lycéen, il reprend parfois presque mot à mot les passages du texte présenté dans les *Carnets* (JP1, p. 333-335). Pourtant, il ne rapporte pas tout ce que les

---

[234] Henri GODARD, *Guilloux, romancier de la condition humaine*, op. cit., p. 215.
[235] Pour une analyse plus détaillée du travail d'écriture opéré par Guilloux à partir des témoignages récoltés, je me permets de renvoyer à mon article « Les trois récits de déportation du *Jeu de patience* », *L'Atelier de Louis Guilloux*, op. cit., p.287-301.
[236] *Carnets-1944-1974*, année 1951, p. 161-170 : une note indique que l'épisode a été raconté dans le *Jeu de patience*. Le choix de l'anglais paraît assez significatif de la difficulté à dire ce degré-là d'horreur, à recevoir et à faire partager cette expérience. Sur ce détour par l'anglais voir Henri GODARD, *Louis Guilloux, romancier de la condition humaine*, op.cit., p. 297-298.

Carnets contiennent et il choisit d'omettre deux éléments, un passage lié à l'anthropophagie et un épisode de violence entre déportés dans un wagon, particulièrement significatif du monde concentrationnaire capable de transformer les victimes en bourreaux. Le romancier, en dépit de son souci de témoigner, ne parvient pas à retranscrire dans la fiction -ou ne souhaite pas le faire- les deux expériences qui ont placé l'homme à la limite de son humanité. Pour la fin de l'abbé Clair, le chroniqueur rapporte en les réécrivant les propos d'un rescapé. Ce n'est pas la voix du rescapé que nous entendons, mais celle du narrateur qui recompose la scène -le choix du présent de narration l'indique, comme le travail sur la ponctuation et le rythme des phrases. La page est une oraison funèbre élevée au courage et à la grandeur de l'abbé :

> « ... jusqu'à ces derniers jours, nous ne savions pas à quel horrible jeu de barres on l'avait contraint à jouer... C'est par un de ses camarades rescapés que nous avons su la chose. Est-il possible que cela soit vrai ? Et ici encore sommes-nous tous solidaires, compromis, responsables ? Voici, en peu de mots, l'affreux tableau : la cour d'un camp ; le convoi dont fait partie l'abbé vient d'arriver ; c'est le soir. Tous les déportés ont été mis nus comme des vers. On les a séparés en deux clans, de part et d'autre de la cour : ils vont jouer aux barres. Au coup de sifflet, il va falloir s'élancer, courir à travers la cour pour prendre la place les uns des autres. Mais au milieu de la cour, une file de SS s'est installée. Ils sont armés de gourdins et de haches...
> « Achtung ! »
> Nous avons su que ce jour-là, notre abbé trouva le moyen de donner à ses compagnons une absolution générale... » (JP2, p. 208)

Dans le cas du pasteur, la situation est encore différente. Le chroniqueur cède la parole à la femme du pasteur dont il retranscrit intégralement les propos tels qu'elle les lui a tenus dans la réalité et dont il existe une version en partie modifiée dans les *Carnets*[237]. Le point de vue de la femme du pasteur sur ce départ de Compiègne fait de ce témoignage un témoignage exceptionnel : il existe des récits de déportations qui racontent le moment du départ et le transport, mais le récit d'un témoin regardant partir, et frapper l'un des siens au moment où il monte dans le wagon, est extrêmement rare sinon unique. Aucun des détails conférant au récit sa valeur historique n'est omis : ils portent sur le nombre de déportés, l'organisation du convoi, le nombre de tronçons, le nombre d'hommes par lignes, sur les paroles des chansons des déportés et les dons de la Croix-Rouge. Pour les trois témoignages rapportés, le choix est fait de la précision- il faut valider ce qui est raconté- mais aussi de la retenue et de la pudeur, conforme à l'esthétique comme à l'éthique de Louis Guilloux.

---

[237] *Carnets 1944-1974*, p. 350 et suivantes.

Malédiction existentielle : les corps souffrants[238]

Même s'il n'est pas torturé par la misère ou par les guerres, le corps du personnage est le plus souvent présenté comme souffrant. Dans une démarche qui paraît peu éloignée des codes naturalistes, l'écriture par le détail des manifestations d'un corps douloureux permet au lecteur d' « avoir le sentiment de la réalité physique du personnage », tout en indiquant « à travers un mouvement ou une attitude ses réactions émotionnelles[239] ». De cette façon, comme le rappelle Jean-Marie Schaeffer, le lecteur « entretient une idée de l'existence (du personnage). Or qu'il entretienne cette idée est un effet qui est visé par l'activité fictionnante[240] ». Fiction dont Guilloux, on le sait, ne se détourne pas, puisqu'il sait « qu'une partie non négligeable du plaisir esthétique du lecteur réside justement dans cette activité projective[241] ». Voilà pourquoi « le corps anecdotique[242] » du personnage est souvent présent : les tremblements, les modifications de la voix, les larmes trahissent de manière attendue une émotion, un conflit, une peur. Ainsi en est-il des larmes de la mère du narrateur au moment de la mort de sa propre mère (MP, p. 143), ou du visage du père quand sa propriétaire menace de le mettre dehors, malgré le geste d'apaisement du voisin (MP, p. 70), des larmes de Maïa (SN, p. 391-392), des tremblements de Cripure (SN, p. 494) quand il voit la *Chrestomathie* « boulottée » par les chiens, ou d'Yves de Lancieux qui parle d'une « voix tremblante » de son fils qui rejoint les forces libres (JP2, p. 92), et dont « les mains tremblent » (JP2, p. 103). On peut aussi considérer que de manière assez traditionnelle, certaines particularités du corps ou certains de ses attributs fonctionnent comme signes distinctifs d'un personnage, tels les béquilles de Pelo, la toux du grand-père du *Pain des rêves* ou les pieds difformes de Cripure. Pourtant cette attention particulière portée au corps va au-delà de la construction naturaliste du personnage.

D'abord, le corps devient un « corps thématique », c'est-à-dire que « c'est autour du corps du personnage que s'articule l'histoire que ce soit dans son ensemble ou au niveau d'un épisode [243] » : on peut suivre la maladie d'un personnage, ou l'évolution de son corps travaillé par le temps à travers le

---

[238] Paul RENARD parle de « romanesque physiologique » quand il relève les « avatars du corps » dans *Le Sang noir*, « Système du corps et du vêtement dans *le Sang noir* », ROMAN 20/50 n°12, *op. cit.*, p. 37-45.
[239] Francis BERTHELOT, *op.cit.*, p. 27.
[240] Jean-Marie SCHAEFFER, article « Personnage », *Nouveau dictionnaire encyclopédique des sciences du langage*, Seuil, 1995, p. 622-630.
[241] *Ibid* (1995).
[242] Francis BERTHELOT, *op.cit.*, p.27.
[243] Francis BERTHELOT, *op.cit.*, p. 27.

roman. Ce qui pouvait passer pour un signe distinctif ou un « emblème [244] » devient un thème s'il fait l'objet des conversations, ou s'il se transforme ou encore s'il joue un rôle dans le cours du récit. Le corps finit par constituer la matière même du roman. Le corps ainsi mis en scène est un corps malade, vieillissant ou mourant qui « en tant que défi à notre vouloir-vivre nous amène à composer avec la mort qui nous habite, physiquement, psychiquement et moralement, à la combattre ou à lui rendre les armes[245] ».

Ensuite, les troubles corporels récurrents endurés par les personnages révèlent un imaginaire puissant du corps. Ces corps travaillés par la maladie révèlent moins quelque chose sur chaque personnage en particulier que sur l'homme en général et sa difficulté à exister. Le discours porté sur le corps n'est pas un discours scientifique qui prend le corps comme objet, c'est un discours qui fait du corps un « foyer du sens [246] ». Dans *La Maison du Peuple*, le père, victime de son engagement est privé de travail et passe une journée entière à ne rien faire, constatant que l'ouvrage l'abandonne. Le sentiment de découragement profond que la situation entraîne se manifeste dans son corps :

> « Il aurait pu nettoyer ses outils, mettre de l'ordre sur son veilloir, ranger ses formes : il n'en avait pas le courage. Il sentit, tout à coup une espèce de courbature dans tout le corps. Et brusquement il s'habilla, ferma la boutique et sortit. » (MP, p. 62)

Cette courbature pourrait être inscrite au registre du corps anecdotique, la souffrance intérieure s'exprimant physiquement. Mais le personnage souffre comme d'un excès d'effort alors qu'il a honte de manquer de travail. Il retourne contre son propre corps l'humiliation de devoir se croiser les bras. Le corps n'est pas seulement le vecteur momentané d'une l'émotion ponctuelle, il parle une langue spécifique qui demande à être interprétée.

Très souvent, et c'est une des caractéristiques les plus frappantes du corps des personnages chez Guilloux, ceux-ci sont atteints d'un mal, handicap ou maladie chronique, rappelé à chacune de leur apparition. Les causes- maladie congénitale, blessure de guerre par exemple- n'en sont pas toujours précisées. Nous pouvons les répartir en trois grandes catégories : les claudications de toute sorte, l'altération de la voix et du souffle, et une défaillance de la vue.

---

[244] Tzvetan TODOROV, article « Personnage », *Dictionnaire encyclopédique des sciences du langage*, Paris, Seuil, 1972, p.286.
[245] Max MILNER, *Littérature et Pathologie*, « L'imaginaire du texte », Presses universitaire de Vincennes, 1989, p. 7-8.
[246] Andréa CARLINO, « Entre corps et âme, ou l'espace de l'art dans l'illustration anatomique », *Littérature et médecine ou les pouvoirs du récit*, actes du colloque organisé par la BPI les 24 et 25 mars 2000.

Le discours tenu sur ces pathologies n'est pas un discours scientifique et ne relève pas de l'ambition possible de construire un savoir sur le monde. Le nom de la maladie de Cripure est donné mais par l'un des habitants de la petite ville, le Homais local, lors d'une conversation proche du commérage :

> « Quelqu'un avait prononcé le mot d'acromégalie, on s'était fait expliquer la chose par un pharmacien. Le temps de consulter un dictionnaire de médecine et le pharmacien était revenu [...] reluisant de science. » (SN, p. 248)

Suit une explication sur le dysfonctionnement de la glande dite apophyse qui engendre la maladie quand elle fonctionne mal. Ce discours scientifique de vulgarisation, à la fois technique et lacunaire, n'est qu'une occasion supplémentaire de faire de Cripure « la risée de la ville » (SN, p. 33), de porter un regard sur lui qui oscille entre « l'apitoiement et la moquerie » (SN, p. 248). Le narrateur se situe à l'écart de ces discours qui excluent davantage Cripure de la communauté des hommes et le discours scientifique est ici repoussé. La maladie de Cripure se situe ailleurs et le rejet du discours scientifique invite à une lecture herméneutique. En effet, Cripure, avec « ses pieds de forçat » « *contrariants* » (SN, p. 496), « ses pieds légendaires » (SN, p. 433), ses « monstrueuses godasses » (SN, p. 223), inaugure dans l'œuvre de Guilloux une longue série de boiteux. Lucien Bourcier, blessé à la guerre, claudique. Dans le *Pain des rêves* et *Le Jeu de patience*, Pelo, le frère de Loïc, parvient à vaincre sa maladie des os grâce aux soins que la Comtesse de Lancieux lui fait prodiguer à Berck, mais il ne peut se déplacer qu'à l'aide de ses béquilles dont il est indissociable (PDR, p. 290, JP1, p. 293, JP2, p. 185, JP2, p. 210-211). Dans *Le Jeu de patience*, Clémence Mordelet, « tire la patte comme une diablesse » (JP1, p. 262), des réfugiés espagnols boitent, comme le zapatero (le cordonnier !) qui a fui Guernica « après le bombardement du 2 avril 1937, et a fait soixante-dix kilomètres à pied, sur ses béquilles » (JP2, p. 295), comme José Lahilla, comme le maestro nacional Carlos Martinez » (JP2, p. 294) qui sont tous des « béquillards ». Maria, la femme de Carsin le futur milicien, a la jambe brisée par son mari, il faut « amputer la pauvre danseuse » (JP2, p. 130) et elle sautille sur sa béquille (JP2, p. 354). Dans *Labyrinthe*, ce thème de la démarche difficile se retrouve de trois manières : le narrateur, contraint au moment de son évasion de porter les souliers du gardien, est obligé « à une démarche lente, pénible, grotesque » (L, p. 20). Il dit de Pierre Belesta, le mari de Danièle qui l'aide quand il a affaire à la justice : « C'est un homme très généreux, dommage qu'il boite un peu. » (L, p.146) Quant à Grégoire Cantin, ses grandes bottes d'égoutier l'empêchent d'avoir une démarche normale. Dans tous les cas, avancer est difficile : que les personnages soient dotés d'un coefficient plus ou moins grand de sympathie, qu'ils soient dignes d'être aimés ou pas, qu'ils provoquent ou non la pitié n'a guère d'importance. Dans tous les cas, ils sont entravés. Dans tous les cas, ils imposent l'idée d'une marche en avant toujours ralentie et freinée. Si la marche est une métaphore de la vie, vivre est impossible. Dans toutes ces claudications, c'est encore une fois tout le tragique de la condition humaine qui s'impose. Cette lignée de boiteux descend symboliquement des deux grands boiteux de la mythologie qui portent dans leur corps le signe de leur condition : Œdipe[247] et Jacob. Le défaut des pieds d'Œdipe atteste de son destin singulier, la malformation du pied, signe de reconnaissance, est aussi la marque de la faute initiale. Jacob, quant à lui, se bat toute la nuit contre un inconnu qui se révèlera être Dieu. Blessé à la hanche, il devient boiteux. La claudication de Jacob le distingue de la perfection divine, sa boiterie est le signe de sa condition d'homme. Le boiteux exhibe la petitesse de la condition de mortel, tout autant que le tragique d'une faute originelle. Il montre aussi le courage qu'il faut pour vivre quand son corps est une prison. Les pieds de Cripure sont des pieds de « forçat », il faut faire « un effort [...] pénible à chaque pas pour arracher comme d'une boue gluante ses longs pieds de gugusse » (SN, p. 116). Le personnage estropié est empêché de vivre une vie qui ne soit autre chose qu'un supplice.

L'autre empêchement du corps touche les voies respiratoires. Les personnages soufflent, s'essoufflent, ahanent. Des quintes de toux les étranglent. Ils sont asthmatiques et leurs voix sont enrouées, voilées, couvertes. D'un bout à l'autre de l'œuvre, ces notations affleurent et par leur nombre font sens. Les difficultés respiratoires peuvent venir d'une maladie chronique, de la vieillesse et des effets de la guerre et souvent ces éléments se conjuguent. Deux pages entières sont consacrées aux quintes de toux du grand-père dans le *Pain des Rêves* (PDR, p. 33-34). La prison est là, à l'intérieur de son corps :

> « On aurait dit que du fond de sa vieille carcasse, il eût cherché à ramener un poids énorme, au bout d'une chaîne... La poulie grinçait, le poids retombait sans cesse et remontait par un effort épuisant...comme un noyé qui revient contre toute espérance à la vie. » (PDR, p. 34)

Dans *Labyrinthe*, Grégoire Cantin tousse aussi à cause de son emphysème : il tousse à « fendre l'âme », (L, p. 110), il est question d'« effroyable respiration en soufflet de forge », (L, p. 99) « d'affreux raclement de sa respiration » (L, p. 114). Lui aussi ressemble à un « noyé qui se débat » (L, p. 102) si bien que le narrateur se demande si chaque quinte de toux, produite par le moindre effort, ne va pas l'achever. Pour les autres personnages, les effets sont moins spectaculaires. Mais Yves de Lancieux est souvent essoufflé,

---

[247] Pour la relation entre le mythe d'Œdipe et Cripure, voir l'analyse de Sylvie GOLVET, *Louis Guilloux, devenir romancier*, op.cit., p. 251-257.

« sa respiration est un peu oppressée », « il soufflait » (JP1, p. 20), « il s'essoufflait un peu en parlant » (JP1, p. 279), Flohic le militant, gazé pendant la guerre, a « le souffle court » (JP1, p. 345) et « la respiration toujours aussi mauvaise » (JP2, p. 265), Monique la résistante a, quant à elle, fait « deux ans de sana avant guerre » (JP1, p. 15). L'oncle Paul « était un peu asthmatique » et on « l'entendait souffler » (JP1, p. 302). Zabelle monte les escaliers en soufflant (JP1, p. 336) quand elle est vieille. Quand Marchandeau, le proviseur du *Sang noir,* prend froid en rôdant aux alentours de la gare, il se met à tousser, « les quintes étaient si fortes qu'il devait poser sa valise par terre ». Ces difficultés de respiration peuvent transformer la voix quand elle n'est pas déjà elle-même attaquée : Yves de Lancieux a une voix frêle (JP1, p. 20), l'ouvrier Le Braz vit avec une laryngite permanente, trait que l'on retrouve dans *La Maison du Peuple* (26), et *Le Jeu de patience* (JP1, p. 206). L'instituteur Beaulieu que les camarades du *Jeu de patience* rencontrent quand il s'agit de venir en aide à Mercado et Paquita, « gazé pendant la guerre », a une laryngite, « grand bavard malgré sa voix étouffée » (JP2, p. 63). Au milieu d'une quinte de Grégoire Cantin, le narrateur décrit « l'horrible déchiquètement de paroles qui traversaient ses hoquets » (L, p. 141). Dans *Coco perdu*, Antoine a la voix couverte. Et quand son interlocuteur s'en inquiète : « C'est rien, c'est ma laryngite. » (CP, p. 88) Et jusqu'à Monsieur Truffaud dans *La Confrontation*, qui a « une voix caverneuse » (LC, p. 179). Le souffle est court, la voix, altérée ne parvient pas à jaillir dans la clarté d'une parole libérée : un obstacle semble installé dans les poumons ou la gorge de tous ces personnages qui ont tous comme un corps étranger dans la poitrine ou sur les cordes vocales. Il n'y a pas plus de facilité à respirer, et à parler qu'il n'y a de facilité à avancer. La respiration et la voix sont oppressées, et encore une fois, retenues, empêchées. Le personnage, victime ou non de la guerre, subit une entrave qui est un obstacle au souffle même de la vie.

Il est aussi parfois empêché de voir. Yves de Lancieux a ses lunettes cassées (JP1, p.20). Maréchal est « légèrement bigle, derrière de larges lunettes » (JP2, p. 275). Et Cripure ajoute la myopie à la liste de ses handicaps : « Son binocle tomba. Ténèbres. » (SN, p. 116) L'obscurité est une prison supplémentaire. La vue est brouillée, le souffle est court, la démarche, celle d'un homme enchaîné. Prisonniers d'eux-mêmes, les personnages luttent avec leur propre corps pour éviter d'être immobilisés, étouffés, ou ensevelis. Chaque geste leur rappelle la dureté de leur condition et l'angoisse provoquée par leur propre corps se resserre autant sur eux que les circonstances sociales ou historiques qui sont, elles aussi, susceptibles de les détruire.

Les transformations que la vieillesse inflige au corps font également l'objet de maintes notations. Dans *Le Jeu de patience,* le narrateur remarque presque systématiquement les changements du corps de son vieil ami Yves de

Lancieux - « je le suivis un instant des yeux : c'était vrai, pourtant, que son dos se voûtait » (JP1, p. 47), « observant une fois de plus que son grand dos se voûte, en effet » (JP1, p. 464), « il vieillit d'ailleurs » (JP2, p. 378) - ou de Blaise - « Il avait passablement vieilli- et j'en eus une nouvelle preuve en le voyant courir pendant quelques pas -puis s'arrêter à bout de souffle. Quel âge avait-il donc ? (JP2, p. 143). Le narrateur traque dans le corps de ses amis les signes d'une future décrépitude qu'il constate aussi dans son propre corps. Alors que nous ne savons rien du physique du narrateur du *Jeu de patience,* il prend dans une seule phrase du roman son corps comme objet de description pour y déchiffrer les signes trop visibles du temps : « Irréfutable : ces cheveux blanchissants, ces rides sur lesquelles je passai le doigt comme s'il avait suffi de cela pour les effacer, ce rose fatigué des paupières. » (JP1, p. 36) L'angoisse de la vieillesse est là et elle se décline de plusieurs façons, avec les personnages qui sont déjà vieux, et avec ceux que, grâce à l'épaisseur temporelle du texte, on voit vieillir. Parmi les premiers : le grand-père du *Pain des rêves,* la grand-mère de *La Maison du Peuple,* le père Laisné dans *Le Jeu de patience* qui rend visite à son amie Florence, la vieille aveugle, Grégoire Cantin, le vieil égoutier dans *Labyrinthe,* et Coco dans *Coco perdu*. Mais tous ceux-là peuvent encore marcher comme ils l'entendent. Comme le père Laisné, le grand-père, fait le soir son tour en ville. Coco le dit, ils ont encore de « bonnes jambes » (CP, p. 112), ils sont « valides » (CP, p. 112) : « T'as encore quelques années à vivre, peut-être ! Tu vas pas les passer à marronner ? Profite du beau temps ! Va te balader ; t'as encore tes bonnes jambes. T'es vieux d'accord, mais t'es pas moisi. » (CP, p. 81) Quand le grand-père réduit la longueur de ses tours en ville ou qu'il les organise en fonction des bancs où il pourra s'asseoir, la fin n'est pas loin (PDR, p. 252). En effet, le stade ultime de la vieillesse, tant redouté, est l'immobilité. Celui des vieux assis sur les bancs, « sous le marronnier au milieu de la place Saint-Jacques » dans la *Maison du Peuple,* dans *Le Jeu de patience* (« Il me sembla que quelques vieillards assis sur un banc me faisaient un signe » (JP1, p. 280).), ou dans *Coco Perdu*. Ces vieillards semblent exercer une attraction maléfique dont il faut se méfier. Trop s'en approcher, s'asseoir à leur côté, c'est, comme le dit Coco, se ranger définitivement du côté de la vieillesse, c'est capituler :

> « Y en a toujours tout une brochette, sept ou huit quelquefois. J'y suis allé une fois, bien par hasard, mais j'y suis jamais retourné. J'y retournerai jamais. Ça je veux pas. *Je veux pas abdiquer.* Je veux pas les voir, je veux pas les entendre. » (CP, p. 109)

L'immobilité signifie le renoncement à la vie et Fafa est partie dans un mouvement de révolte contre cette vie avec comme horizon l'immobilité et le risque de finir dans un lit comme les trois vieillards du prieuré, entretenus par la famille de Lancieux dans *Le Jeu de patience* (JP1, p. 269- JP2, p. 109,

p. 354) : « ils vivaient là les derniers temps de leur vie, ils mouraient là, aussitôt remplacés par d'autres. » (JP1, p. 269). Ceux-là n'ont pas de nom, plus d'identité, ce ne sont plus que des corps en attente de la mort. L'extrême vieillesse est toujours impotente : M. Laroche n'était plus qu'un vieillard à demi paralysé (JP2, p. 47), la mère de Marion est alitée et exige des soins constants (JP2, p. 47-JP2, p. 170). Quant à Robert de Lancieux, dont un tableau conserve la trace de la vigueur passée (JP1, p. 269) sous l'aspect d'un « grand bel homme fier », il n'est plus qu'un « vieil hydropique » (JP1, p. 268). La mort est là, tapie dans le corps du personnage. La graisse est l'une des manifestations progressives de son ouvrage, elle se cache d'abord dans certains replis, puis enveloppe le corps avant de l'immobiliser totalement. Ainsi la vérité de Babinot est dans sa nuque, avec ses « bourrelets du cou, très rouges » (SN, p. 262). Dans cette part de lui qu'il offre au regard des autres et qu'il ignore, il ne peut pas tricher :

> « Rien de ce que disait Babinot ne prêtait plus à rire, dès qu'on regardait [...] sa vraie chair tendre qui commençait à se défaire, à se décoller et à pendre sous les maxillaires, à se gonfler comme se gonfle la chair des cadavres. » (SN, p. 262)

Robert de Lancieux est dévoré par sa graisse :

> « Il était énorme non seulement du ventre, mais de partout : des bras, des cuisses, de la tête : un vrai monstre mais un monstre doux et triste. À force de graisse, son visage n'avait plus guère de traits discernables. C'était un amas confus de bourrelets roses, de mentons successifs et pendants, de chairs informes et molles, où deux yeux bleus, mouillés, silencieux, graves, semblaient empêtrés. » (JP1, p. 268)

Dans cette graisse envahissante, les corps se figent, même les plus beaux, comme celui de la cousine Zabelle : vieillissante, celle-ci se met à épaissir (JP2, p. 227). Elle devient « une vieille femme obèse, ayant perdu jusqu'au droit par des toilettes de réparer l'immense désastre où ces beautés avaient disparu » (JP1, p. 335). « Comme le mauvais escalier gémissait sous son poids ! Comme elle le remplissait, comme elle le balayait avec ses jupes !... où elle montait tout en soufflant et geignant » (JP1, p. 335). Le corps, envahi par une graisse qui le rend difforme et impotent, devient le lieu d'un désastre, cette matière du corps qui déborde annonçant sa décomposition ultérieure.

Cette obsession de la vieillesse, liée à l'obsession de la mort entraîne une large part faite aux malades et aux agonisants, à tous ceux qui abritent en eux cet hôte qui les dévore et contre lequel ils ne sont pas toujours de taille à lutter.

Le spectacle du corps qui se bat contre la mort, puis du corps mort est récurrent. Dès *La Maison du Peuple*, la mère, victime de la fièvre typhoïde, est gravement malade et transportée à l'hôpital où elle a pour voisine une mourante dont on suit l'agonie jour après jour. Sont décrits les signes cliniques de la maladie (MP, p. 101-104-107), ceux de la convalescence jusqu'au retour à la maison. C'est pour l'enfant une première expérience de la séparation. La mort guette même les mieux portants et vivre est le résultat d'un combat qu'il faut livrer dans son corps comme le fait Blaise dans *Le Jeu de patience*. (JP1, p. 333, JP1, p. 394).

L'accent est souvent mis sur ces dernières heures qui sont celles dont on prétend qu'elles révèlent quelque chose de la vérité d'un homme. *Compagnons* est le récit d'une agonie. Dès l'incipit, Kernevel « porte cet air de gravité des hommes qui se savent frappés à mort » (C, p. 167). Le narrateur décrit étape par étape le courage qu'il faut à Kernevel pour supporter la douleur et la progression de la maladie (C, p. 186, 200, 209, 210), les gestes de ceux qui entourent le malade (C, p. 175-176), les soins qu'on lui apporte (C, p. 195, 200-201). Rien ne distrait la narration de cette progression de la mort. Toutes les actions ou les conversations des autres personnages ont la maladie pour objet jusqu'à la mort qui clôture le texte. C'est un texte qui se distingue par sa très grande simplicité et tout caractère morbide est évité. Cette limpidité de structure et de langue -la langue qu'on entend est celle des compagnons plâtriers- donne une très grande humanité au récit, qui a souvent été rapproché de *La Mort d'Ivan Ilitch* de Tolstoï. Pourtant, celui-ci se distingue de son modèle en ceci que Kernevel a une mort conforme à sa vie: « Ce n'était pas la première fois que Jean Kernevel donnait à Le Brix une preuve de courage, il en avait montré toute sa vie. » (C, p.174) Le corps finit par s'abandonner à la mort dans la confiance que procurent les gestes de fraternité :

> « Une paix lui venait, un grand sentiment de tendresse. […] ses larmes coulaient avec abondance. Il ne les essuyait pas […] Il pensait à sa vie, il ne regrettait rien. Il semblait posséder l'amitié de tous ceux qu'il avait aimés comme ils possédaient la sienne. Le reste ne comptait pas. » (C, p. 211)

Ces moments d'agonie, entre récit et description, de longueur inégale et qui peuvent être parfois très courts, relatent les conditions de la mort de personnages aussi différents que le militant Maréchal, la bonne de l'évêque Clémence Mordelet, et le résistant André dans *Le Jeu de patience*. *Le Sang noir* est aussi à sa façon un long récit d'agonie puisqu'il relate les dernières vingt-quatre heures de la vie d'un homme. Dans *Les Batailles perdues*, de longues pages sont consacrées à la maladie qui précède la fin de l'avocat Cantoni, abandonné par sa belle maîtresse. Ce *topos* littéraire met souvent en scène des personnages, qui par la douleur qu'ils éprouvent, rachètent une partie de leur vie passée, la mort transfigurant une vie parfois indigne. Mais chez Guilloux, il semble que par ces pages, qui le rapprochent de Giono ou de Bernanos, l'auteur s'essaye à la mort : « Le récit d'agonie est une anticipation supposée de la mort à venir. L'auteur décrit un monde idéal ou détestable de mort souhaitée pour lui-même[248]. » La seule chose certaine est que le romancier cherche dans ses morts de fiction à saisir la limite de ce qu'il est possible de se représenter et de représenter dans l'expérience de la mort. Cela est particulièrement vrai pour un épisode dans lequel le chroniqueur relate la mort d'André le résistant, scène qui s'impose- et Alexandra Vasic l'analyse fort justement- comme la réécriture de l'incipit de La condition humaine[249] dont « Guilloux choisit d'inverser les options diégétiques et narratologiques[250] », « le prénom du militant André [étant] à ce titre signifiant[251] ». Dans ces pages, se déploie la force d'invention du romancier adoptant un point de vue situé dans la semi-conscience de l'homme assassiné dans son sommeil à l'hôtel. Ses sensations sont minutieusement reconstituées mais le récit est lacunaire et c'est au lecteur d'en reconstituer le déroulement logique. L'homme, incapable dans son demi-sommeil de séparer la réalité du rêve, ne se voit pas mourir. Plongé dans les soucis que lui causent sa vie privée et la relation avec sa femme qui se moque de son engagement, André se laisse assassiner sans même vouloir, ni pouvoir ouvrir les yeux. Quand la réalité affleure dans son sommeil, il est incapable de l'interpréter. Il se croit dans un train, allant rejoindre sa femme, et ses perceptions sont décrites précisément :

> « La locomotive sifflait, sifflait, et quelque part, il y avait un grattement sourd, comme si des rats avaient grignoté la banquette. Comme si on avait marché pas loin, avec de grandes précautions, sur le balcon par exemple. Il n'aurait eu qu'à ouvrir les yeux pour le savoir. Mais il ne pouvait pas ouvrir les yeux. » (JP2, p. 118-119)

Il est exécuté d'un coup de révolver donné par un homme qui est venu du balcon mais dans son rêve, il est victime d'un accident de train :

> « Il perçut comme un grand son de cloche, à la suite d'un éclat de tonnerre, et chercha à se retenir quelque part, et ne trouva que le vide à travers lequel il tomba comme du haut d'un pont. Et puis, plus rien. » (JP2, p. 118)

---

[248] Gérard DANOU, Le corps souffrant, Littérature et médecine, Paris, Presses universitaires de France, Champ Vallon, « L'or d'Atalante », 1994. p. 203.
[249] Sur le traitement du personnage d'André dans le roman et sur l'analyse de cet épisode, on ne peut que recommander les excellentes pages d'Alexandra VASIC dans sa thèse, op.cit., Partie I, chapitre 3, « Représentations romanesques des militants. Une littérature « dégagée » p. 191-194.
[250] Alexandra, VASIC, Ibid., p. 192.
[251] Ibid.,p.192.

Le narrateur adopte alors un point de vue externe et, en décrivant les derniers gestes de l'assassin dans la pièce, il permet au lecteur de comprendre qu'il vient de lire une exécution. Une fois sa besogne achevée, sans qu'aucune résistance ne lui ait été opposée, l'homme au nez cassé, que le lecteur peut, grâce à la périphrase qui le désigne, identifier comme un milicien dont il a déjà été question, repart « tranquillement comme il était venu ». La mort du résistant devient la mort sans grandeur d'un homme frappé d'impuissance. Le tragique vient précisément de cette absence d'héroïsme d'autant plus troublante qu'il s'agit d'un résistant. Cloué sur son lit, l'esprit prisonnier de ses soucis personnels dont il ne peut se détacher, André meurt en homme empêché.

Le point de vue interne est le dispositif choisi pour tenter de saisir ce que personne n'a raconté et percer le mystère du passage de la vie à la mort. Quand le narrateur des *Batailles perdues* raconte la maladie puis la mort de Cantoni, nous assistons au réveil du personnage après de longs jours de fièvre, et nous le voyons reprendre peu à peu, et fort provisoirement, pied dans une vie dont en fait il s'éloigne. Des souvenirs affleurent par bribes, il a du mal à reconstituer le déroulement de ses pensées, et ne peut les retrouver toutes. Des visions se mêlent aux souvenirs d'enfance et à des préoccupations matérielles comme la fabrication possible d'une boîte à rideaux. La vision récurrente d'une vieille clocharde provoque en lui un sentiment de culpabilité très grand. Il l'a rencontrée le soir où il est tombé malade : « Les traits décharnés, durs, les pommettes fortes, les yeux enfoncés, plus une dent » (BP, p. 384). Son rire est un « rire de théâtre », le grotesque devient diabolique et la rencontre est surnaturelle. La vieille mendiante réapparaît dans des hallucinations provoquées par la fièvre et semble bien une figure de la mort contre laquelle l'avocat se bat. Des métaphores spatiales - « il s'était donc avancé très loin jusqu'aux dernières frontières de cet affreux pays » (BP, p. 389), « A peine, en s'y contraignant se souvenait-il de cette avancée sinistre à travers un pays nocturne et marécageux » (BP, p. 425) - disent l'expérience limite qui précède la mort. À la fin du chapitre VIII de la septième section, Cantoni assis sur un banc dans sa maison de Normandie regarde le combat d'une fourmi et d'un insecte et à l'aide d'une brindille « se (met) en devoir de séparer la victime du bourreau » (BP, p. 427). Ce n'est qu'à la fin du chapitre XIV de la même section que nous apprenons la mort de Cantoni et nous comprenons alors que ce que nous avions lu du combat de la fourmi et de la bestiole ailée relatait en vérité les derniers instants de l'avocat.

Dans toutes ces descriptions, que la mort soit difficile ou non, l'homme meurt seul : « Marie Chevalier ajouta que l'agonie de Pablo avait été lente et cruelle, que la sueur ruisselait sur son visage, que longtemps avant la fin il ne parlait déjà plus et la reconnaissait à peine. » (JP1, p. 28) Clémence meurt seule au fond de son lit d'une crise cardiaque en repoussant l'évêque. Cantoni est « trouvé mort dans son jardin, en Normandie, assis sur un banc » (BP, p. 456). Dans ce moment de l'homme face à lui-même, l'auteur encore une fois traque une vérité. En effet, il semble comme obsédé par les « dernières pensées » dans lesquelles on verrait une adéquation de l'homme à sa vie. Le geste infime de Cantoni est conforme à sa vie, à sa grandeur et à sa petitesse. La Clémence Mordelet, la « terrible bossue » meurt en reniant le Christ, elle repousse l'évêque, son signe de croix et le crucifix. Le mot « repousser » est employé trois fois, signe qu'elle agit conformément à une volonté puissante. « Ses yeux de rat vomissent la haine » (JP2, p. 271), et elle est, comme elle l'a été toute sa vie, possédée par le mal, ce que l'évêque traduit en disant : « nous n'étions pas seuls. » Quand le chroniqueur apprend la mort du militant Maréchal[252], il s'interroge :

> « Maréchal était mort, sans avoir revu ses camarades et même refusant de les voir. Quelles avaient été ses dernières pensées ? Avait-il continué à croire aux... mêmes choses quand il avait senti la fin s'approcher ? [...] Il était mort après avoir beaucoup souffert, c'est tout ce que nous avions su. » (JP2, p. 299)

Moins qu'une vérité d'ordre spirituel, c'est la vérité d'une expérience que chacun sera amené à faire qui semble recherchée. Et le tragique de l'absence de foi ne semble jamais loin[253].

Cet imaginaire du corps tragique -du corps séparé, malade, guetté par la mort, empêché ou emprisonné par lui-même- tel qu'il se développe dans les romans de Guilloux permet de se représenter l'« homme en difficulté » dont parle Meunier dans *Le Jeu de patience* : « [...] il était question de « folichons », de « meurtris », d'hommes « en difficulté » [...], d'homme « coincé » » (JP1, p. 349). Maurice, le personnage d'*Hyménée*, se contente d'écouter les trains. La tentation de partir l'obsède (H 161, 170, 233, 271) mais il ne peut franchir le pas et rentre se coucher auprès d'un corps qu'il n'aime pas. Tante Mone immobile, penchée sur sa machine, est une figure de ce corps prisonnier du lieu qui lui est assigné et de lui-même. Elle ne peut bouger ni d'une quelconque façon échapper à la vie mortifère qui est la sienne. Aller voir Zabelle à Nantes, alors qu'elle est sur le point de mourir, est

---

[252] Sur la figure ambivalente de ce militant communiste, voir Jean-Charles AMBROISE, « Un roman du désengagement. Les fins du militantisme dans *Le Jeu de Patience* », in Jean-Baptiste LEGAVRE, *Louis Guilloux, politique, op.cit.,* p. 92-93.
[253] Certaines de ces scènes d'agonie suggèrent un rapprochement avec les romans de Georges BERNANOS, notamment *L'Imposture*.

impossible à Pelo : « Où trouver l'audace de monter dans un train ? » (JP2, p. 266)

Les corps impotents, immobiles ou immobilisés sont en état de mort programmée, et les personnages sont enfermés dans l'espace de leur propre corps. Comment ne pas penser aux tableaux de Bacon, à ces hommes enfermés dans des cercles, des cages ou des fauteuils, qui représentent leur paralysie, dans des corps qui portent sur eux la marque de leur décomposition ?

3
Face au tragique du monde, la responsabilité du romancier : foules et visages

L'écriture de Guilloux qui inscrit le sentiment tragique dans les lieux et les corps des personnages semble pourtant ne jamais se résoudre à la fatalité que cette conscience tragique contient. Si la douleur, le sentiment d'empêchement, les forces d'écrasement, sociales ou historiques, semblent ne laisser aucun espoir jusqu'à donner parfois l'impression de l'inutilité de tout combat, y compris de celui qu'on peut mener en écrivant, l'originalité de Guilloux réside en ceci qu'il impose malgré tout une forme de résistance des personnages. Leur résistance ne s'impose pas dans l'action, rendue souvent vaine, ni dans les discours, vides ou inutiles, mais, aussi paradoxal que cela paraisse, bien plutôt dans un aspect de leur présence corporelle- un visage, une voix, un déplacement. À travers cette présence singulière des corps se décline la position éthique du romancier. La tragédie chez Guilloux n'entraîne pas le renoncement. Celui-ci est là comme une tentation mais en définitive le sentiment de la responsabilité imposé par autrui et la souffrance qu'il éprouve l'emporte. Cela conduit non seulement à faire état de la douleur dans ce qu'elle a de plus tragique, mais aussi à décrire tout ce qui dans cet autre, incarné par le personnage, manifeste une forme de refus de consentir, sollicitant par ricochet la résistance du témoin qui le regarde.

La description de la foule : ambigüités

De *La Maison du Peuple* aux *Batailles perdues*, les scènes de foules donnent une place au corps du peuple[254]. Scène d'émeute à la gare, manifestations de protestation, cortèges de manifestants en juin 1936,

---

[254] Dans *Absent de Paris* (p. 26), Guilloux écrit : « Je médite aussi d'écrire sous le titre *Vingt ans passés,* un petit livre où les tableaux de 1er mai dont je viens de te parler trouveront leur place. »

processions à l'occasion des diverses fêtes qui rythment la vie de la petite ville : ces rassemblements sont composés le plus souvent d'une foule dense dont la détermination ou la ferveur impressionnent. Dans *Absent de Paris*, après avoir décrit une manifestation pacifiste à laquelle il a assisté à Vienne le 2 août 1923, Guilloux rappelle qu'il a eu le projet d'un livre de souvenirs de jeunesse, *Vingt ans passés*, où les « tableaux des premier mai [1919 et 1920 à Paris] trouveront leur place[255] ».

Soit les rassemblements sont le produit de pratiques sociales instituées, soit ils sont imprévus et improvisés, partant imprévisibles. Du côté des pratiques sociales encadrées, il faut distinguer les manifestations religieuses, des manifestations politiques, sans oublier les fêtes sportives racontées dans *Le Jeu de patience*[256]. Parmi les premières, la Procession des pestiférés[257], longuement décrite dans *Le Pain des rêves* (PDR, p. 143-161) et *Le Jeu de patience* avec ses pèlerins composant une « foule mêlée », faite en partie de paysans (JP2, p. 310). La Fête-Dieu et la fête du patron de la ville[258], quant à elles, sont davantage l'occasion d'une description de la ville que de la foule qui y participe. Du côté des manifestations politiques organisées, celle du 1er mai dans *La Maison du peuple* (MDP 109), celles de l'année 36 dans *Les Batailles perdues*[259], les manifestations de droite étant, elles aussi, décrites dans le roman. Ces rassemblements peuvent aussi être spontanés, en réaction à une situation ou à un événement. C'est le cas des ouvriers qui défilent au moment de la grève des boulangers (MP, p. 50-51) ou qui se réunissent pour accompagner Fabert (MP, p. 58-60) dans *La Maison du peuple*. L'émeute des conscrits à la gare dans *Le Sang noir* (SN, p. 300-306) est également un cas de révolte spontanée. Dans *Le Jeu de patience*, le départ contraint de réfugiés espagnols vers l'Espagne entraîne une autre forme de manifestation puisque l'arrivée du train en gare, sous la surveillance des autorités policières, devient celle d'une foule manifestante qui chante l'Espagne républicaine (JP2, p. 259-

---

[255] *Absent de Paris*, Gallimard, 1952, p. 26.
[256] Yannick PELLETIER, *Thèmes et symboles dans l'œuvre de Louis Guilloux,* Paris, Klincksieck, 1979. Dans le chapitre « De l'ennui au divertissement », p. 62 et suivantes, l'auteur répertorie tous les moments de fête.
[257] *Ibid.,* « La Procession des Pestiférés apparaît comme la seule fête digne de ce nom parce qu'elle réunit tout le monde bien sûr, parce que surtout les plus pauvres y participent de plein droit. » p. 74.
[258] Notons néanmoins que Yannick PELLETIER rappelle que la fête du patron de la ville est une fête laïque, quoiqu'elle ait des origines religieuses, *ibid.,* p.67.
[259] *Les Batailles perdues*, Gallimard, 1960 : manifestation du 1er mai 1936 (p. 291-292), agression de Léon Blum par une foule de droite p. 396-397, manifestation populaire de soutien à Léon Blum p.397, manifestation du 24 mai 1936 au mur des Fédérés, p. 492-499, manifestation du 13 juin 1936, p. 549-552, manifestations du 1er juillet 1936 (de gauche et de droite), p. 590- 596.

260). Cette scène se retrouve dans *Salido* (S, p.20). À la fin du *Sang noir,* la troïka qui emmène Cripure mourant au lycée est suivie d'un groupe qui grossit (SN, p. 513-516). La description de ce cortège transforme la mort de Cripure en événement, mais cette manifestation qui ne revendique rien n'est l'expression d'aucune volonté. Elle accompagne la fin d'un monde et ne peut être mise sur le même plan que les rassemblements de protestation. *Ok, Joe !* met en scène la foule au moment de la Libération : « Aux scènes de colère et de pillage des premiers moments avait succédé une atmosphère de fête, de liesse, de drapeaux […], » (*OJ,* p.117) Enfin, la foule n'est pas toujours en mouvement : en témoignent celle des paysans réunis pour protester contre la vente saisie à la ferme de Mescam dans *Les Batailles perdues* (BP, p. 246-248) ou l'attroupement devant la maison de la femme tondue dans *Labyrinthe* (L, p. 49-52).

Dans la plupart de ces moments, le collectif absorbe le particulier et permet le déploiement du corps du peuple : corps des conscrits révoltés, corps des ouvriers, « des gars solides aux larges mains » « quelques femmes parmi eux, des Louise Michel » (MP, p. 108), - le souvenir de la Commune n'est jamais loin comme le montrent les chants entonnés- corps des réfugiés ou des exilés, corps de tous ceux qui d'ordinaire sont séparés, humiliés. L'espoir contenu dans certaines de ces manifestations disparaît totalement dans deux des dernières fictions de Guilloux : ni *La Confrontation*, ni *Coco perdu* ne contiennent de scènes de rassemblement, les personnages y sont ramenés à leur solitude absolue.

Tous les modes d'exploration possible de la foule sont déclinés : le point de vue du narrateur omniscient apparaît pour saisir le défilé en un immense regard panoramique comme à la fin du *Sang noir* par exemple ou dans certaines scènes des *Batailles perdues*. Mais le plus souvent le point de vue interne domine. Le point de vue adopté est alors celui du narrateur-personnage comme dans *Le Pain des rêves* ou *Le Jeu de patience*, notamment pour le rassemblement des Espagnols à la gare, ou, plus généralement, celui d'un personnage de la narration, Cripure, Blaise, Franz ou le P'tit Doucet par exemple. Celui qui voit peut soit être plongé au milieu de la foule, soit se situer légèrement à l'écart, sur le trottoir ou, adopter un point de vue surplombant et voir de la fenêtre (la mère du narrateur dans *La Maison du peuple* ou la mère de la famille Nédelec et dans *Le Jeu de patience*), ou du petit pont qui domine la gare (Cripure regardant les conscrits à l'intérieur de la gare, le narrateur du *Jeu de patience* assistant au départ des Espagnols). Le point de vue du meneur n'est jamais proposé. L'expérience de la foule est alors vécue à travers des émotions particulières. La réaction de celui qui perçoit est variable. Il peut se sentir comme immergé dans un moment d'émotion intense, en proie à ce sentiment religieux que l'on pourrait dire « océanique », à la suite de Freud et de Romain Rolland[260]. Il peut aussi mettre ceux qui l'entourent à distance, en avoir peur, craindre d'être écrasé comme c'est le cas de Cripure.

Ces expériences forment « un vécu typique », « un ensemble de mouvements physiques, de sensations, d'émotions, d'images qui se laissent décrire sans surprise[261] ». À chaque fois qu'il est question d'un rassemblement et quelles que soient les raisons qui le motivent, religieuses ou politiques, que celui-ci soit ritualisé ou exceptionnel, le narrateur saisit l'impression produite par une foule qui se forme et qui enfle. Dans ces tableaux, le narrateur cherche à rendre compte de l'effet d'une foule autonome et puissante et transcrit son mouvement grossissant, ainsi que les bruits qui l'accompagnent. L'accent est presque toujours mis sur la transformation, le passage du ou d'un petit groupe à une foule immense et sur la force que le peuple ainsi réuni représente. La foule est comme un corps autonome qui se fait et se défait au gré d'une volonté qui lui est propre et c'est pourquoi elle devient sujet des verbes d'action. « Flot », « remous », « rumeur », « clameur » sont les mots employés de description en description pour restituer les sensations de la foule.

> « Une rumeur arriva jusqu'à nous [...] Dans la rue, sous le belvédère, la foule bouillonnait. [...] La foule disparut aussi brusquement qu'elle était arrivée. [...] Malgré la fenêtre fermée, une dernière rumeur nous parvint encore. » (MP, p. 50-51)

> « Le flot de la procession devenait à présent de plus en plus majestueux, et il fallait se reculer pour lui faire place. [...] Le flot augmentait encore, des voix d'hommes, nombreuses. » (PDR, p. 160-161)

Enfin, et cela paraît davantage propre à Guilloux, lorsque la foule est envisagée de manière positive, elle semble conjurer toutes les angoisses de séparation et d'enfermement qui parcourent l'œuvre. Elle suspend le sentiment d'exclusion : pendant la procession des pestiférés dans *Le Pain des rêves*, le narrateur dit « nous n'avions plus honte d'être au monde » (PDR,

---

[260] Sigmund FREUD, *Malaise dans la civilisation*, éditions Points, 2010, p. 44-45. Freud reprend une lettre de Romain Rolland du 5 décembre 1927 (voir Henri et Madeleine VERMOREL, *Sigmund Freud et Romain Rolland, Correspondance*, 1923-1936, Paris, Presses universitaires de France, « Histoire de la psychanalyse », 1993, p. 303-304), à propos de ce qui serait, selon Romain Rolland, la « source de la religiosité » : « un sentiment qu'il aurait nommé volontiers la sensation de « l'éternité », le sentiment de quelque chose d'infini, d'illimité, de quasiment « océanique ».

[261] Jean-Jacques WUNENBURGER, « Esthétique et épistémologie de la foule : une autopoïétique complexe », *in* Jean-Marie PAUL (dir.), *La Foule. Mythes et figures de la révolution aujourd'hui*, Rennes, Presses universitaires de Rennes, 2004, p.14.

p. 149). Il arrive même qu'en son sein les êtres séparés se retrouvent comme la femme espagnole et son enfant dans la gare :

> « Sous nos yeux, un garçon d'une douzaine d'années était arrêté en face de sa mère qu'il venait de retrouver. À quelques pas de son petit la mère, une femme d'une quarantaine d'années, ne bougeait pas. (…) Il tendait les bras. La mère : l'image même de la stupeur ; pas plus que l'enfant elle n'était capable de faire un pas. On aurait dit qu'un fil invisible les retenait l'un et l'autre prisonniers et séparés. Le fil se rompit, je ne vis pas comment, ils se confondirent dans une étreinte… » (JP2, p. 260)

Quand les barrages cèdent ou qu'il semble qu'aucune digue ne résisterait à sa puissance - « Le barrage avait craqué. La foule envahissait la gare (SN, p. 307) - la foule apparaît comme une véritable force de libération : elle possède la puissance de faire voler en éclat toutes les barrières au sens propre et au sens figuré. Elle s'affirme comme un instrument pour lutter contre l'enfermement qui menace le personnage. C'est certainement la raison pour laquelle, à plusieurs reprises, les foules se rassemblent ou se dirigent vers la gare, lieu, on l'a vu, qui concentre symboliquement les rêves de libération.

La puissance du corps de la foule restitue au personnage une part de son corps manquant. Dans ces moments, les corps sortent de l'ombre dans l'espoir - vif mais illusoire - d'une humanité renouvelée. La force de ces manifestations vient de ce qu'on y trouve ceux que d'habitude on ne doit pas voir, ceux qui ne sont jamais sur le devant de la scène. Les ouvriers, bien sûr, dans les manifestations politiques. Pour protester contre la tentative d'assassinat de Léon Blum, l'immense manifestation populaire réunit « des milliers et des milliers d'ouvriers, d'employés, de « petites gens » du peuple de Paris, défilèrent pendant des heures du Panthéon à la Nation » (BP, p. 397). Mais de plus exclus que ceux-là sont en vue dans ces moments-là comme la foule des pèlerins, paysans parfois venus de loin pour participer à la Procession : « Ils parcourent la ville par petits groupes, avec une sorte d'hésitation et de prudence comme si de partout ils se sentaient menacés » (PDR, p. 144). Les parias ont enfin droit de cité : « cet interdit qui pesait sur nous sans cesse semblait levé » dit le narrateur du *Pain des rêves*. « Notre allégresse, ou notre espérance, était la même que celle des autres » (PDR, p. 149). Les plus fragiles, ceux que l'on ne voit jamais avec les autres au cœur de la ville sont enfin là, telle Maïa, d'habitude reléguée dans sa petite maison du faubourg, dans la foule à côté de la voiture où Cripure agonise. « Cette femme qui avait l'air d'une harengère » est comme une figure tirée d'un film d'Eisenstein, « rouge et échevelée, le visage ruisselant de larmes » (SN, p. 514). À Toulouse, pour protester contre l'exécution de Sacco et Vanzetti, « les damnés de la terre, les forçats de la faim, clamant leurs noms, remplissaient le boulevard [...]. D'un coup d'œil jeté en arrière, Blaise en mesura l'étendue : la vraie procession des pestiférés » (JP2, p. 84). *Les Batailles perdues*, paru en 1960, est donc écrit pendant la guerre d'Algérie. Le récit de la manifestation au Père Lachaise en l'honneur des morts de la Commune n'oublie pas les exclus des exclus de la société française : « ce groupe serré, noir, immobile, sur un côté de la chaussée, près du métro Avron, c'étaient quelques milliers de travailleurs algériens, silencieux, derrière un large calicot portant l'étoile nord-africaine, et l'inscription : « Amnistie totale en Afrique du Nord ! » « Abolition du code de l'indigénat. » (BP, p. 495) Écrire en 1960, que, déjà en 36, la révolte des Algériens était en germe en dit long sur l'acuité du regard politique de Guilloux et sur son désir de donner aux plus exclus, aux plus souffrants, aux plus humiliés une place que la société leur dénie[262]. La présence des Algériens dans cette manifestation, tout en dénonçant l'existence ancienne d'un code raciste, leur est un hommage appuyé. Dans tous ces épisodes où la foule composée de mille corps ne fait plus qu'un seul corps, où ne s'élève plus qu'une seule voix, la réussite du combat collectif est un rêve que, malgré tout, les romans portent.

Mais la foule est aussi présentée dans ses aspects inquiétants. D'abord parce que les manifestations sont à l'origine d'une répression parfois sanglante. Dans *Le Pain des rêves*, après que l'oncle Paul a raconté la manifestation Ferrer[263] et la charge de police, l'enfant fait des cauchemars : il se voit dans « la foule où apparaissaient soudain de hauts cavaliers casqués en dragons. Je roulais sous le sabot des bêtes » (PDR, p. 221-223). La « vieille image du cavalier d'Apocalypse[264] » n'est jamais bien loin. Ensuite, parce qu'irrationnelle et mauvaise, la foule peut se livrer à des excès, voire à des manifestations sadiques : les conscrits à la gare finissent par tuer un homme, le spectacle de la vieille tondue, la « vieille suppliciée », provoque des rires dans une foule hystérique, et le P'tit Doucet est tué par des manifestants (la droite et la gauche étant à ce moment-là renvoyées pratiquement dos à dos). On pourrait trouver là les traces de *La Psychologie des foules* de Gustave Le Bon : « Par le fait seul qu'il fait partie d'une foule, l'homme descend donc plusieurs degrés sur l'échelle de la civilisation. Isolé, c'était peut-être un

---

[262] Abdelkader DJEMAÏ souligne la clairvoyance de Guilloux sur la situation faite aux Algériens lors des rencontres de Sidi-Madani. « Louis Guilloux et l'Algérie », *Louis Guilloux écrivain*, *op. cit.*, p. 47-50.
[263] Le 17 octobre 1909 se déroule une manifestation de protestation contre l'exécution du pédagogue espagnol Francisco Ferrer.
[264] Voir partie II, chapitre 1 « Le romancier et les images ». Dans *Le Jeu de patience*, une affiche, « la vieille image du grand cavalier d'apocalypse » placardée chez de nombreux militants, représente la répression tragique subie par les plus faibles quand ils se révoltent (JP1, p. 190/ p. 317/ 337/ 425).

individu cultivé, en foule c'est un instinctif par conséquent un barbare[265] » – une brute penserait Cripure regardant les conscrits (SN, p. 312).

La description de la manifestation de protestation contre l'exécution de Sacco et Vanzetti illustre cette double tendance de Guilloux. Le personnage dans la foule guidée par ses meneurs passe de l'espoir à la désillusion. Le rassemblement populaire suscite un enthousiasme révolutionnaire aussi profond que fugace. La foule est à l'origine d'une émotion puissante, mais elle est décevante, conduite par des leaders compromis, elle se laisse disperser par une simple averse[266].

Visages

Il est d'autres moments où le cadrage se resserre sur le visage du personnage. Plusieurs raisons peuvent motiver ce gros plan qui n'est pas psychologique. Guilloux dit souvent à quel point la lecture des *Confessions* de Rousseau a compté pour lui. Dans *Le Sang Noir*, Faurel évoque une conversation avec Cripure qui a porté sur Rousseau. Or, on sait que Rousseau valorise ces moments si peu nombreux où il est possible d'être transparent à l'autre, ces moments où la lecture du visage de l'autre, de son regard, de son corps devrait suffire à faire comprendre ce qu'il est. C'est encore un rêve que caresse Guilloux et toute son œuvre cherche à conjurer cette opacité à l'autre. Quand un vieil ami tourne le dos à Yves de Lancieux, parce qu'il est persuadé de sa culpabilité dans la « vieille affaire », l'innocence bafouée s'impose comme un scandale. Le corps est ce qui empêche cette transparence des âmes. C'est la raison pour laquelle les visages sont parfois comme fouillés pour permettre d'aller au plus profond des êtres. Le narrateur du *Jeu de patience* et Yves de Lancieux veulent voir le visage de Gautier lors de son interrogatoire, veulent saisir ainsi la part de l'autre qui échappe. « J'avais voulu de mes yeux, voir Gautier » (JP1, p. 30). Mais pouvoir savoir à quel homme on a affaire en regardant son visage est un rêve qui n'advient pas. Il est question du « beau visage » de Pablo, et aussi du visage du Pasteur. De Pablo et du pasteur dont le jeune Marcel Nédelec répète dans son témoignage que ce sont les deux seuls hommes qu'il ait rencontrés pendant son emprisonnement. Or quelqu'un a parlé du pasteur en disant que c'était un « jeune ambitieux ». Le narrateur s'insurge : « Celui qui avait dit cela n'avait donc jamais vu son sourire, il ne lui avait jamais serré la main, il ne connaissait pas son regard. » (JP2, p. 264) Qu'a donc ce regard de si particulier ? Qu'a donc ce sourire ? Et le visage de

---

[265] LE BON Gustave, *Psychologie des foules*, 1885, livre 1er, chap.1, Livres généraux, p. 13.
[266] Pour une analyse plus détaillée de cet épisode, voir Valérie POUSSARD « Déjouer les pièges de l'engagement et du langage : la manifestation en faveur de Sacco et Vanzetti », *in* LEGAVRE Jean-Baptiste (dir.), *Louis Guilloux Politique, op.cit.,* p.115-122.

Pablo ? « Fin, intelligent, bronzé » (JP2, p. 262) : la caractérisation est mince. Pour le pasteur, il est encore question de « son beau visage clair, souriant, un peu mince, au nez busqué, son joyeux sourire, son regard ardent » (JP2, p. 129). Ces visages sont exceptionnels. Certainement. Mais une part d'opacité persiste. La description laisse le lecteur sur sa faim, et les signes du corps, que l'on peut toujours traquer, difficiles à exprimer, restent en partie indéchiffrables.

Plus que l'innocence, c'est la douleur qui est trouvée. Dans le visage, dans sa tension, sa grimace parfois, la douleur se lit à livre ouvert mais elle ne permet pas toujours le rapprochement entre les êtres. Dans le *Sang noir*, à trois reprises, le corps exprime la plus violente douleur. Quand Marchandeau, rentre chez lui malade après avoir vainement erré autour de la gare, il se met à pleurer. Or, contrairement au geste attendu en pareille circonstance, il ne se cache pas le visage, exprimant ainsi une douleur qui le déborde et qu'il ne peut pas masquer. Mme Marchandeau a déjà vu son mari pleurer :

> « Elle se souvenait d'un homme courbé par la douleur mais qui cachait son visage dans ses mains, au lieu qu'ici, tandis que les larmes sourdaient de ses paupières, les mains restaient inactives sur la blancheur du drap comme étrangères. [...] Quelque chose comme une invincible curiosité clouait cette femme sur place devant cet homme qui pleurait [...]. » (SN, p. 424)

Le visage aimé reste étranger et la douleur conserve une part d'inaccessible.

Le corps de Maïa peut exprimer la douleur la plus violente : lors de sa dispute avec Cripure qui veut l'empêcher d'aller trouver Nabucet, après avoir été bassement insultée, Maïa finit par se recroqueviller sur le « fauteuil comme une blessée » (SN, p. 382). « C'était étrange à quel point cette douleur semblait venir de son corps [...] dont pas une parcelle n'était en repos » (SN, p. 382). Cripure regarde, observe, reste à côté comme si Maïa était à jamais un corps étranger, éloigné et perdu. La douleur ne provoque aucun geste de l'autre, ne permet aucun rapprochement. La grimace du visage qui doit apparaître puisqu' « elle semblait en proie à une douleur exclusivement physique, quelque chose comme une exceptionnelle rage de dents, ou de coliques hépatiques » (SN, p. 382) tient Cripure à distance. Quand elle se met à pleurer à table, ce dernier est d'abord surpris :

> « C'est la première fois qu'il voyait pleurer Maïa. [...] Il considéra attentivement cette vieille femme au front baissé dont il ne voyait pas les yeux, mais dont les yeux pleuraient pour lui. » (SN, p. 391)

Mais il ne peut rejoindre Maïa dans sa douleur, et il apparaît définitivement dans ce moment-là comme un personnage séparé.

Claire Marchandeau emmène, au contraire, très loin avec elle le député Faurel sur le terrain de la douleur. Son visage ne masque rien. « Il y avait en elle comme une justesse parfaite, une cohérence absolue d'elle-même avec sa douleur » (SN, p. 445). Les deux visages sont près l'un de l'autre et au moment où Claire comprend que son fils est mort :

> « Elle pâlit d'un coup, de cette pâleur surnaturelle des femmes après l'accouchement. Il vit sous ses yeux s'opérer cette transformation du visage vers une beauté absolument pure, comme transparente : le visage qu'elle devait avoir dans l'amour et sûrement qu'elle aurait dans la mort. Quant à son propre visage à lui, il le sentait durcir, raidir dans le haut des joues, grimacer. » (SN, p. 446)

Dans ce rapprochement des visages, il n'est pas question de compassion. Si Faurel grimace, ce n'est pas par apitoiement. Il ne compatit pas, il ne partage pas, parce que cela signifierait qu'il reste extérieur. Il est conduit là même où il ne voulait pas aller.

> « Par tout ce qu'elle était en ce moment, elle le contraignait à lui ressembler, elle l'attirait malgré lui dans un pays de vérité cruelle, absolue, où il n'était pas sûr qu'il n'allait pas s'asphyxier. » (SN, p. 445)

Le visage souffrant de Claire agit comme un aimant : il attire pour révéler, non pas la douleur en soi, mais la transparence des êtres dans les moments de souffrance la plus absolue. « Deux êtres quelconques ne pouvaient-ils donc se trouver et se regarder dans leurs vérités qu'au fond et par le contact de la plus extrême douleur ? » (SN, p. 445) Par la proximité des visages, chacun révèle à l'autre ce qu'il est et se révèle à soi-même. L'autre n'est plus un corps étranger parce qu'on est soi-même dans la vérité de ce que l'on éprouve, dans cet état de « cohérence absolue » (SN, p. 445). Ce qui s'exprime alors, par le biais des visages, hors de toute psychologie et même de tout sentiment, rend sensible une expérience peu commune, l'expérience de la transparence et de la vérité des êtres dans une ontologie de la douleur[267].

Le visage peut aussi simplement se donner à l'autre qui en est désormais le dépositaire. Henri Godard suggère un rapprochement de l'œuvre de Guilloux avec la philosophie de Levinas[268]. En effet, on l'a compris, le personnage, chez Guilloux, n'existe pas en position de sujet transcendantal, connaissant le monde et les autres. L'autre n'est pas un objet appréhendé par

---

[267] Pour une analyse plus précise de ces scènes, je me permets de renvoyer à mon article « Trois figures de suppliantes dans l'œuvre de Louis Guilloux », in Luce ALBERT, Pauline BRULEY, et Anne Simone DUFIEF (dir.), *La Supplication, Discours et représentation*, Rennes, Presses universitaires de Rennes, 2015, p. 285-293.
[268] Henri GODARD, *Louis Guilloux, romancier de la condition humaine*, op.cit., p. 25.

la conscience de celui qui le regarde et qui le constitue en objet. Levinas refuse « la notion de vision pour décrire la relation authentique avec autrui [269] ». « La meilleure manière de rencontrer autrui, c'est de ne pas même remarquer la couleur de ses yeux[270] » dit également le philosophe, propos qui pourrait donner un éclairage neuf au caractère lacunaire des descriptions des visages dans l'œuvre de Guilloux. Par conséquent, le sujet existe plutôt par autrui, et non pour autrui, et plus précisément par le visage d'autrui dont il a à répondre. Il ne s'agit pas de penser l'autre comme un alter ego, un frère comme le fait le pasteur avec Gadoué. L'autre reste inaccessible dans son altérité radicale et le sujet n'est plus rien d'autre que celui qui a reçu en don le visage d'autrui et l'injonction de responsabilité qu'il contient. « [...] L'abord du visage n'est pas de l'ordre de la perception pure et simple, de l'intentionnalité qui va vers l'adéquation. Positivement, nous dirons dès lors qu'autrui me regarde, j'en suis responsable, sans même avoir à *prendre* de responsabilités à son égard. Sa responsabilité *m'incombe*. C'est une responsabilité qui va au-delà de ce que je fais[271] ». L'espoir d'une connaissance de l'autre est illusoire : même si le narrateur du *Jeu de patience* veut « voir de ses yeux » la personne de Gautier, voir l'autre n'apprend rien sur lui. Pourtant il faut en répondre. On peut voir là une explication de la multiplication des personnages dans l'œuvre. Tout personnage vu, tout visage croisé mérite une attention particulière et donc une place dans la fiction, non parce qu'il est un autre moi-même mais parce que « c'est le pauvre pour lequel je peux tout et à qui je dois tout. Et moi qui que je sois, mais en tant que « première personne », je suis celui qui se trouve des ressources pour répondre à l'appel[272] ». Quand le narrateur du *Jeu de patience* pense intituler sa chronique « Mémoires d'un responsable », il rappelle aussi qu'il est devenu responsable de tous les visages qu'il a croisés, qu'il s'agisse de celui du pasteur mais aussi de celui de Gadoué, du beau visage de Pablo et des trognes des chômeurs. Dans *Éthique et Infini*, Levinas fait sienne cette phrase de Dostoïevski qui nous place au centre de la problématique de Guilloux : « Nous sommes tous responsables de tout et de tous devant tous, et moi plus que tous les autres[273]. » Le narrateur existe par le visage d'autrui qui s'est adressé à lui pour qu'il en réponde quoique ce visage ne signifie rien en lui-même et ne s'offre jamais dans sa lisibilité. Dans *Labyrinthe*, le narrateur rencontre Grégoire Cantin et la description de son visage, extrêmement laid, est récurrente.

---

[269] Emmanuel LEVINAS, *Ethique et infini Dialogues avec Philippe Nemo*, Paris, Livre de Poche, coll. « Biblio essais », 1982, p. 82.
[270] *Ibid*, p. 79.
[271] *Ibid.* p. 92.
[272] *Ibid,* p. 83.
[273] *Ibid,* p. 98.

> « Il avait une figure rouge, d'une laideur triste, plate, des lèvres presque bleues, les pommettes très marquées, teintées de violet, des joues creuses, un front bas sous la casquette, et il me regardait avec des petits yeux bleus pourris de hargne ». (L, p. 99)

Son expression est insaisissable même quand il évoque l'anarchie à laquelle il croit :

> « J'avais déjà vu sur ce visage si laid bien des expressions diverses, mais pas encore celle qu'il me montra alors. C'est un mélange bizarre de vérité et de mensonge, de noblesse et de niaiserie ; il y eut dans le fond de son regard, de la peur et de la violence, beaucoup de reproches et un appel désespéré. Sa bouche aux lèvres bleues, presque mauves, avait un rictus de chien. » (L, p. 111)

La description résiste à l'interprétation, les antithèses s'annulent et rien ne permet d'installer une cohérence du sens. Dans ce moment, l'autre est véritablement éloigné. Mais ce visage a une nécessité, celle d'imposer une responsabilité et donc de conférer une existence à celui qui le regarde. « J'avais besoin de lui, de son regard, de sa voix, même si dans son regard je ne trouvais que cet appel désespéré que j'y avais lu […] » (L, p. 158). Existant par autrui, les narrateurs de l'œuvre de Guilloux sont en dette : la place si particulière du personnage dans la fiction, de ces silhouettes et de ces si nombreux visages qui se détachent parfois dans la fantasmagorie des ombres, est aussi une manière de payer cette dette à un autre dont la présence a révélé la présence de l'infini.

CONCLUSION

Guilloux, un moderne ?

L'année du centenaire de la naissance de Louis Guilloux, je me souviens qu'un journaliste sur une grande chaîne de radio nationale, qui rendait à sa façon hommage à l'auteur du *Sang noir* et le décrivait comme un « auteur du passé », « du passé » signifiant probablement « dépassé ». Dans l'entretien accordé à Bernard Pivot[274] en 1978, Guilloux se présente lui-même comme « un homme du XIXème siècle » et Jean Daniel[275] rapporte une conversation dans laquelle Guilloux s'identifie en s'amusant à Tolstoï. Cela suffirait à accréditer l'idée longtemps répandue d'un Guilloux éloigné de ces interrogations formelles qui apparaissent comme l'empreinte caractéristique de la modernité littéraire. La posture que lui-même a cultivée d'homme engagé tout en restant dégagé des écoles comme des partis, a eu tendance à faire oublier l'intérêt qu'il a pris aux « questions de métier [276] ». Que son nom se trouve associé aux grandes luttes du XXème siècle dont ses romans témoignent, oblitèrerait définitivement l'image d'un écrivain soucieux de ses choix narratifs et de ses partis-pris esthétiques. Pourtant, Guilloux ne dit pas « écrivain », ni « romancier », mais « homme du XIXème ». Qu'il ait connu le monde d'avant 14, qu'il le décrive et qu'il en témoigne, ne fait pas pour autant de lui un romancier du XIXème siècle et nous avons montré qu'au contraire il rejoint par bien des aspects les préoccupations des écritures les plus contemporaines.

Certes, l'auteur d'*Angelina* et *La Maison du peuple* n'a pas commencé par un « modelé » très moderne. Il adopte dans ses tout premiers textes ce que Philippe Roger appelle cette « ligne claire[277] », qui aura autorisé certains à le

---

[274] « Louis Guilloux, le franc-tireur », *Apostrophes*, 1978, réédité en DVD, *Les grands entretiens de Bernard PIVOT*, 2004.
[275] Rolland SAVIDAN et Florence MAHÉ, *Louis Guilloux l'insoumis*, documentaire, 2009, coproduction Société des amis de Louis Guilloux et RS Productions.
[276] André GIDE, *Journal des Faux-monnayeurs,* dédicace, « J'offre ces cahiers d'exercice et d'études à [...] ceux que les questions de métier intéressent », Gallimard, 1927.
[277] Philippe ROGER, préface à l'édition « Quarto », 2009.

ranger parmi les écrivains néo-naturalistes. Les analyses d'Alexandra Vasic montrent que le romanesque traditionnel représente bien une tentation avec laquelle il a joué, et qu'il a finalement déjouée en toute conscience. Sur la ligne de crête où se situe Guilloux, la part bien réelle de fidélité au passé- fidélité aux auteurs qu'il aime, fidélité aux siens- n'enlève rien à sa recherche permanente d'une forme juste. Ce qui pourrait ressembler à un entre-deux de la littérature, que l'on pourrait assimiler à une impossibilité à trancher vraiment, voire à une forme d'impuissance, correspond chez lui à une morale de l'écriture.

Peindre avec autant de précision le milieu des artisans, des compagnons, leur atelier, leur décor intérieur, décrire sans chercher à faire d'effet les décors des plus pauvres encore, des parias à qui la société dénie une place, faire la part belle aussi à tous les lieux de fraternité, cela peut se comprendre comme la volonté de tendre un miroir naturel de la réalité. C'est aussi, par la pudeur d'une description toute en retenue, rendre un hommage profond dans lequel « Camus n'aura pas de peine à reconnaître sa propre quête d'une écriture assez probe pour ne pas « voler » les humiliés, une fois de plus[278] ».

Les jeux intertextuels, les effets de mise en abyme, tout ce qui indique le tissage du texte témoignent d'une attention soutenue portée aux moyens dont l'écrivain dispose pour peindre le monde, et aux soupçons qu'il fait peser sur ces moyens. Animé de la volonté de traquer le mensonge, d'être au plus près d'une vérité historique, sociale et existentielle, il est sensible aux procédés, qui, pour faire apparaître une vérité, vont participer à cette opération de transmutation nécessaire à toute littérature. Le réel, bien sûr, est recomposé : le rapport à la réalité est médiatisé par le jeu des points de vue, la primauté de la sensation est retrouvée grâce à un travail stylistique. Tout pourrait faire croire à un réalisme assez traditionnel que confirme un certain usage de la description.

Mais il s'agit d'un réalisme perturbé.

Le rapprochement de Guilloux avec certains peintres peut éclairer : les espaces au vide irréel ou surréel font parfois penser aux scénographies de Chirico ; l'errance des personnages dans la ville suggère un rapprochement avec *L'homme qui marche* de Giacometti, emblème de l'homme moderne dans la solitude des villes, et certaines figures floutées et prisonnières ne sont pas sans parenté avec certains portraits de Bacon. Dans les *Carnets*, Guilloux, qui, on l'a vu, se reproche la rareté des notations visuelles dans son œuvre, ne dit pratiquement rien de la peinture. Si nous nous autorisons à établir ce lien ténu avec ces artistes -d'ailleurs toujours singuliers dans leur démarche, et difficiles à affilier à une école - rien dans la bibliothèque personnelle de l'auteur ne vient confirmer que lui-même, pourtant ami du grand critique d'art

---

[278] *Ibid.*, p.14.

Waldemar-George[279], ait pensé à ces rapprochements. Néanmoins, nous avons été heureux de trouver dans le fonds Louis Guilloux, conservé à la Bibliothèque municipale de Saint-Brieuc, une préface écrite pour le catalogue d'une exposition de Jean Hélion à Orléans en 1969[280]. Dans le manuscrit de ce qu'il appelle « une antipréface », Guilloux s'arrête sur les choix du peintre et souligne l'originalité de son parcours. Hélion, en effet, a commencé par une peinture qui ressemblait à celle de Mondrian, et finalement, à contre-courant de son époque, s'est tourné à partir de 1939, notamment, avec le tableau *Figure tombée,* vers un art plus figuratif, qui remet la représentation humaine au centre de l'œuvre. Un spécialiste de l'œuvre de Jean Hélion explique ainsi le cheminement de l'artiste : « à l'orée des années 30, (Hélion) avait été l'un des introducteurs de l'abstraction en France et il lui était bien vite apparu que la combinatoire des formes géométriques simples conduisait implicitement à un ordre de beauté inhumaine. Il ne pouvait se satisfaire d'un ludisme formel dont les démonstrations de pureté permettaient d'esquiver les malheurs qui se précipitaient[281] ». Voici comment, dans le manuscrit de sa préface, Guilloux présente le parcours du peintre et la sympathie que son œuvre lui inspire :

> « *Arrivé très tôt à l'abstraction, Hélion s'est aperçu qu'il manquait quelque chose, comme il le dit lui-même à ce monde sans âme qui paraissait n'être composé que d'automates. Alors sans revenir en arrière, sans abandonner la reconquête qu'il avait faite, à la suite des cubistes, du modelé qui fait qu'on tourne autour des choses au lieu de les voir en images, sans donner à ses personnages une figure autre que celle de l'anonyme* avec qui je lie conversation parce que je marche dans la rue côte à côte avec lui ou bien que je ris en même temps que lui des scènes de cirque auxquelles Hélion a donné une signification grandiose, j'éprouve ce que l'art devrait toujours faire éprouver : un sentiment de fraternité [282]. »

À travers ces propos qui soulignent l'originalité du peintre parmi les modernes, Guilloux montre qu'il est conscient de la sienne propre. Le mouvement du peintre à rebours des avant-gardes ne procède pas d'un retour en arrière, mais au contraire d'une assimilation des éléments les plus

---

[279] WALDEMAR-GEORGE qui a, notamment, contribué à l'introduction de Giorgio de CHIRICO en France.
[280] *Hélion, rétrospective, 1926-1969*, Lyon, Galerie Verrère.
[281] Bernard CEYSSON, « A propos des années cinquante : tradition et modernité », dans *Vingt-cinq ans d'art en France 1960-1985*, Larousse, 1986, cité par Sylvie LECOQ-RAMOND, « Chute libre », *Hélion, la figure tombée*, Musée d'Unterlinden, Colmar, 1995.
[282] Cet extrait est tiré du manuscrit et la phrase n'a pas été conservée telle quelle. La partie du texte en italiques est supprimée de la préface définitive et le paragraphe commence ainsi : « Devant les personnages au visage anonyme que peint Hélion, pareils à tel ou tel passant avec qui… ». *1969, Hélion, rétrospective, 1926-1969*, Lyon, Galerie Verrère, voir feuillets 1 et 2 du manuscrit, fonds Louis Guilloux, Bibliothèque municipale de Saint-Brieuc.

modernes, afin de créer un monde où l'homme retrouve une place qui soit la sienne. Même -et surtout- si c'est un homme couché, gisant, tombant ou aveugle comme dans bien des tableaux, même si c'est un anonyme, ou une figure de cirque. Même -et surtout- si le réel en sort déformé, au point que Clément Rosset parle à propos du peintre de « figuratif contrarié[283] », expression qui pourrait tout aussi bien s'appliquer à Guilloux.

Chez lui, le réel est toujours un réel fragmenté, légèrement fêlé comme les miroirs dans lesquels parfois les personnages surprennent leur image, un réel lacunaire comme le prouvent ces conversations ou ces discours entendus ou surpris et auxquels il manque toujours un élément qui confirmerait le sens de l'ensemble, un réel qui glisse vers le fantastique pour essayer de dire, aussi, tout ce qu'on ne voit pas. Le réel est en lambeaux dans un monde où l'homme n'a pas complètement sa place et où il est en danger. L'homme dans toute l'œuvre n'est en harmonie, ni avec le monde, ni avec lui-même : assailli par les soubresauts de l'Histoire, par le sort que lui réserve sa condition sociale et par un sentiment profond de mélancolie, le personnage est à la fois présenté comme coupé du monde et de son propre corps. Quand il habite le monde, c'est un monde mortifère. Quand il habite son corps, c'est un corps mourant. Bonheurs d'espace et bonheurs du corps sont rares dans une œuvre qui décline la difficulté, voire l'impossibilité, d'être au monde.

Le réalisme de Guilloux est aussi perturbé parce que les procédés de théâtralisation mettent à distance l'illusion mimétique. Les descriptions sont simplifiées, réduites ; les personnages sont des corps en déplacement, des voix. Or cette théâtralisation du matériau romanesque possède une double fonction : en même temps qu'elle produit, comme au théâtre, une illusion d'existence et qu'elle participe au réalisme des situations, elle souligne, parce que cela ressemble à du théâtre, cette illusion, et invite à la regarder avec circonspection. C'est la raison pour laquelle la mise en place de l'espace, le gros plan sur certains objets, certains gestes, certaines expressions, le travail sur les voix, au lieu d'asseoir le personnage et les lieux dans le réel, les mettent à distance et les installent dans un halo d'irréalité caractéristique de la manière de Guilloux. Le réel devient fantasmagorie et cette fantasmagorie est souvent inquiétante. Les personnages vont et viennent comme des ombres ou des poupées mécaniques et le caractère vain de leurs actions accroît le tragique des existences ainsi mises en scène.

La palette des registres utilisée par le romancier est riche, le tragique se mêle au grotesque. Tragiques, les corps sont condamnés à l'avance, la mort est inscrite en eux comme dans leur décor -cette présence de la mort justifiant

---

[283] Clément ROSSET, « L'équivoque », *Hélion, la figure tombée*, Musée d'Unterlinden, Colmar, 1995, p. 65.

parfois l'irruption du surnaturel et le basculement dans un monde fantastique. Grotesques, corps de farce et de comédie, ils libèrent, par leur présence, de l'angoisse de la mort envahissante et accentuent, comme la Bande du soleil du *Pain des rêves*, l'impression d'un réalisme brouillé. L'écriture, quant à elle, apparaît parfois comme une forme de prison. Comme le réel, il arrive que les écrits soient en lambeaux, déchiquetés, éparpillés, prêts à être brûlés, en tout cas menacés. Mais le romancier opère des choix narratifs en accord avec les thèmes qu'il développe, et construit une véritable poétique. Obsédé par le ressassement, par le retour du même dans une vie où rien ne change, les romans mettent en place des dispositifs d'écriture qui disent la rumination et la répétition : le texte devient alors un tissu labyrinthique où s'entrecroisent les destinées. Dans ces univers qui se ressemblent tous, se bousculent les images de ceux qui coupent, taillent et cousent, de ceux qui sont toujours penchés à leur table, de ceux qui errent et qui rôdent, qui croisent d'autres ombres comme un fil en croiserait un autre dans une tapisserie effilochée.

On ne peut pourtant réduire l'œuvre au « réalisme pessimiste » que produit cette poétique de la répétition et de l'enfermement. Les angoisses de mort et d'immobilité qui suffiraient par leur déploiement singulier à ranger Guilloux parmi les modernes, ne constituent pas la seule force paradoxale de l'œuvre. En dépit de l'inquiétude profonde qui habite toute son écriture, Guilloux, comme Coco, ne renonce pas. Pessimiste, donnant parfois l'impression d'un profond nihilisme, Guilloux n'est cependant pas désespéré : L'homme est peint dans « sa condition mais aussi dans son élan[284] ». Lucide sur l'homme et ses entraves, il a mis de côté comme certains de ses contemporains une forme de lyrisme humaniste. Mais sa mise en scène du personnage ne donne pas raison aux idéologies destructrices du XXème siècle. Il sait qu'il a à répondre des horreurs de son époque. Il n'esquive pas sa part de responsabilité et la question de la culpabilité de chacun devant le sort de tous est une question centrale. Il n'écrit pas pour se disculper mais parce que, rejoignant certainement sans le savoir, la philosophie de Levinas, il sent qu'il doit répondre de ceux qu'il a croisés, mettant ainsi en place une éthique de l'écriture, qui n'est plus seulement celle de la pudeur et du secret. Chaque visage rencontré mérite une reconnaissance ; donner une place importante dans l'œuvre à l'homme souffrant, ahanant, ressassant, à l'homme abandonné, perdu, inutile quand l'étau de la vie se resserre autour de lui, c'est décider de ne pas refuser à l'homme cette place qui est la sienne. Une place ridiculement

---

[284] Quand Guilloux salue, en 1948, l'œuvre de Chagall et ses apparitions merveilleuses dans un texte pour Skira resté inédit, il écrit : « Ici l'homme est partout, brusque, confronté avec lui-même, découvert, exposé […]. L'homme est montré partout dans son élan et dans sa condition. Et l'ordre des termes pourrait se retourner dans sa condition et dans son élan. » Fonds Louis GUILLOUX, LGO inédits, 15-02-18, 29.ff. Merci vivement à Sylvie Golvet de m'avoir transmis ce texte.

petite parce qu'il est toujours menacé de disparition et une place infiniment grande parce que chacun, contenant tous les autres, est responsable de tous ceux qu'il porte en lui. Une place qui éclaire celle du romancier toujours prêt à faire entendre une voix nouvelle, à nous livrer un fragment de vie, à nous permettre d'aller à la rencontre de ceux qui perdent pied mais qui tiennent tête.

Bibliographie

Œuvres de Louis Guilloux (avec la référence des éditions utilisées)
La Maison du peuple, Grasset, (1927), coll. « Les Cahiers rouges », 1990.
Dossier confidentiel, Grasset, (1930), coll. « Les Cahiers rouges », 1987.
Compagnons, Grasset, (1931), réédition avec *La Maison du Peuple*, avant-propos d'Albert Camus, (1953), Grasset, coll. « Les Cahiers rouges », 1990.
Souvenirs sur Georges Palante, (1931), Imprimerie des presses bretonnes, Calligrammes, 1980.
Hyménée, Grasset, (1932), coll. « Les Cahiers rouges ».
Le Lecteur écrit, choix de lettres recueillies par Louis Guilloux, Gallimard (1933).
Angelina, Grasset, (1934), coll. « Les Cahiers rouges », 1991.
Le Sang noir, Gallimard, (1935), coll. « Blanche », 1987.
Histoires de Brigands, Éditions sociales internationales, (1936), réédition Le Passeur, Préface de Michèle Touret, 2002.
Le Pain des rêves, Gallimard, (1942), coll. « Folio », 1990.
Le Jeu de patience, Gallimard, (1949), coll. « Blanche » T1 et 2, 1981.
Parpagnacco ou la conjuration, Gallimard, (1954), coll. « Blanche » 1997
Les Batailles perdues, Gallimard, (1960), coll. « Blanche », 1980.
Cripure, pièce en trois parties tirée du *Sang noir,* Gallimard, (1961), réédition l'avant-scène théâtre, 1977.
Absent de Paris, Gallimard, (1952), coll. « Blanche »,1982.
La Confrontation, Gallimard, (1967), coll. « L'Imaginaire », 1998.
Coco Perdu, Essai de voix, Gallimard, (1974), coll. « Folio », 1990.
Salido suivi de *OK., Joe !*, Gallimard (1976), coll. « Folio », 1990.
Carnets I, 1921-1974, Gallimard, coll. « Blanche », 1978.
Carnets II, 1944-1974, (posthume) Gallimard, coll. « Blanche », 1982.
L'Herbe d'oubli, (posthume), Gallimard, coll. « Blanche », 1984.
Vingt-ans ma belle âge, (posthume), Gallimard, coll. « Blanche », 1998.
Labyrinthe, (posthume), Gallimard, (1984), coll. « L'Imaginaire », 1998.

O.K., Joe ! Le dossier d'une œuvre, édition présentée par Michèle TOURET et Sylvie GOLVET, Rennes, Presses universitaires de Rennes, coll. « Mémoire commune », 2016.

Préfaces de Louis Guilloux
SOUVENANCE Jean, *La muflerie en guerre*, Vieux-condé, Le Sol clair, 1945.
WEITZMANN Henri, *Itinéraire des légendes bretonnes*, Hachette, 1954.
GORKI Maxime, *Enfance*, livre de poche, 1959.
TOLSTOÏ Léon, *Nouvelles,* livre de poche, 1967.
HÉLION Jean, « Anti-préface » à *Hélion, rétrospective, 1926-1969*, Lyon, Galerie Verrère, 1969.
ILLYÉS Gyula, *Ceux des pusztas*, suivi de *Le déjeuner au château*, Gallimard, coll. « Du monde entier », 1969.
FREGNAC Claude, *Merveilles et châteaux de Bretagne et de Vendée*, Hachette, coll. « Réalités », 1970.
L'HERMITTE Charles et CAMBAZARD Michel, *Souvenirs de Bretagne*, Editions du Chêne, 1977.
GRENIER Jean, *Jacques*, Quimper, Calligrammes, 1979.

Correspondances
Louis GUILLOUX Georges, Émilienne et Lucie ROBERT, 1920-1970, *Confrontations n° 19*, publié par la société des amis de Louis Guilloux, septembre 2006.
Albert CAMUS Louis GUILLOUX *Correspondance 1945-1959*, édition présentée et annotée par SPICQUEL-COURDILLE Agnès, Gallimard, coll. « Blanche », 2013.

Entretiens audio-visuels
Radio
1949, *Tribune de Paris*, (Jules Romains, André Chamson, Louis Guilloux), Chaîne nationale, 4 juin
1949, *Le prix Goncourt et le prix Renaudot*, Chaîne nationale, 5 décembre.
1950, *Le goût des livres*, Guilloux est interrogé par Etienne Lalou, Chaîne nationale, 12 janvier.
1967, *Une heure avec*, Louis Guilloux interrogé par Pierre Lhoste, France Culture, 21 février.
1967, *Les matinées de France Culture*, Guilloux est interrogé par Roger Vrigny, 6 décembre.
1967, *Le livre de chevet*, interrogé par Jean Vincent Brechignac, Guilloux lit *La Steppe* de Tchékhov, France Culture, du 6 au 13 février.
1968, *La semaine littéraire*, émission proposée par R. Vrigny, France Culture, 21 février

1968, *Une heure avec…*, Louis Guilloux est interrogé par Pierre Lhoste à propos de *La Confrontation*, France Culture, 21 février.
1969, *Entretiens avec Roger Vrigny*, France Culture, du 1er décembre au 13 décembre.
1971, *Entretiens avec Louis Guilloux*, Anne Fabre-Luce, France Culture, du 28 au 31 juillet.
1975, *Entretiens avec Louis Guilloux*, Roger Grenier, France Culture, du 7 au 11 avril.
1976, *Radioscopie*, France Inter, Louis Guilloux est interrogé par Jacques Chancel, 1er Juillet.
1977, *Agora*, « Le mensonge, le secret, l'illusion », Agora, France-Culture, 22 août.
1977, *Les Mémorables*, Louis Guilloux s'entretient avec Patrick Galbeau, rediffusé le 18 février 2004.
1978, *Les matinées de France Culture*, Roger Vrigny, 18 mai.
1978, *Un livre, des voix*, à propos de *Coco perdu*, entretien avec Anne Lemaître, 14 juillet.

Télévision
1973, *Chant profond*, émission réalisée par Olivier Ricard, produite par Cécile Clairval consacrée à Louis Guilloux, ORTF, Troisième chaîne, 9 août.
1973, *Ouvrez les guillemets*, Bernard Pivot, ORTF, 11 juin.
1978, « Louis Guilloux, le franc-tireur », *Apostrophes*, Louis Guilloux est interrogé par Bernard Pivot, 2ème chaîne, 2 juin, réédité en DVD, Les grands entretiens de Bernard Pivot (2004).
1996, « Louis Guilloux », *Un siècle d'écrivains*, collection dirigée par Bernard Rapp, réalisation Josiane Maisse, FR3 Rennes, diffusion le 31 juillet.

Ouvrages cités
Sur Louis Guilloux
GODARD Henri, *Louis Guilloux, romancier de la condition humaine*, Paris, Gallimard, 1999.
GOLVET Sylvie, *Louis Guilloux, devenir romancier*, Rennes, Presses universitaires de Rennes, coll. « Interférences », 2010.
GOLVET Sylvie, *Compagnons de Louis Guilloux en classe*, Rennes, CRDP Bretagne, 2007.
LEDIMNA Nicole, *Langue régionale et stratégies littéraires, Effets de métissage chez Féval, Châteaubriant, Guilloux*, Edizioni scientifiche Italiane, 1997.
PELLETIER Yannick, *Thèmes et symboles dans l'œuvre de Louis Guilloux*, Paris, Klincksieck, 1979, actualisé dans, *Des Ténèbres à l'Espoir, Essai sur l'œuvre littéraire de Louis Guilloux*, Kergleuz, Editions AN HERE, 1999.

VASIC Alexandra, *L'œuvre de Louis Guilloux: le romanesque en jeu,* thèse dactylographiée, sous la direction de GUÉRIN Jeanyves, Université Paris III-Sorbonne nouvelle, soutenue le 19 janvier 2015, Paris III.

Ouvrages collectifs et revues
Collectif, *Octave Mirbeau/Louis Guilloux, Europe,* n° 839, mars 1999, p. 141-188.
BERTRAM Helmut (dir.), *Lendemains* n°148, Tübingen, Narr Francke Attempt Verlag, 2012, p.7-92.
DUGAST-PORTES Francine et GONTARD Marc (dir.), *Louis Guilloux écrivain,* Rennes, Presses universitaires de Rennes, coll. « Interférences », 2000.
FRÉDÉRIC Madeleine et TOURET Michèle (dir.), *L'Atelier de Louis Guilloux,* Rennes, Presses universitaires de rennes, coll. « Interférences », 2012.
GODARD Henri (dir.), *Dix-neuf/Vingt* n°4, Saint-Pierre-de Mont, 1997.
JACOB Jean-Louis (dir.), *Louis Guilloux, Colloque de Cerisy,* Quimper, Calligrammes, 1986.
LEGAVRE Jean-Baptiste et TOURET Michèle (dir.), *Louis Guilloux, Un écrivain dans la presse,* Rennes, Presses universitaires de Rennes, coll. « Interférences », 2014.
LEGAVRE Jean-Baptiste (dir.), *Louis Guilloux, Politique,* Rennes, Presses universitaires de Rennes, coll. « Interférences », 2016.
PELLETIER Yannick (dir.), *Louis Guilloux,* revue Plein Chant n°11-12, Bassac, 1982.
PELLETIER Yannick (dir.), *Louis Guilloux, homme de parole, 1999, centenaire de la naissance de l'écrivain,* Saint-Brieuc, Ville de Saint-Brieuc, 1999.
RENARD Paul (dir.), « *LE SANG NOIR de Louis Guilloux* », *ROMAN 20-50, revue d'étude du roman du XXème siècle,* n°12, décembre 1991.

Articles cités sur Louis Guilloux
AMBROISE Jean-Charles, « Une trajectoire politique », *in* Francine DUGAST-PORTES et Marc GONTARD (dir.), *Louis Guilloux écrivain,* Rennes, Presses universitaires de Rennes, coll. « Interférences », 2000, p.49-65.
AMBROISE Jean-Charles, « Un roman du désengagement. Les fins du militantisme dans *Le Jeu de patience* », *in* Jean-Baptiste LEGAVRE (dir.), *Louis Guilloux Politique,* Rennes, Presses universitaires de Rennes, coll. « Interférences », 2016, p. 83-107.
ARAGON Louis, « *Le Sang noir* par Louis Guilloux », *Commune* n° 27, nov. 1935, p. 352-356, « Défense du roman français », *Commune* n°29, janvier 1936.
AUDINET Claude, « L'urine de Madame Poche. Lecture du chapitre 20 du *Sang noir* », *in* Paul RENARD (dir.), *ROMAN 20/50,* n° 12, *op.cit.,* p. 75-81.

BAUDORRE Philippe, « Louis Guilloux et la revue *Monde* », *in* Francine DUGAST-PORTES et Marc GONTARD (dir.), *Louis Guilloux écrivain*, Rennes, Presses universitaires de Rennes, coll. « Interférences », 2000, p. 69-87.
BOURGUIGNAT Christelle, « Les manuscrits de Louis Guilloux », *in* Yannick PELLETIER (dir.) *Louis Guilloux homme de parole.*
CAMUS Albert, Avant-propos à *La Maison du peuple*, *Caliban*, janvier 1948, préface à *La Maison du Peuple et Compagnons*, Grasset, 1953, p.15.
CLANCIER ANNE, « Psychanalyse d'un personnage, Cripure », *in* Jean-Louis JACOB (dir) *Louis Guilloux, Colloque de Cerisy*, Quimper, Calligrammes, 1986, p. 139-154.
DARTEVELLE Bérénice, « Louis Guilloux, description et cinéma », *in* Madeleine FRÉDÉRIC et Michèle TOURET (dir.), *L'Atelier de Louis Guilloux*, Rennes, Presses universitaires de Rennes, coll. « Interférences », 2012, p.343-359.
DEAUCOURT Jean-Louis, « Espaces et parcours dans *Le Sang noir* », *in* « *LE SANG NOIR de Louis Guilloux »*, études réunies par Paul RENARD, *ROMAN 20-50, revue d'étude du roman du XXème siècle*, n°12, décembre 1991, p.17-35.
DJEMAÏ Abdelkader , « Louis Guilloux et l'Algérie », *in* Francine DUGAST-PORTES et Marc GONTARD (dir.), *Louis Guilloux écrivain*, Rennes, Presses universitaires de Rennes, coll. « Interférences », 2000, p. 47-50.
DONADILLE Christian, *Europe* « Le dieu caché de Louis Guilloux, mars 1999, p. 157-167.
DUGAST-PORTES Francine, « *Le Pain des rêves*. Une enfance paradoxale », in Yannick PELLETIER (dir) *Louis Guilloux,* revue Plein Chant, Bassac, 1982, p. 77-88.
ETIEMBLE, « Jeu de patience ou kaléidoscope », *Les temps modernes n°51*, Gallimard, Janvier 1949.
FRÉDÉRIC Madeleine, « La description dans *La Maison du peuple* : du thétique à l'éthique », *in* Madeleine FRÉDÉRIC et Michèle TOURET (dir.), *L'Atelier de Louis Guilloux*, Rennes, Presses universitaires de Rennes, coll. « Interférences », 2012, p.117-133.
GUÉRIN Jeanyves, « Du *Sang noir* à *Cripure* », *in* JACOB Jean-Louis (dir.), *Colloque de Cerisy. Louis Guilloux,* Quimper, Calligrammes, 1986, p.155-178.
GOLVET Sylvie, « L'art romanesque de Louis Guilloux et le tournant des années 30 », *in* Madeleine FRÉDÉRIC et Michèle TOURET (dir.), *L'Atelier de Louis Guilloux*, Rennes, Presses universitaires de Rennes, coll. « Interférences », 2012, p.103-116.
LEGAVRE Jean-Baptiste, « Entre presse, littérature et politique. Les engagements des intellectuels dans l'œuvre de Louis Guilloux. Le cas des *Batailles perdues* », *in* Jean-Baptiste LEGAVRE (dir.), *Louis Guilloux*

Politique », Rennes, Presses universitaires de Rennes, coll. « Interférences », 2016, p.195-215.

LEMÉNAGER Grégoire, « Louis Guilloux, une écriture à hauteur d'homme », *in* Madeleine FRÉDÉRIC et Michèle TOURET (dir.) *L'Atelier de Louis Guilloux,* Rennes, Presses universitaires de Rennes, coll. « Interférences », 2012, p.149-163.

LEMÉNAGER Grégoire, « Guilloux, critique littéraire? D'*Europe* à *Ce Soir*, une expérience peu concluante », *in* Jean-Baptiste LEGAVRE et Michèle TOURET (dir.), *Louis Guilloux, un écrivain dans la presse*, Rennes, Presses universitaires de Rennes, coll. « Interférences », 2014, p. 167- 184.

MALRAUX André, « Le sens de la mort », à propos du *Sang noir*, publié dans *Marianne,* le 20 novembre 1935, devient la préface du roman en 1955 (édition Club du meilleur livre), repris dans le numéro 11-12 de la revue *Plein chant, op.cit*, p. 65-68.

MARTIN Yann, « Représentations du littérateur et de la littérature dans les romans de Louis Guilloux, *in* Madeleine FRÉDÉRIC et Michèle TOURET (dir.), *L'Atelier de Louis Guilloux,* Rennes, Presses universitaires de Rennes, coll. « Interférences », 201, p.55-67.

PARENT Sabrina, « Épuisement et événement dans *Coco perdu, Essai de voix* », in *L'Atelier de Louis Guilloux*, Rennes, Presses universitaires de Rennes, coll. «Interférences », p.181-195.

PELLETIER Yannick, « Louis Guilloux et Saint-Brieuc », *in* Yannick Pelletier, *Louis Guilloux, homme de parole.*

PIROUX Cyril, « Nicolas Gogol, lecture de Louis Guilloux », *in* Madeleine FRÉDÉRIC et Michèle TOURET (dir.), *L'Atelier de Louis Guilloux*, Rennes, Presses universitaires de Rennes, coll. «Interférences », 2012, p.249-265.

POUSSARD Valérie, « Déjouer les pièges de l'engagement et du langage : la manifestation en faveur de Sacco et Vanzetti », *in* Jean-Baptiste LEGAVRE (dir.), *Louis Guilloux Politique*, rennes, Presses universitaires de Rennes, coll. « Interférences », 2016, p.115-122.

POUSSARD Valérie, « Les trois récits de déportation du *Jeu de patience* » in Madeleine FRÉDÉRIC et Michèle TOURET (dir.), *L'Atelier de Louis Guilloux*, Rennes, Presses universitaires de Rennes, coll. « Interférences », 2012, p.287-301.

POUSSARD Valérie, « Trois figures de suppliantes dans l'œuvre de Louis Guilloux », *in* Luce ALBERT, Pauline BRULEY, et Anne Simone DUFIEF (dir.), *La Supplication, Discours et représentation,* Rennes, Presses universitaires de Rennes, 2015, p. 285-293.

PUDAL Bernard, « Louis Guilloux à *Ce Soir* (1937), l'attraction dans le système communiste », *in* Jean-Baptiste LEGAVRE et Michèle TOURET (dir.), *Louis Guilloux, un écrivain dans la presse*, Rennes, Presses universitaires de Rennes, coll. « Interférences », 2014, p.109-124.

RABATÉ Dominique, « Construction narrative et dramatique dans *Le Sang noir* », *in* Francine DUGAST-PORTES et Marc GONTARD (dir.), *Louis Guilloux écrivain*, Rennes, Presses universitaires de Rennes, coll. « Interférences », 2000, p. 197-210.

RECOURSÉ Paul, « Lire *Le Jeu de patience* de Louis Guilloux », *Confrontations, Bulletin de la société des amis de Louis Guilloux,* n°29, décembre 2016, p. 15-27.

RENARD Paul, « Système du corps et du vêtement dans *Le Sang noir* », *in* « *LE SANG NOIR de Louis Guilloux* », études réunies par Paul RENARD *ROMAN 20/50* n° 12, *revue d'étude du roman du XXème siècle,* n°12, décembre 1991, p. 37-45.

ROCHE Anne, « Temps et narration dans *Le Jeu de patience* », *in* Henri GODARD (dir.), *Dix-neuf-Vingt* n° 4, 1997.

ROCHE Anne, « Louis Guilloux entre roman populiste et roman prolétarien », *in* André NOT et Jérôme RADWAN (dir.), *Autour d'Henry Poulaille et de la littérature prolétarienne*, Aix en Provence. Publications de l'Université de Provence, coll. « Textuelles », 2003, p. 143-152.

ROGER Philippe, « À rude école, écriture et idéologie chez Louis Guilloux », *in* Jean-Louis JACOB (dir.), *Louis Guilloux,* Quimper, Calligrammes, 1986, p. 103-120.

ROUAYRENC Catherine, « Les voix de Coco perdu », *in* Francine DUGAST-PORTES et Marc GONTARD (dir.), *Louis Guilloux écrivain*, Rennes, Presses universitaires de Rennes, coll. « Interférences », p. 240.

TOURET Michèle, « Louis Guilloux et le populisme: une longue histoire », *Études littéraires*, vol 44, n°2, Eté 2013, p 127-146, http://id.erudit.org/iderudit/1023765ar:

TOURET Michèle, « Louis Guilloux chroniqueur et la vie comme elle va », *in* Bruno CURATOLO et Alain SCHAFFNER (dir.), *La Chronique journalistique des écrivains (1880-2000)*, Dijon, Éditions universitaires de Dijon, coll. « Écritures », 2010, p. 155-165.

VASIC Alexandra, « Les usages de la presse dans *Les Batailles perdues* : une déréalisation paradoxale des événements historiques et fictionnels », *in* Jean-Baptiste LEGAVRE et Michèle TOURET (dir.), *Louis Guilloux, un écrivain dans la presse*, Rennes, Presses universitaires de Rennes, coll. « Interférences », 2014, p. 251-268.

VIGNEAU-ROUAYRENC Catherine « Le langage populaire : Figure de l'échec chez Louis. Guilloux » *in* JACOB Jean-Louis (dir.), *Louis Guilloux, Colloque de Cerisy,* Quimper, Calligrammes, 1986, p.55-79.

Références théoriques citées
ADAM Jean-Michel et PETITJEAN André, *Le texte descriptif,* Paris, Nathan, coll. "Les classiques du fonds Armand Colin", 1989.

AUERBACH Erich, *Mimesis. La représentation de la réalité dans la littérature occidentale*, (1946), 1968 pour la traduction française, Paris, Gallimard, coll. « Tel » 1990.
BACHELARD Gaston, *Poétique de l'espace*, Presses universitaires de France, 1957, coll. « Quadrige », 2012.
BAKHTINE Mikhaïl, *L'œuvre de François Rabelais et la culture populaire au Moyen-âge et sous la Renaissance,* Paris, Gallimard, coll. « Tel », 1970.
BARTHES Roland, *La Chambre claire, note sur la photographie*, Paris, Gallimard, coll. « Cahiers du cinéma », 1980.
BARTHES Roland, *Le plaisir du texte*, Paris, Seuil, coll. « Points », 1973.
BARTHES Roland, « L'effet de réel », *Communications* n° 11, Seuil, 1968, repris dans *Littérature et réalité*, Paris, Seuil, coll. « Points », 1982.
BAUDORRE Philippe, « Zola- 1929-1935 » ou les ambiguïtés d'un retour de Zola », *Les cahiers naturalistes,* n°5, 1991, p.7-23.
BERL Emmanuel, *La mort de la pensée bourgeoise*, Grasset 1929, réédition, Robert Laffont, coll. « Libertés », 1970.
BERTHELOT Francis, *Le Corps du héros, Pour une sémiotique de l'incarnation romanesque*, Paris, Nathan, coll. « Le texte à l'œuvre », 1997.
BESNARD Micheline, « D'un innommable l'autre, *Féerie pour une autre fois* », *Littérature* n°60, « Corps empêchés, corps énoncés », décembre 1985.
CALLE-GRUBER Mireille, *La ville dans* L'Emploi du temps *de Michel Butor*, Paris, Nizet, 1995.
CARLINO Andréa, « Entre corps et âme, ou l'espace de l'art dans l'illustration anatomique », *Littérature et médecine ou les pouvoirs du récit,* actes du colloque organisé par la BPI les 24 et 25 mars 2000.
CHAMPFLEURY (1857), *Le Réalisme*, Introduction de Geneviève et Jean LACAMBRE, Hermann, 1973.
DANOU Gérard, *Le corps souffrant, Littérature et médecine*, Paris, Presses universitaires de France, Champ Vallon, coll. « L'or d'Atalante », 1994.
DELEUZE Gilles, *Logique du sens,* « Zola et la fêlure », Paris, Editions de Minuit, 1969, repris en préface de *La Bête humaine* de ZOLA, Paris, Gallimard, coll. « Folio classique ».
DUCHET Claude, « Une écriture de la socialité », *Poétique n°16*, « Le discours réaliste », Paris, Seuil, décembre 1973.
GENETTE Gérard, *Métalepse. De la figure à la fiction,* Paris, Seuil, coll. « Poétique », Paris, 2004.
HAMON Philippe, *Puisque réalisme il y a*, Genève, La Baconnière, coll. « Langages », 2015.
HAMON Philippe, *Du descriptif*, Hachette, coll. « Supérieur », 1993 (reprise de l'essai *Introduction à l'analyse du descriptif*, Paris, Hachette, coll. « Langue, linguistique et communication »1981).

JOUVE Vincent, *Poétique du roman*, Paris, Armand Colin, coll. « Cursus lettres », 2010.
LEVINAS Emmanuel, *Éthique et infini Dialogues avec Philippe Nemo*, Paris, Livre de Poche, coll. « Biblio essais », Paris, 1982.
MILNER Max, *Littérature et Pathologie*, Presses universitaire de Vincennes, coll. « L'imaginaire du texte », 1989
MITTERAND Henri, *Le discours du roman,* Paris, Presses universitaires de France, coll. « Ecriture », 1980.
RAIMOND Michel, *La crise du roman, des lendemains du Naturalisme aux années 2000*, Paris, José Corti, 1966.
RABATÉ Dominique, *Le roman français depuis 1900*, Paris, Presses universitaires de France, coll. « Que sais-je ? », 1998.
RONSE Henri, « Le labyrinthe, espace significatif ». *Cahiers internationaux du symbolisme n°9-10*, 1965-1966.
ROSSET Clément, *La philosophie tragique*, Paris, Presses universitaires de France, 1960, collection « Quadrige », 1991.
SANSOT Pierre, *Les Gens de peu*, Paris, Presses universitaires de France, coll. « Quadrige », 1991.
SANSOT Pierre, *Poétique de la ville,* (1996), Petite bibliothèque Payot, 2004.
SCHAEFFER Jean-Marie, *Pourquoi la fiction ?*, Paris, Seuil, coll. « Poétique », 1999.
SCHAEFFER Jean-Marie, « article Personnage », *Nouveau dictionnaire encyclopédique des sciences du langage*, Paris, Seuil, 1995, p. 622-630.
TODOROV Tzvetan, *Introduction à la littérature fantastique*, Paris, Seuil, coll. « Poétique », 1970.
TODOROV Tzvetan, article « Personnage », *Dictionnaire encyclopédique des sciences du langage,* Paris, Seuil, 1972, p.286.
ZÉRAFFA Michel, *Personne et personnage, l'évolution esthétique du réalisme romanesque en Occident de 1920 à 1950*, Klincsieck, 1969.
WELLEK René et WARREN Austin (1948), *La Théorie littéraire*, Paris, Seuil, coll. « Poétique », traduction 1971.

Index critique

ADAM JEAN-MICHEL, 22, 31, 245
ALBALAT, 16, 22
AMBROISE JEAN-CHARLES, 12, 187, 242
ARAGON LOUIS, 13, 17, 62, 242
AUERBACH ERICH, 23, 246
BACHELARD GASTON, 71, 246
BACON, 220
BAKHTINE MICHAÏL, 166, 246
BALZAC, 40, 48, 154
BARTHES ROLAND, 91, 159, 169, 171, 172, 246
BAUDORRE PHILIPPE, 10, 11, 243, 246
BECKETT SAMUEL, 166
BERL EMMANUEL, 10, 246
BERNANOS GEORGES, 217, 219
BERTHELOT FRANCIS, 199, 200, 209, 246
BESNARD MICHELINE, 205, 246
BLANCHOT MAURICE, 100
BLANKEMAN BRUNO, 16
BOURGUIGNAT CHRISTELLE, 29, 243
BRETON, 22
BUTOR MICHEL, 25, 246
CALLE-GRUBER MIREILLE, 25, 246
CAMUS ALBERT, 70, 71, 234, 239, 243
CARLINO ANDRÉA, 210, 246
CAVALLI, C., 78
CEYSSON BERNARD, 235
CÉZANNE PAUL, 144
CHAGALL, 237
CHAMPFLEURY, 19, 246
CHANCEL JACQUES, 241
CHIRICO GIORGIO (DE), 235
COURBET, 45
CURATOLO, 16, 245
DALI SALVADOR, 145
DANIEL JEAN, 233
DANOU GÉRARD, 217, 246
DARTEVELLE BÉRÉNICE, 47, 243

DEAUCOURT JEAN-LOUIS, 31, 243
DELEUZE GILLES, 166, 246
DJEMAÏ ABDELKADER, 226, 243
DONADILLE CHRISTIAN, 24, 243
DOSTOÏEVSKI, 230
DROZ GUSTAVE, 106
DUCHET CLAUDE, 57, 59, 246
DUGAST-PORTES FRANCINE, 10, 14, 242, 243, 245
ETIEMBLE, 111, 243
FLAUBERT, 54, 58, 59
FRÉDÉRIC MADELEINE, 64, 203, 243
FREUD SIGMUND, 224
G.E. LESSING, 22
GENETTE GÉRARD, 42, 85, 89, 90, 246
GIDE ANDRÉ, 9, 10, 13, 17, 20, 39, 233
GIONO JEAN, 98, 101, 217
GODARD HENRI, 30, 32, 41, 168, 207, 229, 241
GOLVET SYLVIE, 10, 11, 12, 13, 15, 16, 39, 101, 157, 172, 182, 204, 237, 240, 241
GONTARD MARC, 10, 242, 243, 245
GORKI, 19
GRÉGOIRE LEMÉNAGER, 12, 39, 244
GRENIER JEAN, 157, 241
GROETHUYSEN, 69
GUÉHENNO, 12, 21
GUÉRIN JEANYVES, 13, 157, 242, 243
HAMON PHILIPPE, 22, 23, 31, 48, 76, 87, 246
HÉLION JEAN, 235, 236, 240
JACOB JEAN-LOUIS, 12, 157, 242, 243, 245
JOURDE PIERRE, 98
JOYCE JAMES, 195
KAFKA FRANZ, 140, 189, 195
KNEUZÉ GILLES, 174
LA BRUYÈRE, 51

LAMBERT, 101, 103, 157
LE BON GUSTAVE, 227
LEAN DAVID, 182
LEDIMNA NICOLE, 170, 241
LEGAVRE JEAN-BAPTISTE, 12, 13, 15, 127, 227, 243, 244, 245
LEMÉNAGER GRÉGOIRE, 39, 47, 62, 174
LEMONNIER LÉON, 10
LEVINAS EMMANUEL, 229, 230, 237, 247
MAHÉ FLORENCE, 233
MALRAUX ANDRÉ, 17, 18, 142, 244
MARTIN YANN, 88, 244
MAZUY RACHEL, 13, 15
MILNER MAX, 210, 247
MITTERAND HENRI, 23, 247
MOLIÈRE, 47
PARENT SABRINA, 15, 244
PELLETIER YANNICK, 24, 29, 47, 100, 222, 241, 242, 244
PEREC GEORGES, 127, 192
PETITJEAN ANDRÉ, 22, 31, 245
PIRANESE, 194
PIROUX CYRIL, 20, 244
PIVOT BERNARD, 233, 241
PLINE L'ANCIEN, 90
POULAILLE HENRY, 10, 11, 245
PUDAL BERNARD, 13, 244
RABATÉ DOMINIQUE, 9, 14, 158, 245, 247
RAIMOND MICHEL, 9, 17, 247
RENARD PAUL, 31, 242, 243
ROBBE-GRILLET ALAIN, 103

ROCHE ANNE, 11, 111, 112, 245
ROGER PHILIPPE, 16, 21, 22, 233, 240, 241
RONSE HENRI, 194, 247
ROSSET CLÉMENT, 120, 236, 247
ROUAYRENC CATHERINE, 109, 171, 173, 245
SANSOT PIERRE, 65, 151, 247
SAVIDAN ROLLAND, 233
SCHAEFFER JEAN-MARIE, 20, 209, 247
SCHAFFNER, 16, 245
SCHLUMBERGER JEAN, 171
SPICQUEL-COURDILLE AGNÈS, 70, 157, 240
TCHEKHOV, 21, 22, 32, 174, 240
THÉRIVE ANDRÉ, 10
TODOROV TZVETAN, 134, 210, 247
TOURET MICHÈLE, 10, 12, 13, 14, 15, 240, 242, 244, 245
TOURET MICHÈLE, 14, 15, 16, 34
VALÉRY, 9, 22
VALLÈS JULES, 185
VASIC ALEXANDRA, 13, 14, 15, 16, 17, 42, 115, 217, 234, 242, 245
VERMOREL HENRI ET VERMOREL MADELEINE, 224
VRIGNY ROGER, 16, 21, 22, 240, 241
WALDEMAR GEORGES, 16, 235
WELLECK RENÉ ET WARREN AUSTIN, 48, 247
WUNENBURGER JEAN-JACQUES, 224
ZERAFFA MICHEL, 20, 247
ZOLA, 10, 11, 23, 101, 166, 246

Liste des abréviations pour les références données dans le corps du texte

La Maison du peuple (MP)
Angélina (A)
Hyménée (H)
Compagnons (C)
Dossier confidentiel (DC)
Le Sang noir (SN)
Le Pain des rêves (PDR)
Le Jeu de Patience (JP - JP1 ou JP2 suivant le tome)
Les Batailles perdues (BP)
Parpagnacco (P)
La Confrontation (LC)
Coco Perdu (CP)
Labyrinthe (L)
OK., Joe ! (OJ)

Table des matières

INTRODUCTION 9
Louis Guilloux et le roman en crise..9
Écrire sans mentir 16
La description en question 22

I. DÉCRIRE LE MONDE : LE RÉALISME EN HÉRITAGE 27
   1-L'illusion des lieux 29
      La petite ville...29
      Lieux privilégiés : cafés et restaurants..33
   2- L'illusion du personnage 39
      Raconter d'abord..39
      Décrire le personnage 42
      Le personnage dans son décor 48
   3- Description et satire..55
      Les décors des bourgeois 55
      Lieux publics et satire sociale 57
      Le goût pour la caricature 62
   4- Témoigner et rendre hommage..63
      À chacun son portrait...63
      Le peuple dans son décor 65
   5- Illusion et perception 75
      Perception et restitution du réel 75
      Phrases nominales et énumérations 77

II. DÉCRIRE, À QUOI BON ?..83
Éléments d'une crise de la représentation..83
   1-Le romancier et les images 85
      Supériorité du roman sur la peinture ou la description adoubée..........85
      Fonction des images : possibilités et limites de la description dans le roman 88
   2 - La description suspectée 97
      Le sentiment d'être séparé du monde 98

Décrire malgré tout : les exercices des *Carnets* 101
La description mise à distance 104
-*Le refus du pittoresque* 104
-*La dictée du père Coco* 106
3- La description inutile 111
« Quand tout se mêle » dans *Le Jeu de patience* 111
« *C'était toujours le même...* » 115
Le personnage menacé 121

III. DÉCRIRE SANS ILLUSION : AU-DELÀ DU RÉALISME 131
1 - Transfiguration fantastique 133
    Apparitions, disparitions 133
    Visions 137
    Les ombres dans la ville 140
2 - Transfiguration poétique 143
    Couleurs et lumières 143
    Une humanité poétique 148
    Le bestiaire poétique du *Sang noir* 153
3- Théâtralisation 157
    Théâtralisation des lieux 158
    -*Un lieu unique* 158
    -*Décors de théâtre* 160
    -*Décor et action* 163
    Théâtralisation des corps 164
    -*Démarches et déplacements* 164
    -*Corps grotesques* 166
    -*Voix* 168

IV. DÉCRIRE POUR RÉSISTER : DU RÉALISME COMME MODALITÉ DU TEXTE À LA TRAGÉDIE COMME VISION DU MONDE 175
1- Lieux tragiques 177
    Hôpitaux 177
    Gares 179
    Prisons, camps et tribunaux 182
    Enfermement tragique 189
2- Tragique des corps : corps empêchés et corps souffrants 197
    Bonheur des corps ? 197
    Le corps, lieu de toutes les malédictions 203
3- Face au tragique du monde, la responsabilité du romancier :
foules et visages 221
    La description de la foule : ambigüités 221
    Visages 227

CONCLUSION
Guilloux, un moderne ? 233

BIBLIOGRAPHIE..239

INDEX CRITIQUE 249

LISTE DES ABRÉVIATIONS 251

Remerciements

Tous mes remerciements vont d'abord à Henri Godard, mon directeur de thèse, pour ses conseils précieux et bienveillants, puis à Michèle Touret (†) qui m'avait encouragée à remanier ma thèse en vue de cet essai.

Un très grand merci aussi aux chercheurs-amis passionnés de Louis Guilloux, à Sylvie Golvet sans qui rien sur Guilloux ne serait possible, à Jean-Baptiste Legavre pour ses encouragements répétés et ses initiatives toniques, à Alexandra Vasic pour sa pensée stimulante. Toute ma reconnaissance va également à Arnaud Flici, indispensable gardien du fonds Guilloux à Saint-Brieuc, pour sa compétence et sa disponibilité.

Que tous « Les amis de Louis Guilloux » de Saint-Brieux soient aussi chaleureusement remerciés- et tout particulièrement le président de l'Association, Paul Recoursé- pour la flamme entretenue avec ferveur.

Enfin simplement merci aux nombreux amis et amies, pour leur soutien affectueux, et à Alain pour tout.

Critique et études littéraires aux éditions L'Harmattan

Dernières parutions

L'EAU ET LA TERRE DANS L'UNIVERS ROMANESQUE DE CLAUDE SIMON
L'obsession élémentaire
Kotowska Joanna
La fascination humaine pour les quatre éléments de la nature remonte aux temps des premières intuitions scientifiques. Claude Simon, un «alchimiste des mots» contemporain, nous propose un regard original sur deux puissances élémentaires qui structurent son univers romanesque : l'aquatique et le tellurique. Ce jeu incessant entre l'existence et le néant substantiel invite le lecteur à (re)découvrir le potentiel émotionnel émanant de l'eau et de la terre chez Claude Simon.
(Coll. Espaces Littéraires, 25.50 euros, 256 p.)
ISBN : 978-2-343-13075-0, ISBN EBOOK : 978-2-14-005253-8

LES ÉCRITURES DE LA FAIM
Éléments pour une ontologie de la faim
Lucereau Jérôme
Comment aborder les problématiques de la faim dans les littératures ? L'auteur cerne de façon synthétique les principales topiques de la faim, puis il différencie et définit les concepts de faim et d'affamé. Enfin il s'efforce d'élaborer un mythe de la faim en puisant les mythes fondateurs sans éviter les assises dogmatiques et religieuses (de la faim et du jeûne) et les problématiques pathologiques (anorexie/boulimie), ni le rapport au Pouvoir. Une ontologie de la faim pourrait modifier considérablement le paradigme contemporain de la faim dans le monde.
(Coll. Critiques Littéraires, 35.00 euros, 404 p.)
ISBN : 978-2-343-13373-7, ISBN EBOOK : 978-2-14-005397-9

ÉTUDES SUR LE THÉÂTRE D'A. CÉSAIRE, A. CAMUS ET B. ZADI ZAOUROU
Soro Aboudou N'golo
Ce livre décrypte les théâtres d'Albert Camus, d'Aimé Césaire et de Bernard Zadi Zaourou en révélant les effets tragiques en relation avec les implications sociales. Le premier axe de recherche montre comment l'espace dramatique dans *Une tempête* d'Aimé Césaire traduit les tensions sociales qu'il y représente. Le second axe de réflexion porte sur le personnage dramatique chez Albert Camus et Bernard Zadi Zaourou.
(Coll. Harmattan Côte-d'Ivoire, 16.50 euros, 154 p.)
ISBN : 978-2-343-13230-3, ISBN EBOOK : 978-2-14-005269-9

COMMUNICATIONS ET ANALYSE DES RELATIONS INTERPERSONNELLES DE LA FEMME DANS LE ROMAN AFRICAIN FRANCOPHONE
Mfoumou Marie Zoé
Cet ouvrage prend appui sur une sélection d'une vingtaine de romans africains francophones écrits entre 1881 et 2003. De leur analyse émergent deux figures de la femme africaine : celle qui sait communiquer et qui entretient des relations harmonieuses avec son entourage - assimilée à une «bonne» femme - et celle rejetée, considérée comme une «mauvaise» femme et avec qui les

relations sont antagoniques. Il passe également en revue les critères d'appréciation de la femme en Afrique, au fur et à mesure de la modernisation de ce continent.
(Coll. Logiques sociales, 27.00 euros, 258 p.)
ISBN : 978-2-343-13138-2, ISBN EBOOK : 978-2-14-005400-6

LES PALIKARES GRECS ET LEURS AVATARS
Breuillot Martine, Debaisieux Renée-Paule, Terrades Marc
Ce sont ces figures grecques du palikare que présente cet ouvrage : d'abord le klephte (ce bandit des grands chemins), ayant pris les traits d'un vaillant guerrier, encensé par les écrivains, ensuite le personnage plein de bravoure, pour terminer sur la figure parodique du palikare-polisson, qui ne rappelle plus que de loin ses ancêtres glorieux. La gloire se transporte du côté des pitreries et du jeu, un jeu qui garde toutefois, en arrière-plan, la notion de défense de la patrie.
(Coll. Études grecques, 14.00 euros, 120 p.)
ISBN : 978-2-343-13544-1, ISBN EBOOK : 978-2-14-005344-3

PROCESSUS DE LA CATÉGORISATION EN LINGUISTIQUE
Nishimura Takuya - Préface de Frank Alvarez-Pereyre
Les sept textes de cet ouvrage présentent quelques réflexions sur la question de la catégorisation linguistique. Il s'agit d'études sur l'état d'un élément qui n'a pas d'appartenance absolue à une catégorie donnée ; cette ambiguïté de relation entre un élément et sa catégorie se situe sur des processus de la catégorisation. Dans ce cadre, on analyse des faits représentatifs de plusieurs langues telles que le japonais, le turc, le vietnamien, le hongrois, l'aïnou, le pomo, etc., sans oublier le français.
(Coll. Langue et parole - Recherches en Sc. du Langage, 23.50 euros, 232 p.)
ISBN : 978-2-343-12943-3, ISBN EBOOK : 978-2-14-005343-6

SOCIOLINGUISTIQUE URBAINE, SOCIOLINGUISTIQUE D'INTERVENTION : APPORTS ET INNOVATIONS
Hommage scientifique à Thierry Bulot
Dirigé par Gudrun Ledegen
À la suite de la Journée d'hommage scientifique à Thierry Bulot, ses collègues et étudiants présentent ici différentes facettes de ses recherches en sociolinguistique urbaine et prioritaire, en éclairant les enjeux et apports de cette nouvelle école sociolinguistique, son inscription sur les terrains africain, algérien, vietnamien, guernesiais, marocain, ainsi qu'avec la méthodologie de la documentarisation. Tou.te.s viennent exemplifier cette approche fructueuse et toujours engagée.
(Coll. Espaces discursifs, 20.00 euros, 188 p.)
ISBN : 978-2-343-13485-7, ISBN EBOOK : 978-2-14-005309-2

L'ÉSOTÉRISME D'EDGAR POE
Joguin Odile
Tardivement reconnu par la critique de son pays qui l'a vilipendé au lendemain de sa mort, épris de Beauté et d'Unité, Poe s'est interrogé passionnément sur les mystères de l'univers et de l'au-delà. Lui, dont la visée artistique était «l'ordre métaphysique», s'est en particulier tourné vers le réservoir d'images et de symboles que lui ont offert les différents ésotérismes (franc-maçonnerie, arcanes du Tarot, alchimie, arithmosophie...). L'étude est consacrée à explorer cette piste encore peu empruntée.
(32.00 euros, 322 p.)
ISBN : 978-2-343-13385-0, ISBN EBOOK : 978-2-14-005137-1

LE DÉCHIFFREMENT DU MONDE
La gnose poétique d'Ernst Jünger
D'Algange Luc-Olivier
L'œuvre d'Ernst Jünger ne se réduit pas à ses récits et journaux de guerre. C'est une méditation originale sur le Temps, les dieux, les songes et symboles. Elle mène de l'art de l'interprétation au rapport des hommes au végétal et à la pierre, elle est aussi une rébellion contre l'uniformisation, incarnée dans la liberté supérieure de l'Anarque envers tous les totalitarismes. Cet ouvrage qui

met en regard la pensée de Jünger et celles de ses maîtres, de Novalis à Heidegger, entend rendre compte de son dessein poétique et gnostique. Il donne à voir le monde visible comme l'empreinte d'un sceau invisible.
(Coll. Théôria, 18.00 euros, 166 p.)
ISBN : 978-2-343-13346-1, ISBN EBOOK : 978-2-14-005021-3

QUEL OISEAU-MOUCHE TE PIQUE ?
L'éclosion d'une compagnie théâtrale atypique
Hervez-Luc - Préface de Laure Adler
Voici le récit de l'itinéraire atypique de Luc Vandewèghe dit Hervez-Luc. Histoire d'une vie qui aboutit à la création d'une compagnie théâtrale non moins singulière *Quel oiseau-mouche te pique ?* Dans un langage teinté de poésie, Hervez-Luc retrace les étapes de sa vie depuis son enfance jusqu'aux premiers pas professionnels de la compagnie théâtrale qui a pignon sur rue aujourd'hui à Roubaix et qui sillonne la France entière et de nombreux pays à l'étranger.
(14.00 euros, 126 p.)
ISBN : 978-2-343-13190-0, ISBN EBOOK : 978-2-14-004979-8

LES REDONDANCES PRÉDICATIVES EN FRANÇAIS PARLÉ
Depoux Philippe
Français parlé, redondance, prédication, télévision : quels liens unissent ces termes qui semblent avoir bien peu de propriétés en commun ? En mettant en relation milieux sociaux, époques d'enregistrement et types de reformulation, cet ouvrage tente d'expliquer l'usage préférentiel de tel ou tel type de redondance par telle ou telle catégorie de locuteurs.
(Coll. Langue et parole - Recherches en Sciences du Langage, 30.00 euros, 292 p.)
ISBN : 978-2-343-13301-0, ISBN EBOOK : 978-2-14-005188-3

ANDRÉ MALRAUX OU LES MÉTAMORPHOSES DE SATURNE
Lantonnet Évelyne - Préface de Brian Thompson
Peu d'études critiques ont accordé une place au mythe dans la pensée de Malraux. Autodidacte, ce dernier est allé au-devant de la culture ; il n'a pas été formé par l'institution. D'Antigone à Prométhée, quelques figures fascinent Malraux. Cependant, Saturne est la seule instance mythique, qui domine tout un livre. Saturne : un mythe personnel ? Il interpelle d'abord Malraux en tant que penseur. Celui-ci voit en ce monstre dévorateur une parabole de la condition humaine. Mais Saturne l'interroge aussi en tant qu'esthéticien. Il semblerait que Malraux ait inventé les métamorphoses de Saturne.
(Coll. Espaces Littéraires, 30.00 euros, 290 p.)
ISBN : 978-2-343-13112-2, ISBN EBOOK : 978-2-14-005078-7

INITIATION À LA LINGUISTIQUE DIACHRONIQUE DE LA LANGUE FRANÇAISE
Diedhiou Fidèle
Cet ouvrage poursuit un double objectif, à la fois théorique et pratique. Il présente pour chaque chapitre une définition des notions essentielles, avec éventuellement des remarques complémentaires. Sur le plan pratique, il fournit pour chaque cas étudié une fiche retraçant l'histoire phonétique de mots-types du latin au français moderne. Il comprend 15 chapitres permettant de replacer chaque phénomène dans le cadre de son évolution complète, accompagnés de nombreux exercices d'application.
(Harmattan Sénégal, 21.50 euros, 219 p.)
ISBN : 978-2-343-12898-6, ISBN EBOOK : 978-2-14-005084-8

PAROLES, PAROLES ! POUR QUOI PARLONS-NOUS ?
Essai
Bourse Michel
Qu'est-ce qui est mis en œuvre dans l'acte de parler ? Dans la parole adressée à autrui se joue en fait une relation spécifique, au travers de laquelle tout individu se structure. Celle-ci devient alors l'instrument essentiel d'une intersubjectivité possible, c'est-à-dire d'une relation créatrice

qui nous constitue comme sujet dans notre relation à l'autre. Parler aurait donc une fonction véritablement politique : s'y joue en définitive le rapport de chacun d'entre nous au monde.
(Coll. Langue et parole - Recherches en Sciences du Langage, 27.00 euros, 262 p.)
ISBN : 978-2-343-13219-8, ISBN EBOOK : 978-2-14-004955-2

POUR LA PASSION D'ÉCRIRE, UN ESPACE DE LIBERTÉ
Les ateliers d'écriture
Lecarme Philippe
« Ateliers d'écriture » ? Le mot fait désormais partie du langage courant, mais on imagine mal à quel point il recouvre des activités différentes. Ils existent depuis plus de 40 ans et bien des animateurs ont écrit sur leurs pratiques. L'auteur présente ici diverses procédures qu'il a mises en œuvre et dresse à la fois un historique et une évaluation actuelle de cette pratique. Travail utile à tous ceux qui croient que l'écriture reste toujours à réinventer.
(39.00 euros, 418 p.)
ISBN : 978-2-343-12589-3, ISBN EBOOK : 978-2-14-004683-4

MÉLANGES AUTOUR DE JACQUES LE FATALISTE DE DIDEROT
Textes réunis par Jacques Domenech
Ces Mélanges, de la Catalogne au Japon, démontrent des affinités électives, chez des auteurs éclectiques. La transdisciplinarité de la méthode d'Umberto Eco, celle de Michel Butor, s'inspirent des Lumières. Sans recenser tout ce qui gravite autour de l'œuvre de Diderot, le triptyque «Rabelais, Cervantès, Diderot» révèle une imbrication créative spécifique. Kundera oppose une théorie de Weltliteratur : nous retrouvons l'esprit des textes de ce volume. C'est une maestria dans le renversement copernicien. Les premiers sont les derniers. De ce non-dogmatisme naît une esthétique anticonformiste, résolument moderne, celle de Jacques le Fataliste et de sa galaxie.
(Coll. Thyrse (Université Nice-Sophia-Antipolis), 25.00 euros, 236 p.)
ISBN : 978-2-343-13049-1, ISBN EBOOK : 978-2-14-004865-4

CRISE DE LA MODERNITÉ ET MODERNITÉ EN CRISE
Étude contrastive de l'œuvre d'Albert Camus et de celle de Sadegh Hedayat
Hosseini Seyyed Rouhollah - Préface de Pierre Lafrance
Rouhollah Hosseini a choisi deux auteurs, Albert Camus et Sadegh Hedayat, pour illustrer les relations entre modernité et crise. Il tente de discerner chez ces deux hommes ce qui les rapproche dans leur commune recherche d'un sens à la vie, à l'homme et au monde. Il met d'autant mieux en lumière leurs convergences qu'il sait voir ce par quoi ils diffèrent. Aussi son étude n'est-elle pas seulement comparative, mais selon ses propres termes «contrastive».
(Coll. L'Iran en transition, 21.50 euros, 210 p.)
ISBN : 978-2-343-12639-5, ISBN EBOOK : 978-2-14-004799-2

DIX MYTHES À LA HONGROISE
Essais de mythocritique
Kányádi András
Porteurs de significations symboliques, les mythes littéraires ne cessent d'irriguer l'imagination. Ce livre propose un choix de dix figures mythiques récurrentes dans la littérature hongroise au fil de cinq siècles et en proie à une incessante réactualisation. On y trouvera les velléités artistiques d'un Néron décadent, la rhétorique monstrueuse du Minotaure de la Grande Plaine ou encore les occupations des vampires logés au Bois-de-Ville budapestois. Et ce sera aussi l'occasion de redécouvrir quelques grandes plumes de la littérature magyare, comme Babits, Kosztolányi, Márai, Esterházy, Náadas ou Krasznahorkai.
(Coédition ADEFO, Coll. Bibliothèque finno-ougrienne, 21.50 euros, 214 p.)
ISBN : 978-2-343-13136-8, ISBN EBOOK : 978-2-14-004855-5

Structures éditoriales du groupe L'Harmattan

L'Harmattan Italie
Via degli Artisti, 15
10124 Torino
harmattan.italia@gmail.com

L'Harmattan Hongrie
Kossuth l. u. 14-16.
1053 Budapest
harmattan@harmattan.hu

L'Harmattan Sénégal
10 VDN en face Mermoz
BP 45034 Dakar-Fann
senharmattan@gmail.com

L'Harmattan Mali
Sirakoro-Meguetana V31
Bamako
syllaka@yahoo.fr

L'Harmattan Cameroun
TSINGA/FECAFOOT
BP 11486 Yaoundé
inkoukam@gmail.com

L'Harmattan Togo
Djidjole – Lomé
Maison Amela
face EPP BATOME
ddamela@aol.com

L'Harmattan Burkina Faso
Achille Somé – tengnule@hotmail.fr

L'Harmattan Guinée
Almamya, rue KA 028 OKB Agency
BP 3470 Conakry
harmattanguinee@yahoo.fr

L'Harmattan Côte d'Ivoire
Résidence Karl – Cité des Arts
Abidjan-Cocody
03 BP 1588 Abidjan
espace_harmattan.ci@hotmail.fr

L'Harmattan RDC
185, avenue Nyangwe
Commune de Lingwala – Kinshasa
matangilamusadila@yahoo.fr

L'Harmattan Algérie
22, rue Moulay-Mohamed
31000 Oran
info2@harmattan-algerie.com

L'Harmattan Congo
67, boulevard Denis-Sassou-N'Guesso
BP 2874 Brazzaville
harmattan.congo@yahoo.fr

L'Harmattan Maroc
5, rue Ferrane-Kouicha, Talaâ-Elkbira
Chrableyine, Fès-Médine
30000 Fès
harmattan.maroc@gmail.com

Nos librairies en France

Librairie internationale
16, rue des Écoles – 75005 Paris
librairie.internationale@harmattan.fr
01 40 46 79 11
www.librairieharmattan.com

Lib. sciences humaines & histoire
21, rue des Écoles – 75005 Paris
librairie.sh@harmattan.fr
01 46 34 13 71
www.librairieharmattansh.com

Librairie l'Espace Harmattan
21 bis, rue des Écoles – 75005 Paris
librairie.espace@harmattan.fr
01 43 29 49 42

Lib. Méditerranée & Moyen-Orient
7, rue des Carmes – 75005 Paris
librairie.mediterranee@harmattan.fr
01 43 29 71 15

Librairie Le Lucernaire
53, rue Notre-Dame-des-Champs – 75006 Paris
librairie@lucernaire.fr
01 42 22 67 13